KosmosGartenbibliothek

Ulrike Pfeifer

Obst- und Gemüsegarten

KOSMOS

Inhalt

Vorwort 6

Dekorative Nutzgärten 7

Verschiedenste Gestaltungsstile 8

Idyllischer Bauerngarten . . . 10
Aufbau, Elemente und Materialien 10
Pflanzenauswahl 11

Viel Garten auf wenig Raum . 12

Gemüsegärten für Kinder . . . 13

Schöne Beeteinfassungen . . 14

Gartenwege 14

Dekorative Rankgerüste . . . 15

Gemüse und Obst auf Balkon und Terrasse 16

Praxis-Grundlagen 19

Grundlagen 20

Die richtige Lage für den Obst- und Gemüsegarten . . . 20
Optimaler Gemüsestandort . . 20
Idealer Obststandort 21
Kleine Bodenkunde 22
Bodenuntersuchung 22

Möglichkeiten der Bodenverbesserung 23

Bodenbearbeitung 23

Düngung und Nährstoffe . . . 24
Düngertypen 24
Zeitpunkt der Düngung 25
Gründüngung 25
Pflanzenjauchen 25

Gesunder Boden durch Kompost 26
Kompost-Standort 26
Kompost aufsetzen 26
Tipps gegen Geruch und Sickerwasser 27

Die wichtigsten Gartengeräte 28
Bodenbearbeitung 28
Aussaat und Pflanzung 28
Bodenpflege 29
Bewässerung 29
Ernte und Schnitt 29

Bewässerungs-Tipps 29
Wichtige Gießregeln 30

Unkräuter im Garten 30
Die häufigsten Gartenunkräuter 30
Unkrautbekämpfung 31

Gemüse-Praxis 32

Anlage der Gemüsebeete . . . 32
Hügelbeet und Hochbeet 33

Anbauplan 34

Fruchtfolge 36

Mischkultur 36

Gemüse-Aussaat 38
Das richtige Saatgut 38
Haltbarkeit von Saatgut 39
Keimtest 39
Hell- und Dunkelkeimer 39
Aussaat auf der Fensterbank . 39
Pflanzen vereinzeln 40
Aussaat im Freien 40

Gemüse pflanzen 42

Gemüse im Frühbeet 43

Gemüseanbau im Gewächshaus 44

Ernteverfrühung durch Folien und Vliese 45

Regelmäßig mulchen 46

Optimale Wasserversorgung 46

Bodenpflege zahlt sich aus . . 47

Bedarfsgerechte Düngung . . 47

Pflanzenschutz im Gemüsegarten 48
Vorbeugende Maßnahmen . . 48
Schädlinge im Gemüsegarten . 49
Häufig auftretende Krankheiten 50

Gemüseernte 52

Die richtige Lagerung von Gemüse 53

Obst-Praxis 54
Obstgartengestaltung 54
Nachbarrecht 54

Der richtige Pflanzabstand . 55

Einkauf von Gehölzen 56

Befruchtung 57

Fruchtausdünnung 59

Unterschiedliche Baum- und Strauchformen 60
Bäume 60
Sträucher 61

Unterlagen 61

Pflanzung der Obstgehölze . 63
Pflanzung Beerenobst 64
Pflanzung Baumobst 66

Pflegearbeiten 68
Obstgehölze unterpflanzen . . 68
Regelmäßig mulchen 70
Gründüngung 70
Optimale Wasserversorgung . 70
Düngung 71
Stammpflege 73

Der richtige Schnitt 74
Baumobst-Schnitt 74
Spalierobst 76
Schnitt Haselnuss und Walnuss 78
Beerenobst-Schnitt 78

Veredelung 80
Okulation 80
Kopulation 80
Geißfußpfropfen 80
Materialien 81

Vermehrung von Obstgehölzen 82
Steckholzschnitt 82
Anhäufeln 82
Ableger 82
Absenker 83
Wurzelausläufer 83

Pflanzenschutz im Obstgarten 84
Die häufigsten Obst-Schädlinge 84
Krankheiten am Obst 86

Obsternte 88
Erntemethoden 88

Fruchtlagerung 89

Verarbeitung der Früchte . . . 90

Gemüseportraits . 91

Blatt-/Stielgemüse 92
Kohlgemüse 100
Fruchtgemüse 104
Hülsenfrüchte 110
Wurzelgemüse 112
Zwiebelgemüse 116
Mehrjähriges Gemüse 118
Speisepilze 121
Seltene Gemüsearten 122

Obstportraits 123

Kernobst 124
Steinobst 126
Beerenobst 130
Nüsse 137
Wildobst 138

Jahresarbeits-kalender 139

Januar, Februar 140
März 141
April 142
Mai 143
Juni 144
Juli 145
August, September 146
Oktober 147
November, Dezember 148

Adressen 149
Register 150

Vorwort

Eines der schönsten Gartenerlebnisse besteht darin, selbst gezogenes Gemüse und Obst zu ernten. Auf große Mengen kommt es dabei gar nicht an. Es ist vielmehr der unnachahmliche Geschmack und der Stolz über den eigenen Erfolg. Zuckersüße Himbeeren, sonnengereifte Kirschen, ein taufrischer Salatkopf, saftige Tomaten oder die ersten roten Erdbeeren im Jahr – das kann keine noch so große Obst- und Gemüseabteilung eines Supermarkts überbieten. Auch wenn die Aussaat auf der Fensterbank oder im Frühbeet nicht immer so gelingt, wie man sich das vorstellt. Solche Pannen gehören zum Gärtnern einfach dazu.

Der moderne Küchengarten lädt zum Genießen ein – optisch und kulinarisch. Das früher häufig in der hintersten Gartenecke gelegene schlichte Gemüsebeet hat sich heute längst in eine attraktive Kulisse verwandelt. Inmitten heranreifender Früchte, aromatischer Kräuter und munterem Vogelgezwitscher kann man vom Alltagstrubel wunderbar abschalten. Selbstverständlich bleibt man seinen Lieblingssorten treu, aber experimentieren Sie und probieren Sie Neues aus. Viele Gemüse-Neuzüchtungen bringen interessante Farb- und Formkompositionen ins Spiel, die auch erfahrene Gärtner immer wieder verblüffen.

Kleine Hecken und farbenfrohe Blütenstauden verstecken den Kompostplatz oder lenken von abgeernteten Flächen ab. Rosenbögen, ein kleiner Sitzplatz mit Mosaiktisch oder wetterfeste, dekorative Rankgitter verleihen Ihrem Gemüse- und Obstgarten auch im Winter ein attraktives Aussehen.

Natürlich wird man über Nacht nicht zum perfekten Gemüse- oder Obstgärtner. Einsteigern gelingt es in der Regel relativ leicht, prächtige Sommerblumen heranzuziehen. Bei Gemüse- und Obstkulturen sieht es schwieriger aus, denn hier spielen Erfahrungswerte eine große Rolle.

Mit diesem praxisorientierten Ratgeber bekommen Sie die wichtigsten Informationen und zahlreiche Tipps rund um den Anbau von Obst und Gemüse mit auf den Weg. Der ausführliche Porträtteil dient als Nachschlagewerk für die bekanntesten Obst- und Gemüsearten. Mit den Jahren werden Sie selber weitere Tricks herausfinden, die Ihnen das Gärtnern erleichtern und so manche Ernten noch erfolgreicher werden lassen. Ob traditionell, natürlich oder dekorativ, suchen Sie sich den Stil für Ihren Obst- und Gemüsegarten aus, der zu Ihnen passt. Sie müssen nicht gleich das ganze Grundstück in einen Nutzgarten verwandeln, anfangs genügt ein kleiner Teil. Größer wird dieser Gartenbereich von ganz allein – spätestens dann, wenn Sie auf den eigenen Salat nicht mehr verzichten möchten, frisch gebackener Obstkuchen auf dem Tisch steht und Sie Lust bekommen, neue Leckereien auszuprobieren. Viel Erfolg!

Ulrike Pfeifer

Dekorative Nutzgärten

Verschiedenste Gestaltungsstile

Obst- und Gemüseanbau im eigenen Garten ist heute wieder richtig „in“. Schnurgerade, langweilig grüne Beete, die vor allem viel Nutzen bringen, sind allerdings längst passé. Genießen steht im Vordergrund. Der große Selbstversorgergarten wandelt sich mit bunten Farbtupfern wie Ringelblumen, Tagetes, blühendem Schnittlauch und Borretsch oder einem mit Buchs eingefassten Rosenhochstämmchen zum schmucken Gourmetgarten. Die Pflege der vitaminreichen Köstlichkeiten nimmt mit einer geschickten Beeteinteilung und hübsch angelegten Wegen weniger Zeit und Mühe in Anspruch als angenommen.

Unabhängig davon für welchen Gartenstil Sie sich bei der Gestaltung Ihres Küchengartens entscheiden – die Herausforderung besteht darin, den zur Verfügung stehenden Raum optimal zu nutzen. Hochstämmchen, Kletterpflanzen, Ziersträucher oder Spaliere helfen, die gesamte Fläche nicht auf einmal preiszugeben, um optische Spannungseffekte zu bewahren. Bepflanzen Sie die Beete nie zu dicht und nicht zu einseitig. Spaß und Freude bleiben nur erhalten, wenn Ihnen die Arbeit und die Erntemengen Ihres grünen Paradieses nicht über den Kopf wachsen.

Bei einer überschaubaren, abwechslungsreichen Bepflanzung aus verschiedenen Gemüsearten und saftig-süßen Früchten steht dem Genuss aus dem eigenen Naschgarten nichts mehr im Weg.

***Niedrige Buchshecken** rahmen die Beete des Gemüsegartens ein.*

***Bunt gemischter** Gemüse- und Ziergarten mit Obstspalier*

***Abwechselnd** gepflanzter rot- und grünlaubiger Salat sorgt für Farbe.*

Traditionell Im traditionell gestalteten Obst- und Gemüsegarten herrscht Ordnung. Salat, Kohlrabi, Möhren und viele andere Gemüsearten gedeihen in Reih und Glied in Reinkultur. Allein das hölzerne Gestänge der kletternden Bohnen wechselt die geordneten Verhältnisse ein wenig ab. Sommerblumen finden hier nur am Rande des Gartens Platz. Auch die Wege verlaufen gerade und sind meist provisorisch in Form von ausgelegten Brettern oder Trampelpfaden angelegt. Im Herbst wird die gesamte Fläche abgeräumt, schwere Böden werden umgegraben, andere mit einer dicken Schicht Kompost versehen,

***Ideale Nachbarn** im Gemüsebeet: Tagetes und verschiedene Kohlarten*

damit der Boden für die kommende Nutzgartensaison optimal in Form bleibt. Strauchobst findet sich in traditionellen Küchengärten meist in einem separaten Bereich wieder. Auch den Erdbeeren wird ein separates größeres Beet zugeteilt.

Formvollendet Im streng formal gestalteten Küchengarten bestimmen klare, geometrische Formen das Gesamtbild. Niedrige Buchseinfassungen und dauerhaft angelegte Wege aus Klinker, Mulch oder Kies geben diesem Gartenstil Struktur. Zum Spalier gezogene Obstbäume, eine dichte Hecke oder eine Mauer dienen als Abgrenzung zum restlichen Garten. Hauptgestaltungselemente der formalen Anlage sind geometrische Muster und das „Herz" des Küchengartens: Ein Kreuzungspunkt der Wege, der zu einem kleinen Platz erweitert ist. Bepflanzen Sie diesen zentralen Blickpunkt mit einem duftenden Rosenhochstämmchen oder einem aparten, kompakt wüchsigen Zierstrauch. Auch eine auf einem Sockel platzierte Steinfigur oder ein kleines Wasserspiel fügen sich harmonisch ein.

Natur pur Ganz natürlich, aber gleichzeitig sehr schön gestaltete Biogärten finden großes Interesse. Hier stehen vor allem robuste und widerstandsfähige Sorten, Mischkultur, Fruchtwechsel, biologischer Pflanzenschutz und Kompost als wertvoller Humuslieferant im Vordergrund.
Nektarreiche, duftende Zierpflanzen säumen den Garten und ziehen Schmetterlinge und nützliche Insekten an. Reisig-, Holz- oder Steinhaufen sind ideale Unterschlupfmöglichkeiten für Igel, Spitzmäuse und Eidechsen.

Modern Im dekorativen und modernen Küchengarten gibt das fröhliche Durcheinander von verschiedensten Farben und Formen den Ton an. Zier- und Nutzgarten vermischen sich immer mehr. Obwohl auch hier der ertragreiche Anbau und die laufende Ernte von Obst- und Gemüse im Vordergrund stehen, sind die Beete derart gestaltet, dass rund ums Jahr ein abwechslungsreiches, schönes Bild erhalten bleibt.
Setzen Sie rot- und grünlaubige Gemüsearten wie Salate, Mangold oder Kohlrabi im Wechsel. Kombinieren Sie unterschiedlichste Blattformen wie zartes Fenchelgrün, schmales Zwiebellaub und krause Kohlblätter. Lösen Sie sich von den traditionell verlaufenden, rechteckigen Beeten. Teilen Sie die Fläche in Quadrate, Rauten oder Dreiecke ein und lassen Sie die Pflanzreihen zwischendurch im Zickzack oder diagonal verlaufen. Auch runde Beete wirken sehr charmant. Statt immergrünem Buchs dienen ein- und mehrjährige Pflanzen als Beeteinfassung.
Stützen Sie Stangenbohnen oder kletternde Zucchini mit dekorativen Rankhilfen aus verspieltem Metall oder farbigem Holz. Auch Rücken schonende Hochbeete oder dekorativ bepflanzte Hügelbeete lockern den Küchengarten auf. Eine himmelblau oder vanillegelb angestrichene Bank sorgt für Farbe und lädt zum Verweilen ein. Ein dichter Laubengang aus Stangenbohnen oder ein romantischer Rosenbogen verleihen dem Garten romantischen Charme.

Idyllischer Bauerngarten

Ein malerischer Garten, in dem es das ganze Jahr blüht und gedeiht, weckt die Sehnsucht vieler Hobbygärtner. Dabei ist das paradiesische Bild vom idyllischen Country-Garten gar nicht so unerreichbar, wie es auf den ersten Blick scheint. Mit der richtigen Beetaufteilung, typischen Accessoires und verlockend duftenden, bunten Blütenstauden lässt sich der natürliche Charme des ländlichen Gartens auch auf kleinen Grundstücken leicht verwirklichen.

***Lassen Sie Buchshecken** nicht zu hoch wachsen, sonst nehmen sie den Gemüsepflanzen zu viel Licht.*

▸ Aufbau, Elemente und Materialien

Klassischerweise teilt man den Bauerngarten in verschiedene Beetflächen ein, die durch befestigte, in der Regel geradlinig verlaufende Wege voneinander getrennt sind. Bei quadratischen Gärten bietet sich die Aufteilung in vier gleich große Beete an, aber auch längliche oder verwinkelt zugeschnittene Grundstücke ermöglichen den beliebten Landhausstil. Immergrüne Buchshecken unterstreichen die klassische Beetaufteilung. Wer mag, lockert die strenge Heckenform durch kugelig oder wellenförmig gestutzte Partien auf. Selbstverständlich können Sie auch ganz auf Buchs verzichten. Halbrund gesteckte oder miteinander verflochtene Weidenzweige wirken sehr verspielt und setzen Ihren Küchengarten rund ums Jahr hübsch in Szene. Beeteinfassungen aus Weidenruten sind allerdings nicht sehr lange haltbar und müssen deshalb immer wieder erneuert werden.

In der Mitte der Beete, dort, wo sich die Wege des Bauerngartens kreuzen, sorgt ein Rondell, ein Sitzplatz, ein plätscherndes Wasserspiel oder ein kleinkroniger unterpflanzter Baum für nostalgisches Flair. Auch die Umzäunung des Gartens passt sich dem Country-Stil an. Sehr stilvoll wirken einfache Lattenzäune oder farbig angestrichene Staketenzäune. Mit Kletterpflanzen oder Rosen berankte Rundbögen am Eingang und Ausgang des Bauerngartens sorgen schon von weitem für wildromantischen Charme. Natürliche Materialien wie Naturstein, Rindenmulch oder Kies bestimmen den Bauerngarten. Accessoires wie glänzende Rosenkugeln, ausrangiertes Gartenwerkzeug, alte Blechgießkannen oder niedliche Tierfiguren aus glasierter oder naturbelassener Terrakotta zaubern ländliche Atmosphäre.

Im Gemüse- und Obstgarten überwiegt weniger das Nützliche, er wird zum Gourmetgarten für die ganze Familie. Lockern Sie das vitaminreiche Grün mit farbenfrohen Sorten wie buntstieligem Mangold, blau blühendem Lavendel oder Borretsch auf. Farbenprächtige Beet- und Balkonpflanzen sowie ein Kübelpflanzenhochstämmchen (z. B. Wandelröschen, Zitrusbäumchen) am Rand oder in der Mitte der Beete tragen zur gewünschten Vermischung von Nutz- und Ziergarten bei. Verwenden Sie als Rankhilfen verspielte Rosenbögen und Obelisken aus Holz oder Metall. Sehr begehrt sind auch Modelle mit einer rostigen Patina. Grenzt an den Bauerngarten eine Mauer, sorgen wüchsige Kletterrosen und reich blühende Clematis recht bald für eine traumhafte Blütenkulisse.

***Phlox** nach der Blüte zurückschneiden, damit er nicht aussamt.*

***Hortensien** haben einen hohen Wasserbedarf.*

***Pfingstrosen** sind typische Bauerngartenpflanzen.*

***Rosa- und violett** blühender Salbei, Rosen und Witwenblumen sind ein schöner Kontrast zum überwiegend grünlaubigen Gemüse.*

▸ Pflanzenauswahl

Da es im Bauerngarten vor allem bunt zugeht, wird die Auswahl geeigneter Pflanzen von leuchtenden Farben bestimmt. Purpurrote Prachtspieren (*Astilbe-Arendsii*-Hybriden), himmelblauer Rittersporn (*Delphinium*-Hybriden) und orangefarbene Sonnenbraut (*Helenium*-Hybriden) setzen zum überwiegend grünen Gemüse kräftige Akzente. Ende Mai, Anfang Juni blühende Bauernpfingstrosen (*Paeonia officinalis*), Hortensien (*Hydrangea macrophylla*), duftender Stauden-Phlox (*Phlox paniculata*), violetter Riesen-Lauch (*Allium giganteum*) sowie zweijähriger Fingerhut (*Digitalis purpurea*), Glockenblumen (*Campanula persicifolia*) und zarte Gräser sind ein weiteres Muss unter den Bauerngartenpflanzen.

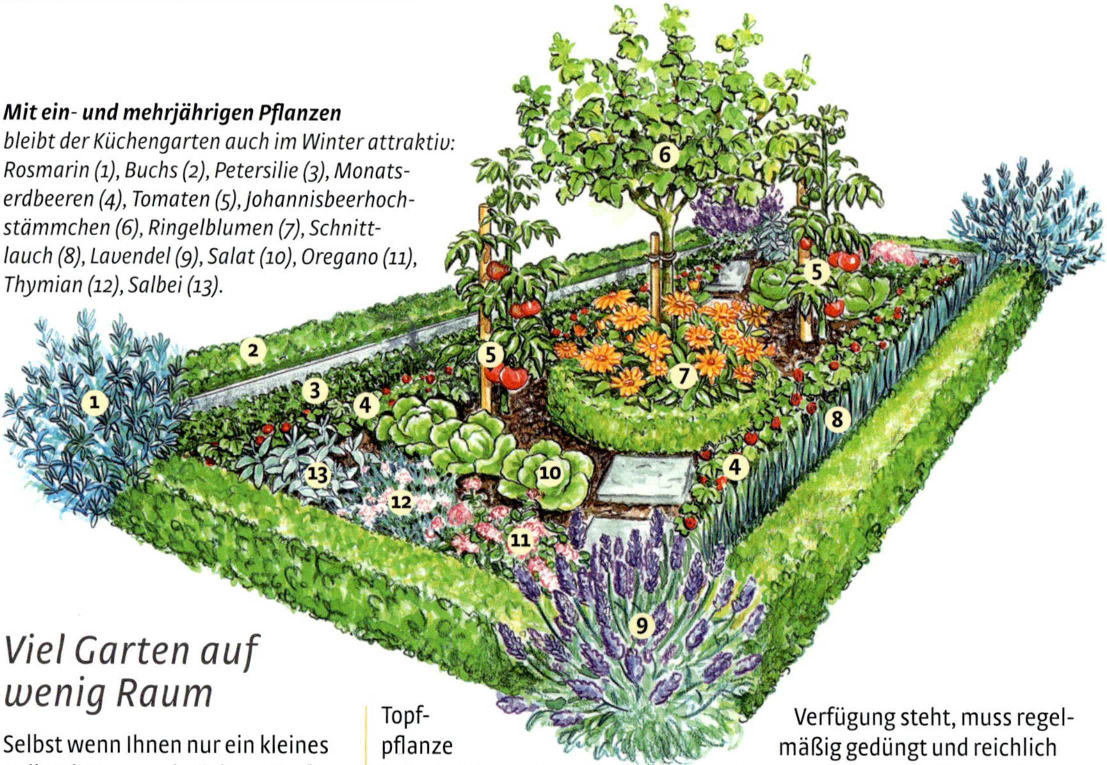

Mit ein- und mehrjährigen Pflanzen *bleibt der Küchengarten auch im Winter attraktiv: Rosmarin (1), Buchs (2), Petersilie (3), Monatserdbeeren (4), Tomaten (5), Johannisbeerhochstämmchen (6), Ringelblumen (7), Schnittlauch (8), Lavendel (9), Salat (10), Oregano (11), Thymian (12), Salbei (13).*

Viel Garten auf wenig Raum

Selbst wenn Ihnen nur ein kleines Reihenhausgrundstück zur Verfügung steht, müssen Sie auf Salat, Tomaten und Kräuter aus dem Garten nicht verzichten.
Vermeiden Sie Gemüsearten und Obst, die sehr viel Platz in Anspruch nehmen, etwa Kartoffeln, Spargel oder Kopfkohlarten. Setzen Sie stattdessen auf schnell wachsende Kulturen wie Radieschen, Kohlrabi oder Salat und eine geschickte Kombination aus Sommer- und Herbstsorten. Säen Sie das Gemüse über mehrere Wochen gestaffelt aus. So haben Sie im Sommer fortlaufend frisches Grün für einen Salat oder fürs Butterbrot parat.
Verschiedene Gemüsearten, die man in kleinen Gärten aus Platzgründen im Topf anbaut, entwickeln sich dort erstaunlich gut. Tomaten beispielsweise bringen als Topfpflanze hohe Erträge und bleiben an einem regengeschützten Standort in der Regel von der gefürchteten Kraut- und Braunfäule verschont. Da den nährstoffbedürftigen Pflanzen im Vergleich zum Freilandanbau im Topf nur eine begrenzte Menge an Erde zur Verfügung steht, muss regelmäßig gedüngt und reichlich gegossen werden. Beerenobststämmchen oder attraktive Gemüsearten wie gelbe Zucchini und leuchtend rot blühende Feuerbohnen lassen sich dekorativ in den Ziergarten integrieren. Hochstämmchen können Sie zusätzlich mit hübschen Sommerblühern

Durchschnittlicher Gemüseertrag im Freilandanbau

Gemüseart	Durchschnittlicher Ertrag	Pflanzabstand
Kohlrabi	*ca. 12 Stück/m²*	*ca. 30 x 25 cm*
Kopfsalat	*ca. 12–14 Stück/m²*	*ca. 30 x 30 cm*
Lauch	*ca. 3 kg/m²*	*ca. 30 x 15 cm*
Möhren	*ca. 5–6 kg/m²*	*ca. 25 x 5 cm*
Rote Bete	*ca. 5 kg/m²*	*ca. 25 x 10 cm*
Spinat	*ca. 2 kg/m²*	*ca. 25 x 5 cm*
Stangenbohnen	*ca. 2–3 kg/m²*	*ca. 100 x 50 cm*
Zucchini	*ca. 3–4 kg/Pflanze*	*ca. 90 x 90 cm*
Zuckermais	*ca. 2 Kolben/Pflanze*	*ca. 40 x 40 cm*

TIPP

Nährstoffbedürftiges Gemüse mit hohem Platzbedarf wie Zucchini oder Kürbisse können Sie auf kleinen Grundstücken wunderbar auf dem Komposthaufen anpflanzen. Das humusreiche Material liefert dem Fruchtgemüse ausreichend Nährstoffe. Die relativ großen Gemüseblätter beschatten den Kompost und schützen ihn vor dem Austrocknen.

unterpflanzen. Da die meisten Beerenobsthochstämmchen jedoch Flachwurzler sind, sollte der Boden so wenig wie möglich bearbeitet werden.

Pflanzen Sie in kleinen Gärten statt vielen verschiedenen Obstarten lieber zwei oder drei von derselben Art, um auch bei selbst unfruchtbaren Arten in den Genuss einer reichen Ernte zu kommen. Gönnen Sie den Pflanzen genügend Abstand untereinander, um das Auftreten von Krankheiten und Schädlingen zu vermeiden.

Richten Sie die Planung Ihres Gemüsegartens auch in Hinsicht auf Ihre Freizeit aus. Es ist besser, sie setzen eher weniger Gemüsepflanzen und Obststräucher, um die Sie sich optimal kümmern können, als zu viele, die schnell verunkrauten, in die Höhe schießen und Ihnen sämtlichen Spaß am Gemüsegärtnern verderben.

Was die Anzucht von Jungpflanzen anbelangt, besorgen Sie sich am besten auf dem Wochenmarkt optimal entwickelte Gemüsepflanzen.

***Mit Saatbändern** liegen die Samen von Anfang an im richtigen Abstand.*

Gerade in kleinen Gärten, wo einem in den wenigsten Fällen ein Gewächshaus mit optimalen Licht- und Temperaturbedingungen zur Verfügung steht, ist die Anzucht von kräftigen, gesunden Jungpflanzen schwierig.

Gemüsegärten für Kinder

Im Sommer wird der Garten zum Kinderparadies. Spielen, planschen, toben, Tiere beobachten – ein eigenes kleines Beet mit Stangenbohnenzelt und süßen Erdbeeren zählt dabei zu den größten Erlebnissen. Auch wenn die Kleinen bei der Aussaat, der Pflanzung und der Pflege des Gemüses Unterstützung benötigen, übernehmen sie erstaunlich viel selbst.

Wählen Sie für das Kinderbeet schnell wachsendes und robustes Gemüse wie Radieschen, Salat, Zuckermais, Tomaten und Stangenbohnen. Auch Erdbeeren und pflegeleichte Sommerblüher, etwa Sonnenblumen, Ringelblumen und Kapuzinerkresse, die direkt an Ort und Stelle ausgesät werden können, stehen beim ungeduldigen Gärtnernachwuchs hoch im Kurs. Selbst gezogene Kürbisse lassen sich zu Halloween in schaurigschöne Kürbisköpfe verwandeln. Lustige Accessoires wie verrückte Figuren oder bunte Windräder im Beet garantieren monatelangen Gartenspaß.

***Toller Sichtschutz** für kleine Gärtner: leuchtend rote Feuerbohne*

***Formal** angelegter Gemüsegarten mit Kieswegen und Buchshecken.*

Schöne Beeteinfassungen

Schon mit einfachen Mitteln wie einer hübschen, farbenfrohen Umrahmung aus ausdauernden Kräutern oder reich blühenden Sommerblumen bekommt Ihr Gemüse- und Obstgarten langfristig ein dekoratives Erscheinungsbild. Verpassen Sie Ihrem Küchengarten eine Schönheitskur. Gemüsebeete gewinnen durch eine Einfassung aus kompakten Polsterstauden oder einjährigen Sommerblumen wie niedrig wachsenden Löwenmäulchen (*Anthirrhinum majus*), Ringelblumen (*Calendula officinalis*), Studentenblumen (*Tagetes patula*) oder Kapuzinerkresse (*Tropaeolum*-Arten) enorm an Wirkung. Nach einer Saison ist der Blütenrausch zwar schon vorbei, dafür können Sie immer wieder experimentieren und neue Farbkompositionen ausprobieren. Aus der Vielzahl an Stauden eignen sich zum Beispiel rosa blühende Grasnelken (*Armeria maritima*), rosa, weiße oder blauviolette Blaukissen (*Aubrieta*-Hybriden), Storchschnabel (*Geranium* x *cantabrigiense*) oder silbergrauer *Wollziest* (*Stachys byzantina*). Ein jährlicher Rückschnitt hält die bunten Blütenkissen im Zaum und verhindert, dass sie sich zu stark ins Beet oder über den Weg ausbreiten.

Wer seinen Nutzgarten nicht zu sehr mit Zierpflanzen mischen möchte, trifft mit einer Kräutereinfassung aus rosarot blühendem Schnittlauch, duftendem Lavendel oder aromatischen Thymian-Polstern eine gute Alternative zum gewöhnlichen Sommerflor. Auch Monatserdbeeren (*Fragaria vesca*) eignen sich hervorragend. Anders als die gewöhnlichen Gartenerdbeeren (*Fragaria ananassa*) bilden sie keine wuchernden Ausläufer, blühen monatelang und laden noch im Spätsommer zum Naschen ein.

***Hoch wachsende Stangenbohnen** bringen Abwechslung in den sommerlichen Gemüsegarten.*

Eine langfristig stabile Beeteinfassung erzielen Sie mit einer festen Abgrenzung aus Klinkersteinen, speziellen Betonelementen oder Holzpalisaden. Einfassungen aus Beton, Naturstein oder Klinker sind wesentlich haltbarer als Holz. Sie sollten aber zur besseren Stabilität in ein Fundament aus Magerbeton gesetzt werden.

Schnecken geplagte Gemüsegärtner fassen das Beet am besten mit einem nach außen gebogenen, stabilen Metallzaun ein, den man sich im örtlichen Handwerksbetrieb zuschneiden lässt oder fertig im Gartencenter kauft.

Gartenwege

Bei der Anlage von Wegen unterscheidet man breite Hauptwege und schmale Pfade zwischen den Beeten. Dauerhafte Hauptwege werden am besten gepflastert. Je nach persönlichem Geschmack und finanziellen Mitteln stehen Ihnen eine Vielzahl an Beton- und Natursteinen zur Auswahl. Wenn der Weg mit Kies aufgefüllt werden soll, benötigt er eine feste seitliche Begrenzung aus Pflastersteinen, Palisaden oder Brettern, sonst vermischen sich Kies und Erde bei der Bodenbearbeitung. Rasenwege wirken ebenfalls sehr schön, aber nur so lange, wie regelmäßig gemäht wird und die Rasenkanten nachgeschnitten werden. Im Gras verlegte Trittsteine sind ein dekorativer Blickfang. Achten Sie beim Verlegen der Platten darauf, dass

Auch Küchenkräuter wie Schnittlauch *eignen sich gut zur Beeteinfassung.*

die Steine mit der Rasenkante bündig abschließen. So können Sie mit dem Rasenmäher über die Trittplatten hinwegfahren. Schmale Pfade zwischen den Beeten legt man mit Brettern aus oder markiert sie mit grobem Rindenhäcksel oder Stroh.

Dekorative Rankgerüste

Kletterkünstler wie Stangenbohnen, Kürbisse, Kiwis oder Wein benötigen ein stabiles Rankgerüst. Abgesehen von der bequemen Ernte und hohen Erträgen auf wenig Raum, bringen Rankgitter und Kletterhilfen auch optisch Vorteile. Sie lassen hübsche, kleine Gartenräume entstehen und verleihen dem Küchengarten im Winter Struktur. Zu den preiswertesten Rankhilfen zählen einfache Holzpfähle, an denen Stangenbohnen emporranken oder Tomatenpflanzen sicheren Halt finden. Mit ein wenig Farbe verwandelt sich ihr unauffälliges Äußeres in kurzer Zeit in leuchtend gelbe, orangerote oder blauviolette Farbtupfer. Maschendraht oder Baustahlmatten als Stütze für Erbsen verlieren ihr schlichtes Erscheinungsbild, wenn Sie zwischen das Gemüse einfach ein paar einjährige Kletterpflanzen mit hohem Zierwert setzen. Rankende Kapuzinerkresse oder Wicken beispielsweise bringen mit orange- und pinkfarbenen Blüten kräftige Farben ins Spiel.

Etwas teurer, dafür aber sehr dekorativ wirken Pyramiden und Obeliske aus Metall oder Holz. Viele Modelle schmückt zudem eine hübsch geformte Spitze, die den Rankhilfen auch im Winter einen hohen Zierwert geben.

Schnell und einfach aus Fertigteilen ist eine Pergola oder ein hölzerner Rankbogen errichtet. Mit reich tragenden, kletternden Zucchini, leuchtend rotweiß blühenden Feuerbohnen oder bunten Zierkürbissen sind die Rankgerüste in kurzer Zeit begrünt.

Rasenwege *sind hübsch anzusehen, müssen aber regelmäßig gemäht werden.*

Tagetes (Tagetes patula, T. tenuifolia) *sorgen im Gemüsebeet für Farbe.*

Ringelblumen (Calendula officinalis) *sind dekorative Begleitpflanzen.*

Gemüse und Obst auf Balkon und Terrasse

***Zuckermais, Paprika, Tomaten und Auberginen** laden auf dem sonnigen Balkon zu reicher Ernte ein.*

Von einem abwechslungsreich gestalteten Küchengarten auf Balkon oder Terrasse profitieren Sie gleich in zweierlei Hinsicht. Zum einen sehen die bunt bepflanzten Töpfe und Kästen attraktiv aus, zum anderen liefern sie gesundes, frisches Gemüse und süße Früchte. Um auch auf kleinsten Balkonen möglichst viel zu ernten, weichen Sie auf hübsche Stellagen oder Blumenampeln aus. Nutzen Sie die Vertikale – Feuerbohnen, Zucchini, Gurken oder Wein wachsen an Rankgittern oder Geländern rasant in die Höhe. Ihr dichtes Blätterdach sorgt für angenehmen, lichten Schatten und eignet sich prima als Sichtschutz.

Ganz egal für welche Töpfe oder Balkonkästen Sie sich entscheiden, sie sollten zum Stil des Hauses passen und mit Fensterrahmen oder Bodenbelag der Terrasse harmonieren. Wer eine ganze Topfgruppe aufstellen möchte, wählt verschiedene Gefäßformen für die unterschiedlich großen Pflanzen. Neben den klassisch orangebraunen Terrakottatöpfen sehen auch bunt glasierte Schalen oder aus Holz und Metall gefertigte Pflanzgefäße sehr schön aus. Sollen die Töpfe das ganze Jahr über im Freien stehen, erkundigen Sie sich vorher nach der Frosthärte der Gefäße. Da auch Gemüse und Obstgehölze keine Staunässe vertragen, müssen an der Unterseite der Töpfe Abzugslöcher vorhanden sein, damit Gießwasser oder Regen gut abfließen kann.

Ein mit Erde und Pflanzen befüllter Balkonkasten hat erhebliches Gewicht. Achten Sie daher darauf, dass die Gefäße sicher befestigt sind, so dass auch bei starken Windböen nichts passieren kann. Sämtliche Töpfe sollten zum Wässern, Pflegen und Ernten der Pflanzen leicht zu erreichen sein und dürfen nicht zu eng stehen. Damit sich die Pflanzen nicht gegenseitig beschatten, platziert man hoch wüchsige Arten wie Tomaten oder Obsthochstämmchen in den Hintergrund.

Vor der Bepflanzung Ihres Küchengartens sollten Sie sich über die einzelnen Standortansprüche und den Wuchs Ihrer Lieblingspflanzen im Klaren sein. Leider wachsen nicht alle Gemüse- und Obstarten auf Balkon und Terrasse gleich gut. Himbeeren, Möhren oder Kartoffeln beispielsweise sind für die Topfkultur ungeeignet. Erdbeeren, Radieschen, Salat oder Tomaten kommen dagegen mit dem begrenzten Wurzelraum gut zurecht und garantieren reiche Ernten. Schnell wachsende Kulturen wie Radieschen, Rucola, Pflück- oder Schnittsalat sät man alle paar

TIPP

Für den Anbau im Balkonkasten eignet sich speziell gezüchtetes Minigemüse besonders gut.
Die kleinen Blumenkohlköpfe, Maiskolben, Auberginen, Paprika oder Möhren sehen sehr dekorativ aus und eignen sich ideal für Single-Haushalte oder als Grillgemüse.

Wochen neu aus, um im Sommer laufend frisches Gemüse ernten zu können.
Da die meisten Nutzpflanzen ein überwiegend grünes Bild abgeben, kombiniert man die Bepflanzung mit farbenfrohen, einjährigen Sommerblumen oder reich blühenden Stauden. Viele Gemüse- und Obstsorten sorgen aber auch schon von sich aus mit verschiedensten Blattformen, bunten Stielen (Mangold), rotem Laub (Kohlrabi, Salat) und einem Meer aus weißen und rosa Blüten (Apfel) für Farbe.
Um die Topfkulturen optimal mit Wasser und Nährstoffen zu versorgen, wird häufig gewässert und regelmäßig gedüngt. Lassen Sie die Pflanzen weder austrocknen, noch längere Zeit in nassen Untersetzern stehen, weil sich dort leicht Krankheitserreger ausbreiten. In regelmäßigen Abständen sollte man die Obst- und Gemüsepflanzen auch auf Schädlingsbefall kontrollieren. Wer Blattläuse frühzeitig entdeckt oder mit Mehltau erkrankte Blätter rechtzeitig aus dem Pflanzenbestand entfernt, wird an seinem Küchengarten lange Freude haben.
Frostempfindliche Zitruspflanzen kommen zur Überwinterung an einen kühlen, hellen Platz ins Haus. Winterharte, ausdauernde Gehölze wie Apfelbäumchen und Johannisbeerhochstämmchen überstehen die kalte Jahreszeit im Freien. Rücken Sie die Gefäße dicht an die Hauswand und umwickeln Sie die Töpfe mit Kokosmatten, Sackleinen oder Noppenfolie. Auf diese Weise sind die Pflanzen vor strenger Kälte

Gemüse und Obst für Balkon und Terrasse

Deutscher Name	Botanischer Name	Anbautipps, Verwendung
Gemüse		
Frühlingszwiebeln	*Allium cepa*	*für Salate oder aufs Butterbrot*
Stielmangold	*Beta vulgaris*	*buntstielige Sorten sind besonders attraktiv*
Kohlrabi	*Brassica oleracea var. gongylodes*	*weiße und blaue Sorten abwechseln*
Zucchini	*Cucurbita pepo*	*auch gelbfrüchtige und kletternde Sorten erhältlich*
Paprika	*Capsicum annuum*	*warm und geschützt stellen, verträgt keine Staunässe*
Salat	*Lactuca sativa*	*Aussaat staffeln, Pflück- und Schnittsalat wächst gut im Topf*
Tomaten	*Lycopersicon lycopersicum*	*vor Regen geschützt aufstellen, regelmäßig wässern und düngen*
Radieschen	*Raphanus sativus*	*Aussaat über mehrere Wochen staffeln*
Obst		
Erdbeeren	*Fragaria vesca*	*Monatserdbeeren blühen und fruchten bis in den Spätsommer*
Apfel	*Malus domestica*	*schwach wachsende Schnurbäume (Ballerinas) ideal, regelmäßig zurückschneiden, auf Befruchtersorte achten*
Rote Johannisbeere	*Ribes rubrum*	*Hochstämmchen lassen sich hübsch unterpflanzen*
Heidelbeere	*Vaccinium corymbosum*	*saures Substrat verwenden, Sorten mit schöner Herbstfärbung wählen*

Tomaten und Zucchini *benötigen viel Wasser und reichlich Nährstoffe.*

geschützt. Vor allem Terrakottatöpfe sollten im Winter weder starken Frösten noch zu viel Regen ausgesetzt sein, da sie sonst leicht Risse bekommen und springen. An frostfreien Tagen werden die Gehölze gelegentlich gegossen, damit die Pflanzen über den Winter nicht austrocknen.

Lichterketten, Kerzen, bunter Weihnachtsschmuck oder ein Vogelfutterhäuschen bringen Leben auf die Terrasse und sorgen für festliche Stimmung. Abgeerntete, kahle Balkonkästen überbrücken Sie während der kalten Jahreszeit am besten mit farbenfrohen Herbst- und Winterblühern. Schneeheide (*Erica carnea*), Herbst-Chrysanthemen, Torfmyrte (*Gaultheria mucronata*) und Herbst-Astern zaubern auch an nasskalten Herbsttagen mit späten Blüten und zierenden Früchten leuchtende Farben auf den Balkon. Für eifrige Küchengärtner beginnt dann spätestens ab März, April mit Salatpflanzen und Gemüseaussaaten die nächste Gartensaison.

TIPP

Sehr preiswert und ohne großen Aufwand gelingt der Gemüseanbau in Erdsäcken. Legen Sie dazu einfach einen Sack Blumenerde auf den Boden und pflanzen Sie das Gemüse hinein. Achten Sie auf ausreichenden Pflanzabstand, so dass das Gemüse nicht zu eng steht. Mehrere Löcher an den Seiten des Erdsackes vermeiden Staunässe.

Tomaten *gedeihen vorzüglich im Topf. Pflanzen regelmäßig düngen und ausreichend wässern.*

Dekorativ arrangiert: *verschiedene Salate, Erdbeeren, Kräuter, Kapuzinerkresse und ein orangerotes Wandelröschen*

Praxis-Grundlagen

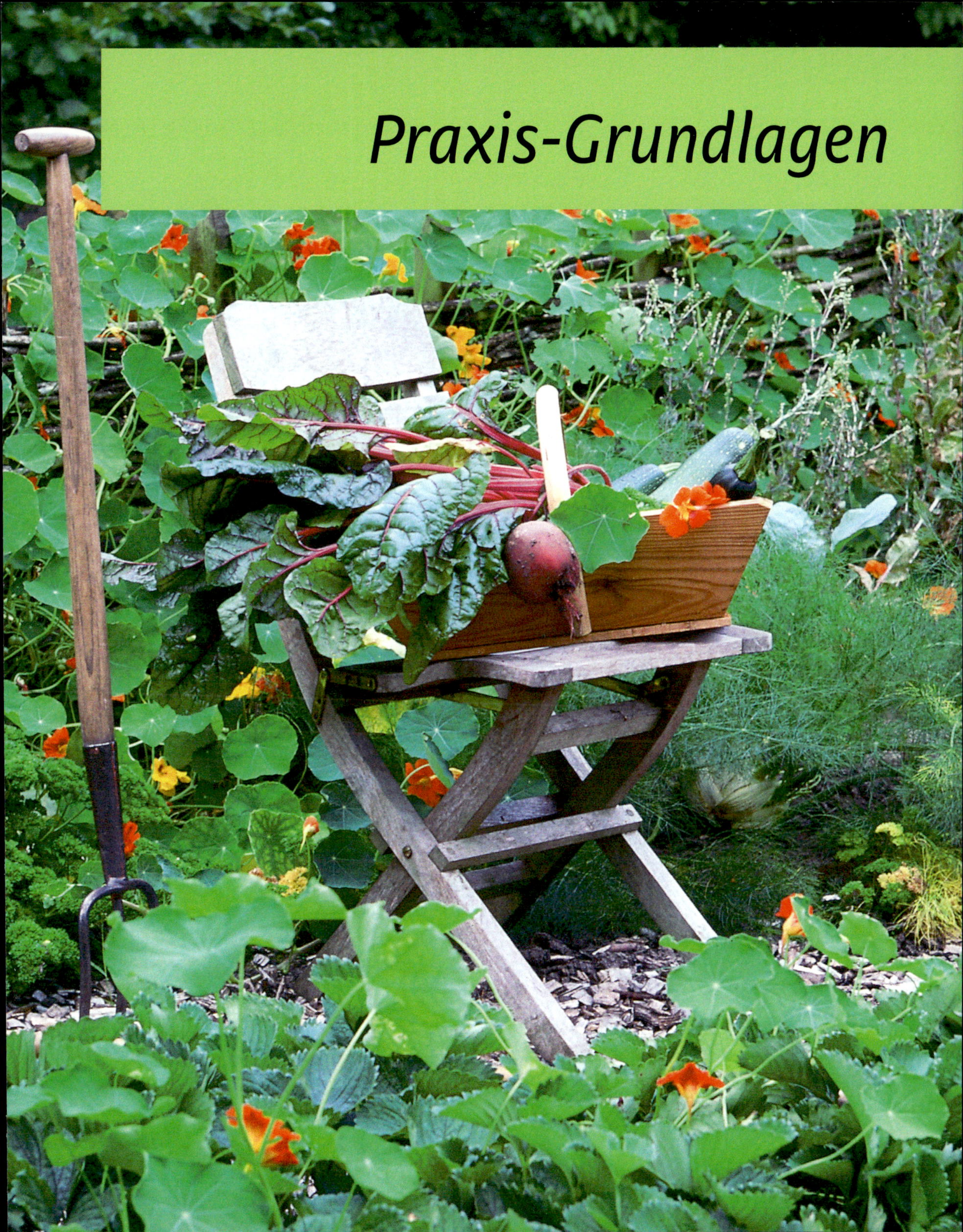

Grundlagen

Im Vergleich zu einem bunt blühenden Ziergarten mit pflegeleichten Stauden, Gräsern und Gehölzen ist ein schön gestalteter Küchengarten relativ arbeitsaufwändig. Aussäen, vereinzeln, pflanzen, ernten, zurückschneiden – es gibt immer etwas zu tun. Doch mit der richtigen Grundausstattung an Geräten, einem gut vorbereiteten Boden und Kenntnissen über Pflanzennährstoffe, Schaderreger und Krankheiten, geht die Arbeit leicht von der Hand und macht Spaß.
In diesem ersten Praxiskapitel werden zunächst die allgemeinen Anbaugrundlagen beschrieben. Spezielle Details zum Gemüse- und Obstanbau folgen in den Kapiteln „Gemüse-Praxis" (ab Seite 32) und „Obst-Praxis" (ab Seite 54).

Die richtige Lage für den Obst- und Gemüsegarten

Ganz gleich, ob Sie einen brach liegenden Gartenbereich in einen Küchengarten verwandeln wollen oder eine bereits vorhandene Gartenecke in einen Obst- oder Gemüsegarten umgestalten möchten, Grundvoraussetzung für den erfolgreichen Anbau von Obst und Gemüse ist der richtige Standort der Pflanzen. Daher steht zunächst eine Bestandsaufnahme der örtlichen Gegebenheiten an. Wieweit liegt der auserwählte Gartenbereich im Sonnenlicht oder im Schatten? Ist es dort windig oder windstill? Ist der Boden tiefgründig, sandig, leicht erwärmbar oder eher lehmig und neigt zum Vernässen?

▸ Optimaler Gemüsestandort

Gemüse benötigt das ganze Jahr über sonnige, geschützte Lagen. Je mehr Sonnenstunden die ausgewählten Beetflächen täglich erhalten, desto reichhaltiger und aromatischer wird die Gemüseernte später ausfallen. Was den Wind betrifft, so sind erfahrungsgemäß die Standorte am besten, an denen gelegentlich ein schwaches Lüftchen weht. Sehr windige Plätze kühlen die Pflanzen zu sehr ab und führen zu Wachstumsstockungen. Größere Beete schützt eine niedrige Einfassung aus Buchs oder Kräutern vor zu viel Wind.
Kleinere Küchengärten legt man am besten in sonnig-geschützter Lage direkt am Haus an. So haben Sie auch bei schlechtem Wetter schnell ein paar grüne Köstlichkeiten zur Hand. Zu windstille Lagen sind auch von Nachteil. Viele Krankheiten und Schädlinge finden dort ideale Bedingungen und breiten sich besonders nach sommerlichen Regenfällen im schwülwarmen Kleinklima rasch aus. Opti-

Sommerlicher Gemüsegarten

__Möhren__ brauchen einen tiefgründig gelockerten Boden und vertragen keine Staunässe.

malen Windschutz bietet eine dichte Laubhecke, vorausgesetzt sie wurde so gepflanzt, dass sie im Lauf des Tages keinen allzu großen Schatten auf die Gemüsebeete wirft.

▸ Idealer Obststandort

Bevor Sie Ihre Obstgarten-Pläne in die Tat umsetzen, sollten Sie sich darüber im Klaren sein, welche Ansprüche die verschiedenen Obstarten an das Klima stellen. Nur so wird sich Ihr Traum von einer reichen Obsternte im eigenen Garten erfüllen. Ideal ist ein gemäßigtes, warmes Klima mit vielen Sonnenstunden und ganzjährig milder Witterung, wie es in Weinbaugegenden vorherrscht. Dabei haben Pfirsiche, Nektarinen, Aprikosen, Kiwi, Wein und Mandelbäume einen besonders hohen Wärmeanspruch. Etwas robuster dagegen sind zum Beispiel Pflaumen, Apfel- und Birnbäume und Sauerkirschen. Bieten Sie allen Obstgehölzen und Beerenobststräuchern einen sonnigen Standort, der auch in den Nachmittagsstunden unbeschattet bleibt und die Pflanzen vor starken Winden schützt. In raueren Lagen sorgen nach Süden ausgerichtete Mauern oder Hauswände für ein günstiges Kleinklima.
Das Gemäuer erwärmt sich über den Tag und strahlt die gespeicherte Wärme in der Nacht wieder ab.

Für besonders empfindliche Obstarten bietet sich ein Spalier direkt an der Wärme spendenden Hauswand. Der aufwändige Schnitt bereitet zwar zunächst ein wenig Mühe, doch nach ein paar Jahren lässt der Arbeitsaufwand deutlich nach. Sie werden mit zuckersüßen Birnen, Aprikosen oder Pfirsichen belohnt und haben auch im Winter noch einen dekorativen Wandschmuck.
Auch in kleinen Gärten, wo Ihnen für den Obstgarten aus Platzgründen vielleicht nur eine leicht beschattete Ecke bleibt, müssen Sie auf aromatisches Obst nicht verzichten. Erdbeeren, Johannisbeeren, Stachelbeeren oder Himbeeren reifen auch im Halbschatten vorzüglich heran.
Sehr ungünstig für den erfolgreichen Anbau von Obstgehölzen sind Talsenken, in denen sich nachts schwere Kaltluft sammelt. Hier kann es im Winter leicht zu Frostschäden kommen. In der Regel sind vor allem die Blüten der Obstbäume, die sich teilweise schon im März öffnen, sehr frostempfindlich. Überraschend auftretender Spätfrost kann die ganze Ernte zunichte machen. Wählen Sie daher in Spätfrost gefährdeten Lagen bevorzugt solche Obstsorten, die erst spät blühen.
Auch sehr trockene Standorte oder von Hagelschlag gefährdete Lagen sind für den Obstanbau nicht ideal. Stark schwankende Niederschlagsmengen wirken sich mindernd auf den Fruchtansatz aus oder können zum Platzen von Kirschen und Pflaumen führen.

Kleine Bodenkunde

Der zweite wichtige Faktor für das Gedeihen von Obst und Gemüse ist neben der Witterung die Bodenqualität. Man unterscheidet drei verschiedene Bodenarten: leichte, sandige Böden, mittelschwere Lehmböden und schwere Tonböden. Sandböden sind gut wasserdurchlässig, leicht erwärmbar und einfach zu bearbeiten. Allerdings kühlen sie rasch wieder aus und können nur wenig Wasser und Nährstoffe speichern. Lehmböden sind ideale Gartenböden. Sie sind gut bearbeitbar und speichern ausreichend Nährstoffe und Wasser. Tonböden dagegen erwärmen sich nur sehr schlecht, sind schwierig zu bearbeiten und weisen oft Staunässe und eine schlechte Bodendurchlüftung auf.

Für den Anbau von Gemüse ist ein mittelschwerer, sandig-lehmiger, nährstoffreicher Boden optimal. Im Obstanbau bieten ebenfalls humose-lehmige Standorte, die ausreichend Feuchtigkeit speichern, die besten Anbauvoraussetzungen. Sandige Böden erwärmen sich zwar schnell, trocknen aber auch schnell aus. Zudem können sie nur wenig Nährstoffe speichern. Schwere Lehm- oder Tonböden erwärmen sich langsam und neigen zu Staunässe, was den meisten Obstbäumen nicht bekommt.

Falls Sie nicht genau wissen, welche Bodenqualität in Ihrem Garten vorliegt, sollten Sie die Erde untersuchen, bevor Sie mit der Pflanzung von Obst und Gemüse beginnen. Eine Spatenprobe gibt schnell und einfach Auskunft darüber, wie leicht oder schwer Ihr Boden ist. Dazu stechen Sie einen Spaten voll Erde aus dem Nutzgarten aus. Achten Sie darauf, dass die natürliche Schichtung des Bodens erhalten bleibt. Ist die Probe sehr dunkel und verströmt einen würzigen, erdigen Geruch, liegt ein hoher Humusanteil vor. Auch Regenwurmgänge sind ein positives Zeichen und verweisen auf ein reges Bodenleben. Die Fingerprobe zeigt den Sand- und Tongehalt des Bodens an: Zerkrümeln Sie einen Teil der Erde zwischen Ihren Fingern. Ist die Erde nicht formbar und rieselt auseinander, enthält der Boden viel Sand. Lehmige Erde klebt und lässt sich durch ihren Tonanteil gut zu Kügelchen formen.

***Im Frühjahr** werden die Beete oberflächlich gelockert.*

***Eine Fingerprobe** zeigt den Sand- und Lehmanteil des Bodens an.*

Bodenuntersuchung

Da sich vor allem im Gemüsegarten der Boden durch permanenten Nährstoffentzug, Düngung und ständige Bearbeitung immer wieder verändert, empfiehlt es sich, alle zwei bis drei Jahre eine Bodenuntersuchung durchzuführen. Diese Analyse ermittelt die Bodenart, den Säuregehalt (pH-Wert) und den Kalkbedarf des Standorts sowie den Nährstoffgehalt der Erde. Verschiedene private und staatliche Institute bieten Bodenuntersuchungen an (Adressen Seite 150; dort können Sie auch die genauen Kosten der verschiedenen Bodentests erfragen).

Für die Bodenprobe entnehmen Sie an etwa zehn verschiedenen Stellen des jeweils zu untersuchenden Gartenteils (Gemüsebeet, Obstgarten usw.) etwas Erde und mischen die Proben in einem Eimer gründlich. Füllen Sie anschließend 250 g

Schwere Tonböden *sollten Sie im Herbst grobschollig umgraben.*

der Erde ab. Danach wird das Ganze beschriftet und mit Angaben zur gewünschten Analyse an das Labor verschickt. Der beste Termin für eine Bodenuntersuchung ist im Spätwinter vor der Neubepflanzung der Beete.
Auch mit im Handel erhältlichen Bodenproben-Sets lassen sich pH-Wert und Nährstoffzusammensetzung des Bodens bestimmen. Die Methode ist recht preisgünstig, allerdings sind die Ergebnisse nicht so genau wie die Untersuchungen in einem Fachlabor.

Möglichkeiten der Bodenverbesserung

Wenn Ihr Boden nicht den optimalen Anforderungen entspricht, müssen Sie nicht auf den Obst- und Gemüseanbau verzichten. Durch die Zugabe von Bodenhilfsstoffen wie Sand, Kompost, Kalk oder Gesteinsmehl lassen sich zu schwere oder zu leichte Böden verbessern. Grober Sand lockert schwere Tonböden. Auch die Einarbeitung von Kompost wirkt bodenverbessernd und sorgt für eine bessere Durchlüftung. Bringen Sie etwa drei Liter ausgereiften Kompost pro Quadratmeter Beetfläche aus. Des Weiteren verbessern tiefwurzelnde Gründüngungspflanzen den Standort.
Leichte Sandböden sollten Sie mit Kompost vermischen, um den Humusanteil des Bodens anzuheben und die Wasserspeicherfähigkeit zu erhöhen.
Böden mit einem niedrigen pH-Wert, so genannte saure Böden, lassen sich durch Gesteinsmehl, kohlensauren Kalk und Kompost aufbessern. Soll der pH-Wert des Bodens für bestimmte Pflanzen, wie zum Beispiel Heidelbeeren, gesenkt werden, vermischt man die Erde mit (saurem) Rindenmulch. Soweit wie möglich sollte man auf den Einsatz von Torf im Garten verzichten.

Bodenbearbeitung

Sobald die Erde im Frühjahr nicht mehr an den Schuhen klebt, werden die Beete mit der Grabegabel von Unkraut befreit und mit einem Kultivator oder Krail oberflächlich gelockert.
Bei der Neuanlage von Beeten oder schweren Tonböden kommt man um das Umgraben leider nicht herum. Dies sollte allerdings im Herbst erfolgen, damit sich durch Frosteinwirkung den Winter über ein krümeliges Bodenbild ergibt. Je nach Bestellung der Beete, arbeitet man vor der Pflanzung noch Kompost oder organischen Dünger in den Boden ein. Mit einer Harke werden die Beete anschließend für die Aussaat oder Pflanzung glatt gezogen. Eine regelmäßig ausgebrachte Mulchschicht hält den Boden krümelig, unkrautfrei und feucht. Im Herbst sät man auf die brachliegenden Flächen entweder Gründüngungspflanzen wie Lupinen oder Winterraps ein, gräbt den Boden locker um oder bedeckt die Beete mit einer Schicht grobem Kompost.

Entnahme einer Bodenprobe: *An verschiedenen Stellen (Gemüsebeet, Obstgarten) Erde entnehmen, gut durchmischen. 250 g abwiegen und beschriftet an ein Bodenlabor versenden.*

Düngung und Nährstoffe

Nur bei einer ausgewogenen Nährstoffversorgung können sich die Pflanzen im Garten optimal entwickeln. Allerdings ist gerade im Gemüsegarten der Vorrat an wichtigen Pflanzennährstoffen durch die laufende Ernte der Kulturen schnell aufgebraucht und muss dem Boden je nach Pflanzenart in richtigen Dosen wieder zugeführt werden.

Zu den wichtigsten Nährstoffen zählen Stickstoff, Phosphor, Kalium, Schwefel, Kalzium und Magnesium. Sind diese in zu geringen Mengen im Boden vorhanden, kommt es zu Mangelerscheinungen. Auch eine Überdüngung führt zu negativen Symptomen an den Pflanzen. Vor jeder Düngung sollte man sich zunächst über den unterschiedlichen Nährstoffbedarf der Obst- und Gemüsepflanzen im Klaren sein. Dabei teilen sich die Gemüsekulturen in so genannte Schwachzehrer (geringer Nährstoffbedarf), Mittelzehrer (mittlerer Nährstoffbedarf) und Starkzehrer (hoher Nährstoffbedarf) mit einem hohen Bedarf an Nährstoffen auf. Folgekulturen benötigen meist deutlich weniger Dünger als die Pflanzen, die im Frühjahr als Erstkultur gesetzt wurden. Durch Ernterückstände und Umwandlung von organischem Material ist der Boden in der Regel noch gut versorgt.

Für eine Versorgung der Obstpflanzungen mit organischem Material ist eine regelmäßig neu ausgebrachte Mulchdecke ausreichend.

***Zu viel des Guten**: Überdüngter, geschossener Salat.*

***Natürliche Bodenhilfsstoffe** wie Gesteinsmehl haben einen hohen Anteil an Spurenelementen.*

▸ Düngertypen

Nach Art der Herstellung und den Bestandteilen unterscheidet man bei der Düngung zwischen mineralischen und organischen Düngern. Mineraldünger, oft auch als Kunstdünger bezeichnet, beinhalten natürlich vorkommende Nährstoffe in mineralischer Form. Zum Teil werden die Nährsalze auch künstlich hergestellt. Da diese von den Pflanzen sofort aufgenommen werden können, eignen sich Mineraldünger vor allem für die Startdüngung im Frühjahr.

Organische Dünger sind meist tierischen Ursprungs wie Hornspäne, Hühner-, Rinder-, Pferdemist oder Guano. Auch Kompost, Rindenprodukte sowie die Gründüngung zählen zu den organischen Düngern. Des Weiteren gibt es noch organisch-mineralische Dünger – eine Mischung aus pflanzlichen und tierischen Produkten und mineralischen Düngesalzen.

Im Gegensatz zu den schnell wirkenden mineralischen Düngern stehen organische Düngeprodukte den Pflanzen nicht sofort zur Verfügung. Sie müssen zunächst von den

Bodenorganismen in eine pflanzenverfügbare Form umgewandelt werden. Organisch-mineralische Dünger haben den Vorteil, dass sie einerseits rasch wirken und andererseits den Boden langfristig durch vermehrte Humusbildung anreichern.

Zeitpunkt der Düngung

Bei leichten Böden sollten Sie lieber mehrmals schwach dosiert düngen als einmal zu viel, um eine Auswaschung der Nährstoffe zu vermeiden. Darunter versteht man die Verlagerung von löslichen Nährstoffen (vor allem Stickstoff) in tiefere Bodenschichten und somit möglicherweise auch ins Grundwasser. Schließen Sie die Düngung im Spätsommer ab. Auch die herbstliche Einarbeitung von Kompost kann bei leichten Böden zur Nitratbelastung führen.

Reiche Gemüseernte *dank ausgewogener und regelmäßiger Düngung*

Wichtige Pflanzennährstoffe im Überblick

Nährstoff (chemisches Zeichen)	Aufgabe	Mangelerscheinung
Stickstoff (N)	*fördert Blatt- und Stängelwachstum und den Aufbau der Zellen*	*kümmerlicher Wuchs, kleine Früchte, Blattvergilbungen*
Phosphor (P)	*stärkt Blüten- und Samenbildung, fördert die Wurzelbildung*	*verzögerte Blüte der Pflanzen*
Kalium (K)	*regelt den Wasserhaushalt, festigt das Pflanzengewebe, fördert die Lagerfähigkeit von Früchten*	*kümmerlicher Wuchs, Blätter trocknen ein*
Schwefel (S)	*wichtiger Baustein des Pflanzengewebes*	*Mangelerscheinung tritt nur selten auf*
Magnesium (Mg)	*regelt den Wasserhaushalt und die Blattgrünbildung (Chlorophyll)*	*Vergilben der Blätter, kümmerlicher Wuchs*
Kalzium (Ca)	*festigt das Pflanzengewebe, verbessert die Bodenstruktur*	*selten; bei Ca-Mangel im Boden sinkt pH-Wert, viele Nährstoffe können nicht mehr aufgenommen werden.*
Eisen (Fe)	*wichtig für den pflanzlichen Stoffwechsel*	*Vergilbung der Blätter, kümmerliche Knospenbildung*
Mangan (Mn)	*wichtig für den pflanzlichen Stoffwechsel*	*kümmerliches Wachstum*

Gründüngung

Tief wurzelnde und Stickstoff sammelnde Gründüngungspflanzen verbessern den Boden und vermindern die Nitratauswaschung. Die stark wüchsigen Pflanzen bilden in kurzer Zeit viel organische Masse. Zu den wichtigsten, tief wurzelnden Gründüngungspflanzen zählen Ölrettich, Lupinen, Winterroggen und Winterraps.

Pflanzenjauchen

Selbst hergestellte Jauchen aus frischen Pflanzen wie Brennnesseln oder Beinwell dienen als stickstoffreiche Dünger. Zum Ansetzen der Jauchen gibt man 1 kg der zerschnittenen Pflanzen in 10 l Wasser und lässt dieses je nach Witterung ein bis zwei Wochen gären (dabei gelegentlich umrühren). Gesteinsmehl mindert den starken Geruch der Jauche, die später 1:10 verdünnt zur Düngung ausgebracht wird.

Gesunder Boden durch Kompost

Eigens hergestellter Kompost reichert den Boden nicht nur mit Nährstoffen an, sondern verbessert auch seine Struktur. Sandige Böden erhöhen ihre Wasserspeicherfähigkeit, lehmige Tonböden lassen sich durch Kompostzugaben besser bearbeiten und erwärmen sich schneller. Außerdem ist die Kompostierung von pflanzlichen Haus- und Gartenabfällen eine sinnvolle Gelegenheit das eigene Müllvolumen zu verringern.

▸ Kompost-Standort

Idealerweise wählt man für den Kompost einen geschützten, halbschattigen Platz, der etwas abseits vom Haus liegt. Das aufgeschichtete Pflanzenmaterial muss Luft- und Bodenkontakt haben. Unabhängig davon, ob Sie die Gartenabfälle zum Kompostieren frei aufsetzen oder einen Kompostbehälter bevorzugen, empfiehlt es sich, den Kompostplatz in drei Bereiche aufzuteilen: einen zum Materialsammeln, einen zum Aufsetzen des Kompostes und einen zur Lagerung der reifen Erde. Freie Kompostmieten benötigen viel Raum. Platz sparender sind stabile Kompostbehälter aus Holz, Metall oder Kunststoff. Es gibt sie offen und geschlossen. So genannte Thermokomposter sind zusätzlich mit einer isolierenden Schicht ausgestattet, um den Rotteprozess zu beschleunigen.

TIPP

Zu den kompostierbaren Materialen zählen alle pflanzliche Garten- und Küchenabfälle. Ungeeignet sind aussamende Unkräuter, gespritzte Zitrusfrüchte, kranke oder stark mit Pflanzenschutzmitteln belastete Gartenabfälle, Metall, Glas und Kunststoff.

Auch selbst angesetzte Jauche, *z. B. aus Brennnesseln, fördert die Kompostierung.*

▸ Kompost aufsetzen

Vor der Kompostierung sollten Sie die Gartenabfälle mit einem Schredder oder mit dem Rasenmäher grob zerhäckseln. Entscheidend für eine zügige Zersetzung des Kompostes ist das so genannte C/N-Verhältnis des Ausgangsmaterials, das heißt das Verhältnis von Kohlenstoff (C) zu Stickstoff (N). Optimal ist ein Verhältnis von 25–30:1, also 25 bis 30 Teile Kohlenstoff auf einen Teil Stickstoff. Je höher der Gehalt an Kohlenstoff ist, desto länger dauert der Umsetzungsprozess des Kompostes. Bei einem zu hohen Gehalt an Stickstoff, tritt im Kompost schnell Fäulnis auf. Achten Sie daher auf eine ausgewogene Zusammensetzung des Kompostmaterials. Holzhäcksel, Stroh und Herbstlaub weisen ein hohes C/N-Verhältnis auf, bei Rasenschnitt sowie frischen Garten- und Küchenabfällen überwiegt dagegen der Anteil an stickstoffreichen Komponenten.

Für eine erfolgreiche Verrottung benötigen Sie möglichst viel verschiedenartiges Material, das man gut miteinander vermischt aufschichtet. Füllen Sie abwechselnd grob und fein gehäckseltes Material in den Kompostbehälter aufeinander. Rasenschnitt lässt man

zuvor antrocknen, damit er im Kompost nicht fault. Vermischen Sie feuchte Küchenabfälle mit Gesteinsmehl und grobem Reisig. Zur Unterstützung des Rotteprozesses können Sie noch so genannte Kompostbeschleuniger (eine Mischung aus Stickstoffdünger und Kräutern; im Handel erhältlich) und Gesteinsmehl auf den Kompost geben. Auch vergorene Brennnesseljauche fördert die Rotte.
Bei anhaltend trockener Witterung wird der Kompost leicht gewässert.

Bis zu neun Monate dauert es, bis der Kompost verrottet ist. Fertige Komposterde, so genannter reifer Kompost, weist eine dunkle Farbe auf. Er beinhaltet keine groben Bestandteile und riecht angenehm würzig. Halb verrotteter, so genannter Rohkompost, weist dagegen noch viele Pflanzenteile auf.

▸ Tipps gegen Geruch und Sickerwasser

Unangenehmer Geruch Wenn der Komposthaufen unangenehm riecht, ist er in der Regel zu feucht. Das passiert leicht, wenn zu viel nasse Küchenabfälle oder frischer Rasenschnitt kompostiert werden. Der Geruch lässt nach, wenn Sie den Kompost umsetzen und das Material dabei gründlich mischen.
Sickerwasser Aus dem Kompost austretendes Sickerwasser ist meist ein Zeichen für faulige Schichten im Kompostinneren. Setzen Sie den Kompost um und mischen Sie das Material mit grobem Häckselgut.

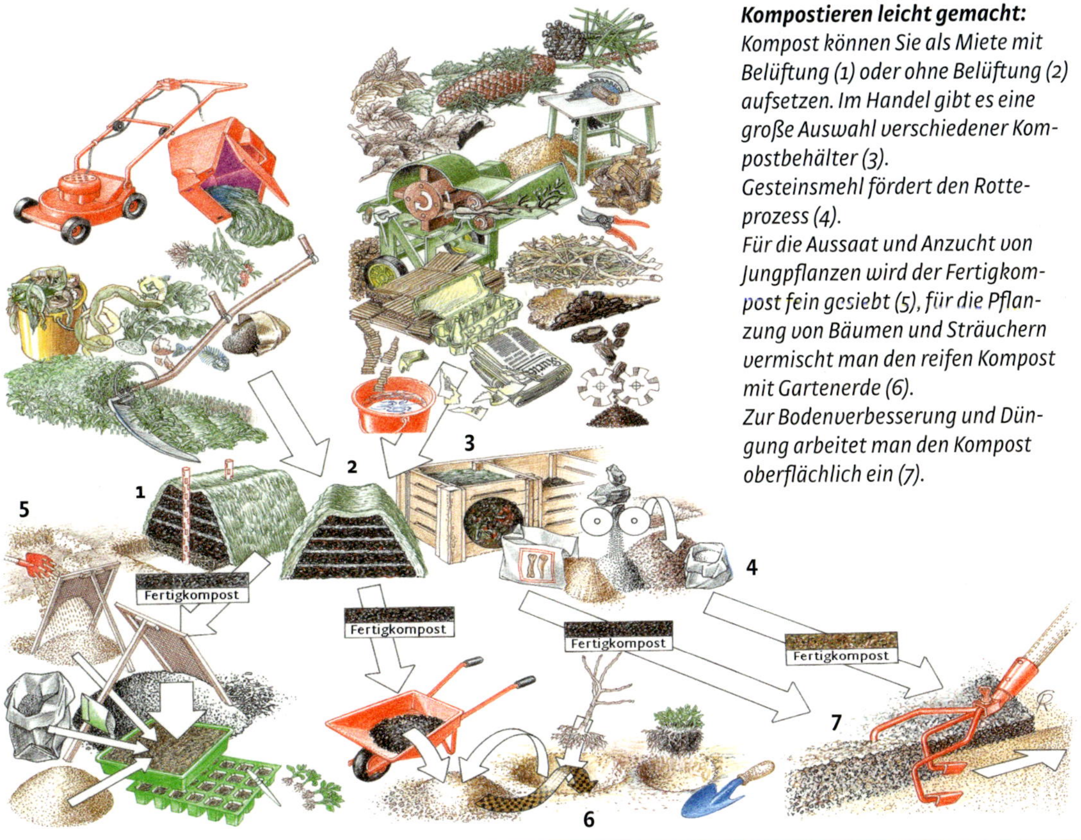

Kompostieren leicht gemacht: *Kompost können Sie als Miete mit Belüftung (1) oder ohne Belüftung (2) aufsetzen. Im Handel gibt es eine große Auswahl verschiedener Kompostbehälter (3).*
Gesteinsmehl fördert den Rotteprozess (4).
Für die Aussaat und Anzucht von Jungpflanzen wird der Fertigkompost fein gesiebt (5), für die Pflanzung von Bäumen und Sträuchern vermischt man den reifen Kompost mit Gartenerde (6).
Zur Bodenverbesserung und Düngung arbeitet man den Kompost oberflächlich ein (7).

Die wichtigsten Gartengeräte

Mit dem richtigen Werkzeug lassen sich Arbeitsabläufe und Krafteinsatz im Garten auf ein Minimum reduzieren. Zur Grundausstattung gehören folgende Geräte:

▸ Bodenbearbeitung

Spaten und Grabegabel dienen zum Umgraben und Lockern von Böden sowie zum Pflanzen von größeren Obstgehölzen. Es gibt Geräte mit Aluminiumstiel oder mit Holzgriff. Modelle mit glatt poliertem Edelstahlblatt dringen leichter in den Boden ein und verkleben nicht mit feuchter Erde, sind allerdings teurer als die gewöhnlichen Stahlspaten und Grabegabeln.
Zum Lockern und Krümeln des Bodens eignen sich Grubber, Kultivator, Sauzahn und Krail. Holz- oder Metallrechen ebnen das gelockerte Beet und bereiten den Boden für die Aussaat und Pflanzung vor.

▸ Aussaat und Pflanzung

Zum Markieren von Saat- und Pflanzreihen leisten eine Gartenschnur (Pflanzleine) oder ein Rillenzieher gute Dienste. Größere Saatgutmengen bringen Sie mit einem Sägerät bequem aus. Pflanzschaufel (Gartenkelle) und Pflanzer benötigen Sie beim Aus- und Umsetzen von Jungpflanzen.

***Mit diesem praktischen Korb** sind wichtige Gartengeräte immer greifbar.*

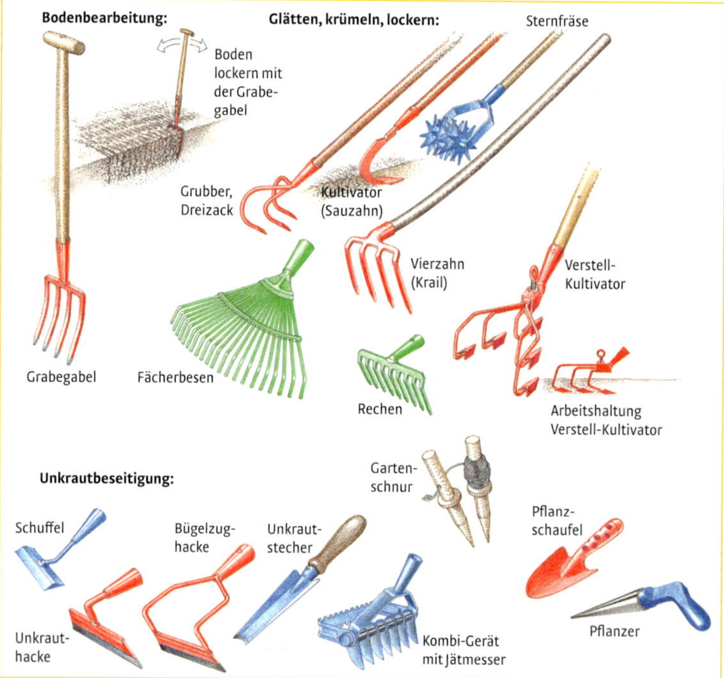

***Die Grundausstattung**: Nützliche Gartengeräte auf einen Blick*

***Ein nahe bei den Beeten** gelegener Wasseranschluss erspart das schwere Gießkannenschleppen.*

▸ **Bodenpflege**
Mit Schuffel (Ziehhacke), Hacke und Unkrautmesser bekommen Sie flach und tief wurzelnde Unkräuter in den Griff. Herbstlaub ist mit einem stabilen Fächerbesen mit Metall-, Draht- oder Kunststoffzinken schnell zusammengefegt.

▸ **Bewässerung**
Besonders in den warmen Sommermonaten benötigen Gemüsepflanzen und Beerenobst viel Wasser. Daher sollten Sie auf einen Gartenschlauch mit verschiedenen Gießgeräten oder Gießbrausen, stabile Schlauchkupplungen, Schlauch-Führungsrollen und Gießkannen nicht verzichten.

▸ **Ernte und Schnitt**
Mit einem scharfen Messer, einer Gartenschere und einer guten Astschere gehen Gemüseernte und Baumschnitt schnell von der Hand. Schubkarre, Eimer, Handschuhe und Gummistiefel ergänzen die Grundausstattung der Gartengeräte für den Obst- und Gemüsegärtner. Sehr lohnenswert ist zudem die Anschaffung einer Geräteleiste. Daran lässt sich fast sämtliches Werkzeug Platz sparend und übersichtlich an der Garagenwand, im Keller oder im Geräteschuppen aufhängen.

TIPP

Gartengeräte sollten regelmäßig gründlich gereinigt werden. Dazu das Werkzeug mit Wasser und Bürste säubern, rostige Stellen abschleifen, Geräte mit Öl einreiben. Auch die Stiele überprüfen und gegebenenfalls austauschen. Messer und Scheren nachschärfen.

Bewässerungs-Tipps

Ohne ausreichende Bewässerung gedeiht im Nutzgarten während der Sommermonate leider gar nichts. Da Gemüse und Obst bis zu 95 % aus Wasser bestehen, muss schon bei den Jungpflanzen und vor allem während der Reifephase der Früchte immer ausreichend Bodenfeuchtigkeit vorhanden sein. Unregelmäßige Wassergaben führen zu Ernteeinbußen. Das zeigt sich durch geplatzte Tomaten oder Möhren, verholzte Kohlrabi und pelzig schmeckende Radieschen.

TIPP

Achten Sie beim Gerätekauf auf Qualitätsprodukte. Platz sparend sind Stecksysteme, bei denen verschiedene Werkzeuge auf einen Stiel gesteckt werden können. Teure, selten benötigte Geräte wie Motorhacke oder Häcksler leiht man im Handel oder tauscht sie unter Nachbarn aus.

Auch Knospen und Blüten fallen bei mangelnder Wasserzufuhr ab.
Als Faustregel bei der Bewässerung gilt: Um eine 10 cm tiefe Bodenschicht zu durchfeuchten, müssen Sie 10 Liter Wasser pro Quadratmeter ausbringen, für eine Tiefe von 20 cm benötigen Sie 20 Liter Wasser pro Quadratmeter usw. Empfehlenswert ist eine Durchnässung bis in etwa 30 cm Tiefe.

***Am besten** ist es, wenn Sie den Garten frühmorgens wässern, so kann die Feuchtigkeit über den Tag gut abtrocknen.*

Wichtige Gießregeln

- Wässern Sie den Garten am besten morgens oder abends.
- In der Regel ist es besser, einmal kräftig zu gießen, als die Pflanzen mehrmals mit nur kleinen Wassermengen zu versorgen. Richten Sie die Gießhäufigkeit nach der Bodenart aus. Schwere Böden können Feuchtigkeit relativ lange speichern, leichte sandige Böden besitzen nur eine geringe Wasserhaltekraft und benötigen des Öfteren kleinere Wassergaben.
- Mulchen Sie die Gemüsebeete und Obstgehölze gründlich und bessern sie die Mulchschicht in regelmäßigen Abständen nach. Auch gelegentliches Hacken setzt die Wasserverdunstung des Bodens herab und spart das Gießen.
- Eng stehende Gemüsepflanzen und Tomaten nicht von oben, sondern direkt an der Basis wässern, um die Wurzeln ausreichend mit Wasser zu versorgen und Pilzbefall zu vermeiden.
- Gießen Sie Saatbeete und Jungpflanzen nur mit feinen Gießbrausen, um das Saatgut nicht wegzuschwemmen und empfindliche Pflanzen nicht zu verletzen.
- Praktische Schlauch-Führungsrollen halten den Gartenschlauch im Zaum und verhindern das Verheddern langer Schläuche.
- Mit einem Gießstab gelingt es Ihnen leicht, auch die Beetmitte ausreichend mit Wasser zu versorgen.

Vogelmiere *(Stellaria media)*

Giersch *(Aegopodium podagraria)*

Unkräuter im Garten

Unkräuter bzw. Wildkräuter wie die Ackerwinde oder das Ackerstiefmütterchen blühen wunderschön. Im Obst- und Gemüsegarten sollte man sie jedoch entfernen, da sie den Pflanzen wichtige Nährstoffe, Licht und Wasser entziehen.
Man unterscheidet zwischen einjährigen und mehrjährigen Unkräutern, wobei letztere besonders hartnäckig sind. Ihre ausdauernden Wurzelorgane lassen sich nur schwer bekämpfen und treiben immer wieder von neuem aus.

Die häufigsten Gartenunkräuter

Giersch vermehrt sich durch unterirdische Sprossausläufer. Im Sommer zeigen sich weiße Blüten. Hirtentäschel verdankt seinen Namen seinen kleinen Schötchen (Fruchtstände), die wie Taschen aussehen. Es wächst fast überall, blüht das ganze Jahr hindurch, ist aber durch regelmäßiges Hacken gut in den Griff zu bekommen. Ackerwinden bilden tief gehende Pfahlwurzeln und werden am besten mit einem Unkrautstecher aus dem Boden entfernt. Kreuzkraut blüht gelb, ist weit verbreitet, aber mit der Hacke leicht zu entfernen. Einjährige Vogelmiere breitet sich rasch aus und sollte so früh wie möglich aus den Beeten entfernt werden. Das Unkraut bildet kleine weiße Blüten und viele Samen mit einer enormen Keimkraft. Löwenzahn ist bekannt durch seine großen gelben Blüten und die auffälligen, samenreichen Pusteblumen. Wird die lange Pfahl-

TIPP

Wurzelunkräuter wie Giersch und Ackerwinde sowie Samen tragende Unkräuter dürfen nicht auf den Kompost. Viele Unkrautsamen überdauern den Rotteprozess problemlos. Mit dem Ausbringen des Kompostes im nächsten Jahr würde man sie im ganzen Garten verbreiten.

Löwenzahn *(Taraxacum officinale)*

wurzel nicht vollständig entfernt, treibt der Löwenzahn immer wieder aus. Brennnesseln nur mit Handschuhen jäten, am besten samt Wurzel aus dem Boden ziehen. An Stellen im Garten, an denen sie nicht stören, lässt man die Pflanzen stehen, da sie Schmetterlingen, wie dem Pfauenauge, einen wichtigen Lebensraum bieten.

▸ Unkrautbekämpfung

Hacken Am umweltfreundlichsten entfernt man die Unkräuter

Tief wurzelnde Unkräuter *mit einem Unkrautstecher entfernen*

durch regelmäßiges Hacken. Das funktioniert am besten bei flachwurzelnden Pflanzen wie der Vogelmiere oder der Taubnessel. Jäten Sie die Unkräuter am besten schon kurz nach der Keimung, damit sie gar nicht erst blühen und Samen ausbilden.
Bei Wurzelunkräutern wie der Ackerwinde ist allerdings Vorsicht geboten. Sie bildet breite Wurzelrhizome aus. Das Zerteilen der Wurzeln mit der Hacke führt in den meisten Fällen dazu, dass man das Unkraut statt zu entfernen im Boden vermehrt.

Wurzelstecher Damit diese hartnäckigen Unkräuter nicht immer wieder neu austreiben, sticht man sie mit einem so genannten Wurzelstecher tief aus. Auch Löwenzahn und Disteln mit langen Pfahlwurzeln müssen tief ausgegraben werden. Lockern Sie zunächst den Boden um die Pflanze und ziehen Sie anschließend das Unkraut mit dem gesamten Wurzelwerk aus der Erde heraus.

Bodendecker Dicht wachsende Bodendecker verdrängen unerwünschten Unkrautwuchs auf umweltfreundliche Weise. Kartoffeln oder Kapuzinerkresse beispielsweise bilden sehr dichtes Laub und nehmen anderen Pflanzen das Licht.

Abflammgeräte Mithilfe dieser thermischen Geräte bringt man Unkräuter durch Erhitzen der Blätter zum Absterben. Abflammgeräte haben einen hohen Gasverbrauch und wirken nur bei jungen Pflanzen bis etwa 10 cm Wuchshöhe. Größere Unkräuter müssen zuvor abgeschnitten werden. Wurzelunkräuter erreicht man mit Abflammgeräten kaum.

TIPP

Schnell, einfach und sparsam lässt sich Unkraut mit einer Mulchschicht aus Rasenschnitt unterdrücken. Bringen Sie das Gras leicht angetrocknet und nicht zu dick aus. Es pappt sonst und beginnt zu schimmeln.

Chemische Unkrautbekämpfungsmittel Die als Herbizide bezeichneten Präparate sollten nur im Notfall im Garten verwendet werden, wenn alle anderen Methoden keine Wirkung zeigen. In Obst- und Gemüsebeeten kommen sie nicht zum Einsatz.

Hirtentäschel *(Capsella bursa-pastoris)*

Gemüse-Praxis

Die ideale Größe des Gemüsegartens hängt zunächst einmal von der Gesamtgröße des Grundstücks ab. Ist genügend Fläche vorhanden, plant man lieber etwas mehr Platz für den Gemüseanbau ein, da einige Arten wie Kartoffeln, Tomaten oder Spargel viel Platz benötigen. Überlegen Sie sich auch, wie viel Sie ernten möchten. Als Faustregel gilt: pro Person eine Fläche von etwa 20 bis 25 m^2. Soll der Gemüsevorrat ausschließlich aus dem eigenen Garten kommen, müssen ungefähr 40 bis 50 m^2 pro Kopf berechnet werden. Auch der Zeitaufwand zur Pflege der Gemüsekulturen spielt eine nicht zu vernachlässigende Rolle. Bereits im kleinen Gemüsegarten gibt es im Vergleich zum Ziergarten immer etwas zu tun.

Anlage der Gemüsebeete

Planen Sie genügend Platz für Wege ein, damit die Beete auch im Sommer gut erreichbar bleiben. In kleinen Gemüsegärten genügt ein 50 bis 70 cm breiter Hauptweg, von dem aus 30 cm breite Trittpfade abzweigen. Legt man diese mit schmalen Brettern aus, bleiben sie auch bei anhaltend feuchter Witterung gut begehbar. Der Hauptweg sollte so breit angelegt sein, dass er bequem mit einer Schubkarre zu befahren ist. Sie können ihn mit grobem Rindenmulch ausbetten, mit Brettern auslegen oder als Kiesweg gestalten. Eine weitere Möglichkeit sind Klinker, Beton- oder Natursteine. Größere Nutzgärten erfordern breitere Seitenwege, um mit Eimer und Schubkarre gut an alle Beete heranzukommen.

***Im Hochbeet** gedeihen Salat, Tomaten und Gurken prächtig und ermöglichen Rücken schonendes Arbeiten.*

TIPP

**Schmale Trittpfade zwischen den Wegen lassen sich Zeit sparend und bequem mit zusammenrollbaren Holzwegen auslegen (im Gartenfachhandel).
Im Herbst, wenn die Gemüsebeete abgeräumt sind, rollt man die Wege einfach wieder auf und lagert sie trocken im Keller oder in der Garage.**

Die Beetbreite liegt in der Regel bei 120 cm. Natürlich können Sie das Format nach Belieben variieren. Die Beete müssen zum Beispiel nicht zwangsläufig rechteckig sein. Quadratische, runde oder spitz zulaufende Gemüseanpflanzungen geben ein hübsches Bild. Wichtig für die Pflege der Pflanzen ist es, dass Sie von den Wegen aus problemlos die Beetmitte erreichen. Diagonal durchs Beet verlegte Trittsteine erleichtern die Arbeit.
Die Ausrichtung der Gemüsebeete verläuft idealerweise in Nord-Süd-Richtung, um den Wärme liebenden Pflanzen die beste Sonneneinstrahlung zu gewähren. Niedrige Beeteinfassungen aus schön geformten Ton-Elementen oder Betonsteinen vervollständigen das Bild des Gemüsegartens. Auch kleine Buchsbaumhecken fassen die Beete geschmackvoll ein. Da Buchs sehr langsam wächst, braucht es allerdings seine Zeit, bis die Beete von dichtem Grün umgeben sind. Kräutereinfassungen aus kompaktwüchsigem Lavendel oder Thymian ergeben zur Blütezeit im Juni ein farbenfrohes Bild. Auch Monats-

erdbeeren rahmen das Gemüse schön ein.
Wählen Sie kompaktwüchsige Pflanzen, die nicht zu viel Schatten werfen und die Wege zwischen den Beeten nicht überwuchern.

▸ Hügelbeet und Hochbeet

Neben normalen, flach angelegten Beeten gelingt der Gemüseanbau gerade in kleinen Gärten auch in Form von Hügel- und Hochbeeten sehr gut.

Das Hügelbeet Hügelbeete ermöglichen hohe Gemüseerträge auf kleinstem Raum. Durch den gewölbten Aufbau der etwa 150 cm breiten Beete vergrößert sich die Anbaufläche im Vergleich zu normalen Beeten ungefähr um ein Drittel. Da wie bei den Hochbeeten durch die Verrottung der organischen Substanz im Kern der Beete laufend Wärme entsteht, können Hügelbeete bereits früh im Jahr und bis in den Herbst hinein bepflanzt werden.
Alle fünf bis sechs Jahre wird das Hügelbeet neu angelegt. Der beste Termin ist der Spätherbst. Heben Sie mit dem Spaten zunächst eine 20 cm tiefe Grube in den Maßen des anzulegenden Hügelbeetes aus und legen Sie das Beet aus Schutz vor Wühlmäusen mit engmaschigem, rostfreiem Maschendraht aus. Der Kern des Beetes (etwa 60 cm breit und 40 cm hoch) setzt sich aus zerhäckseltem Baum- und Strauchschnitt zusammen. Darüber folgt eine Schicht aus angefeuchtetem Laub und zerkleinerten Pflanzenresten, anschließend noch nicht vollständig verrotteter Rohkompost und zum Schluss eine dicke Lage Gartenerde. Bis zur Bepflanzung im kommenden Frühjahr deckt man das Beet mit schwarzer Mulchfolie ab. Hügelbeete trocknen leicht aus. Da bei kräftiger Bewässerung die Gefahr besteht, dass Teile des Beetes abrutschen, empfiehlt es sich, das Hügelbeet mit mehreren Tropf- oder Perlschläuchen auszustatten.

***Hügelbeet** mit Weißkohl, Lauch und Tomatenpflanzen.*

Das Hochbeet Die Anlage eines Hochbeetes kostet einige Mühe und Zeit, zahlt sich aber durch Rücken schonendes Arbeiten und deutlich höhere Erträge als im normalen Gemüsebeet schnell wieder aus. Um von allen Seiten problemlos auch die Mitte des Beetes bepflanzen zu können, sollte das Beet nicht breiter als 160 cm angelegt werden und eine Höhe von etwa 80 bis 100 cm aufweisen. Für eine stabile Konstruktion verwendet man imprägniertes Holz. Seitlich tief eingegrabene Stützbretter geben dem Hochbeet zusätzliche Stabilität. Statt aus Holzbrettern oder Palisaden können Sie die Beeteinfassung auch aus Klinker oder Natursteinen aufmauern. Der Aufbau eines Hochbeetes setzt sich von unten nach oben folgendermaßen zusammen: Zuunterst dient eine Schicht Maschendraht als Schutz vor Wühlmäusen. Hochbeete aus Holz kleidet man an den Innenwänden mit einer Teichfolie aus, um ein allzu rasches Austrocknen der Erde zu verhindern. Nacheinander werden nun grober Astschnitt, zerkleinerte Zeitungen und Pappe, fein gehäckseltes Holz, frische Pflanzenabfälle und Laub übereinander geschichtet. Mit Kompost vermischte Gartenerde bildet die oberste Lage des Hochbeetes. Sollte das Beet nach einiger Zeit nach unten etwas absacken, füllt man es mit Kompost und Gartenerde wieder auf.

Anbauplan

Überlegen Sie zu Jahresbeginn, was Sie im kommenden Frühjahr und Sommer alles anpflanzen möchten. Am besten fertigt man dazu eine kleine Skizze an. Besonders wichtig ist ein regelmäßiger Fruchtwechsel: Gemüsearten einer Familie sollten nicht direkt nebeneinander gepflanzt werden oder jahrelang hintereinander am selben Standort wachsen. Ein regelmäßiger Wechsel ist empfehlenswert, damit sich durch einseitigen Anbau keine schädigenden Bodenorganismen anreichern.
Neben der Pflanzenfamilie sollten Sie beim Bepflanzungsplan der Beete auch den jeweiligen Nährstoffbedarf der einzelnen Gemüsearten im Auge behalten. Wer immer wieder stark nährstoffbedürftige Arten an dieselbe Stelle pflanzt, laugt den Boden schnell aus. Daher ist auch hier Abwechslung zwischen Gemüsearten mit schwa-

Gut gepflegter Gemüsegarten *mit Salaten, Lauch und Kartoffeln und einem kleinen Gewächshaus*

***Tomaten** gehören wie die Kartoffeln zu den Nachtschattengewächsen.*

Die verschiedenen Pflanzenfamilien

Pflanzenfamilie	Gemüseart
Baldriangewächse	*Feldsalat*
Doldenblütler	*Möhre, Sellerie, Petersilie, Dill, Pastinake, Fenchel*
Gänsefußgewächse	*Spinat, Mangold, Rote Bete*
Gräser	*Mais*
Knöterichgewächse	*Rhabarber*
Korbblütler	*Salate, Schwarzwurzel, Chicorée, Radicchio, Endivie*
Kreuzblütler	*alle Kohlarten, Rettich, Radieschen*
Kürbisgewächse	*Kürbis, Zucchini, Melone, Gurke*
Liliengewächse	*Zwiebel, Knoblauch, Schnittlauch, Lauch, Spargel*
Nachtschattengewächse	*Tomate, Paprika, Aubergine, Kartoffel*
Schmetterlingsblütler	*Erbsen, Bohnen*

***Abwechslungsreich** bepflanztes Gemüsebeet mit Erbsen und Kohlgemüse*

chen Nährstoffansprüchen und solchen mit besonders hohem Nährstoffbedarf gefragt.

Je nach Nährstoffbedarf teilt man die Gemüsearten in drei Gruppen ein:

Starkzehrer Diese Pflanzen, zum Beispiel Kürbis, Sellerie oder Zucchini, haben einen hohen Nährstoffbedarf. Sie sollten im Laufe der Kultur nachgedüngt werden.

Mittelzehrer Kohlrabi, Mangold, Möhren, Rettich und Tomaten zählen zu den Mittelzehrern. Sie kommen in der Regel ohne Zusatzdüngung bis zum Herbst gut aus.

Schwachzehrer Zur Gruppe der Schwachzehrer gehören Erbsen, Buschbohnen, Kopfsalat und Zwiebeln. Sie haben den geringsten Nährstoffbedarf. Pflanzt man sie nach Gemüsearten mit hohem Nährstoffanspruch, genügt Ihnen in der Regel der Nährstoffvorrat, den die Vorkultur im Boden hinterlassen hat.

Nährstoffbedarf von Gemüse

Starkzehrer	Mittelzehrer	Schwachzehrer
Blumenkohl	*Chicorée*	*Buschbohne*
Brokkoli	*Eissalat*	*Erbse*
Grünkohl	*Endivie*	*Feldsalat*
Kartoffel	*Gurke*	*Kopfsalat*
Kürbis	*Knollenfenchel*	*Pflücksalat*
Paprika	*Kohlrabi*	*Radieschen*
Rhabarber	*Lauch*	*Zwiebel*
Rosenkohl	*Mangold*	
Rotkohl	*Möhre*	
Sellerie	*Radicchio*	
Spargel	*Rettich*	
Weißkohl	*Rote Bete*	
Wirsing	*Spinat*	
Zucchini	*Stangenbohne*	
	Tomate	

***Buschbohnen** benötigen nur wenig Nährstoffe.*

Fruchtfolge

Die beste Fruchtfolge erhalten Sie, wenn Sie den Gemüsegarten in vier gleich große Bereiche aufteilen und diese nach folgendem Prinzip bepflanzen: Ein Beet mit Starkzehrern, ein Beet mit Mittelzehrern, ein Beet mit Schwachzehrern und ein Beet mit tiefwurzelnden Gründüngungpflanzen.
Jahr für Jahr sollte die Bepflanzung wechseln, das heißt im ersten Jahr folgen auf die Starkzehrer Mittelzehrer, danach Schwachzehrer, um schließlich nach einem Jahr mit einer Gründüngerbepflanzung wieder mit stark nährstoffbedürftigen Kulturen bestellt zu werden. In der Praxis lässt sich dieses Modell jedoch nicht immer einhalten. Auch die Lage des Gemüsebeets und der Boden spielt bei der Verteilung der verschiedenen Gemüsearten eine Rolle. Überlassen Sie beispielsweise die sonnigsten Plätze bevorzugt den Wärme liebenden Tomaten, Paprika oder Zucchini. Sollten dadurch ein paar Jahre hintereinander stark zehrende Gemüsearten auf einer Fläche stehen, korrigieren Sie den hohen Nährstoffentzug durch kräftige Kompost- oder Stallmistgaben. Gemüsegarten-Neulinge beginnen am besten mit besonders leicht zu kultivierenden Arten wie Radieschen, Kohlrabi, Salat und Tomaten.

Mischkultur

Unter dem Begriff Mischkultur versteht man die Kombination solcher Gemüsearten, die sich im Wuchs gegenseitig günstig beeinflussen oder Schädlinge und Krankheiten abwehren. Dies ist vor allem in kleinen Gärten von Vorteil, wo aus Platzgründen ein ausgedehnter Fruchtwechsel nicht möglich ist. In der nachfolgenden Tabelle sehen Sie, welche Arten besonders gut harmonieren und welche man besser voneinander fern halten sollte. Gehen Sie dabei von der senkrechten Spalte aus. Ein Beispiel: Kohlrabi gedeiht neben Kopfsalat wunderbar, eine Kombination mit Chinakohl ist dagegen ungünstig. Auch Kräuter üben einen positiven Einfluss auf Gemüsepflanzen aus. So wehren beispielsweise Basilikum und Dill durch ihren Geruch Möhrenfliegen und Kohlweißlinge ab. Ringelblumen und Tagetes wirken gegen Nematoden.

***Starkes Mischkultur-Duo**: Möhren und Zwiebeln*

***Eine Reihe Tagetes** als natürlicher Schutz vor Nematoden*

Vierjährige Fruchfolge

	Beet 1	Beet 2	Beet 3	Beet 4
Beispiel 1				
1. Jahr	*Sellerie*	*Lauch*	*Salat*	*Gründüngung*
2. Jahr	*Gründüngung*	*Sellerie*	*Lauch*	*Salat*
3. Jahr	*Salat*	*Gründüngung*	*Sellerie*	*Lauch*
4. Jahr	*Lauch*	*Salat*	*Gründüngung*	*Sellerie*
Beispiel 2				
1. Jahr	*Kohl*	*Spinat*	*Zwiebeln*	*Gründüngung*
2. Jahr	*Gründüngung*	*Kohl*	*Spinat*	*Zwiebeln*
3. Jahr	*Zwiebeln*	*Gründüngung*	*Kohl*	*Spinat*
4. Jahr	*Spinat*	*Zwiebeln*	*Gründüngung*	*Kohl*

Geeignete Mischkulturen im Gemüsegarten

(+ günstige Kombination, – ungünstige Kombination, □ neutrale Kombination oder keine Erfahrung)

Gemüseart	*Artischocke*	*Buschbohne*	*Chinakohl*	*Endivie*	*Erbse*	*Feldsalat*	*Gurke*	*Grünspargel*	*Kartoffel*	*Knollenfenchel*	*Kohlarten*	*Kohlrabi*	*Kopfsalat*	*Mairübe*	*Mangold*	*Möhre*	*Neuseeländer Spinat*	*Paprika*	*Pastinake*	*Porree, Lauch*	*Radieschen*	*Rettich*	*Rhabarber*	*Rote Bete*	*Schwarzwurzel*	*Sellerie*	*Spargel*	*Spinat*	*Stangenbohne*	*Tomate*	*Zichoriensalat*	*Zucchini*	*Zuckermais*	*Zwiebel*
Artischocke							+		–				+													+								
Buschbohne					–		+		+	–	+	+	+	+	+	–				–	+	+	+	+		+		+		+				–
Chinakohl		+			+				–		–		+			+				–	–	–						+						
Endivie		+								+	+	+				+				+	+	+							+	+				+
Erbse		–					+		–	+	+	+	+	+		+				–	+	+	+	+		+		+	–	–			+	–
Feldsalat											+	+								+	+		+					+	+					+
Gurke		+			+				–	+	+	+	+								–	–		+		+		+	+	–			+	+
Grünspargel		+			+		+		–			+	+			+					+									+				–
Kartoffel		+			–		–				–	+							+					–		–		+		–			+	
Knollenfenchel		–		+	+	+	+				+	+	+															+	–	–	+			
Kohlarten		+		+	+	+	+		–	+			+		+	+					+	+	+	+		+		+	+	+				–
Kohlrabi		+	–		+	+	+		+				+					+		+	+	+		+	+	+	+	+	+	+				+
Kopfsalat		+			+		+			–	+	+		+						+	+	–	+			–			+	+				+
Mairübe		+			+								+		+				+							+		+	+	+				
Mangold		+									+	+	+	+		+					+	+		–				–	+					
Möhre					+						+	+	+		+					+	+	+			+	+		+		+				+
Neuseeländer Spinat												+	+								+	+								+				
Paprika		–					+					+																	–	+				
Pastinake									+				+	+							+	+		+		+		+						+
Porree, Lauch		–		+	–	+	+						+			+					+	+		–	+	+		+	–	+				+
Radieschen		+	–		+		–					+	+		+	+			+	+								+	+	+				–
Rettich		+	–		+		–					+	+		+	+			+	+								+	+	+				–
Rhabarber		+				+					+	+	+															+						
Rote Bete		+			+	+	+		–		+	+	+			–			+	–	+	+						–	–	–			–	+
Schwarzwurzel												+	+			+				+														+
Sellerie		+			+		+		–		+	+				+			+	+								+	+				–	
Spargel												+	+																					
Spinat		+					+		+		+	+		+		+			+	+	+	+	+	–		+			+	+				–
Stangenbohne				+	–	+	+		+	–	+	+	+	+						–	+	+				+		+		+		+	+	–
Tomate		+			–		+		–	+	+	+	+			–	+	+		+	+	+		–		+		+			+		–	+
Zichoriensalat										+			+			+								+					+	+				+
Zucchini					+				–				+									–						+	+	–			+	+
Zuckermais		+			+		+						+											–		–			+	+		+		
Zwiebel		+			–	+	+		–		–	+	+			–			+		–	–		–	+		–	–		+		+		

Gemüse-Aussaat

Vorgezogene Jungpflanzen sind in Gärtnereien oder auf dem Wochenmarkt schnell und einfach gekauft. Doch wer einmal seine eigenen Gemüsepflänzchen erfolgreich herangezogen hat, möchte auf die gärtnerische Kinderstube im Gewächshaus oder auf der Fensterbank meist nicht mehr verzichten. Verwenden Sie Qualitätssaatgut aus dem Fachgeschäft.
Der höhere Preis der in Keimschutzpackungen abgefüllten Saat macht sich durch hohe Keimfähigkeit, gesunde Pflanzen und reichen Fruchtansatz schnell wieder bezahlt.

▸ Das richtige Saatgut

Gemüsesamen werden in vielen verschiedenen Ausführungen angeboten. Normalsaatgut und Standardsaatgut sind am häufigsten vertreten und die preisgünstigsten Varianten. So genannte kalibrierte Samen werden von den Saatgutfirmen vorsortiert. Dieses Saatgut enthält nur Samen einer bestimmten Größe und bietet dadurch ein gleichmäßiges Keimbild. Unter pilliertem Saatgut versteht man feine Samen, die durch eine spezielle neutrale Ummantelung aus Gesteinsmehl, Ton oder Lehm in Pillenform gebracht wurden und dadurch leicht ausgesät werden können. Auch die Aussaat in Saatmaschinen geht mit Pillensaat bequem von der Hand. Die künstliche Hülle löst sich im Boden rasch auf. Mit Saatbändern und Saatplatten gelingt die Aussaat kinderleicht. Hier liegen die Samen zwischen dünnem Spezialpapier aus Zellulose bereits im richtigen Abstand und brauchen später nicht mehr vereinzelt zu werden. Das Papier löst sich im Boden nach kurzer Zeit vollständig auf. Mittlerweile erhält man die verschiedensten Gemüsekombinationen im Saatband-Format, wie zum Beispiel verschiedene Salate, Asia-Gemüse oder Möhren gemischt mit Radies-

Auch leere Konservendosen *dienen im Frühjahr als praktische Aussaatgefäße.*

chen. Auf Pappe beklebte Samen, so genannte Quicksticks, ermöglichen ebenfalls eine schnelle und einfache Saat.

Haltbarkeit von Saatgut

Bei günstigen Lagerbedingungen ist Gemüsesaatgut mehrere Jahre haltbar. Nur das Saatgut von Schwarzwurzeln verliert schnell an Qualität und sollte jedes Jahr neu eingekauft werden. Kürbis- und Gurkensamen halten bis zu sechs Jahren, Kohlgemüse, Zucchini, Rettich und Radieschen sowie Rote Bete und Spinat lassen sich vier bis fünf Jahre unbeschadet aufbewahren. Bei Saatgut von Kopfsalat, Erbsen, Bohnen, Möhren, Tomaten und Sellerie beträgt die Lagerzeit maximal vier Jahre. Zwiebel-, Knollenfenchel- und Feldsalatsaatgut hält sich etwa zwei Jahre.

Keimtest

Wenn Sie Saatgut über längere Zeit gelagert haben und nicht wissen, ob es noch zufrieden stellend keimt, gibt eine einfache Keimprobe Auskunft über die Qualität des Samens. Dazu legen Sie je nach Saatgutgröße 10 bis 30 Samen in weitem Abstand auf einen mit feuchtem Küchenkrepp ausgelegten Teller.

TIPP

Richtig gelagert sind angebrochene Samentütchen auch für die kommenden Jahre gut verwertbar. Bewahren Sie die Samen am besten an einem kühlen, dunklen, trockenen Ort in gut verschließbaren Gläsern auf.

Übersprühen Sie die Saatprobe leicht mit Wasser und decken Sie das Ganze mit transparenter Folie ab, um die Luftfeuchte zu erhöhen. Platzieren Sie die Keimprobe an einem warmen, hellen Ort. Nach einigen Tagen beginnen die Samen zu keimen. Zählen Sie die gekeimten Gemüsesamen. Wenn mindestens 75 % gekeimt sind, können Sie das Saatgut bedenkenlos verwenden. Bei einer Quote von 50 % sollten Sie die Samen dichter als sonst aussäen, um im Gemüsebeet genügend Jungpflanzen zur Verfügung zu haben. Bei einer Keimrate unter 50 % kaufen Sie besser neues Saatgut.

Hell- und Dunkelkeimer

Die meisten Samen keimen unabhängig von den gegebenen Lichtverhältnissen. Bestimmte Gemüsearten, so genannte Licht- oder Hellkeimer, entwickeln sich allerdings nur dann, wenn die Samen ausreichend Licht bekommen. Bei der Aussaat wird dieses Saatgut leicht angedrückt, aber nicht mit Erde abgedeckt. Zu den Lichtkeimern zählen zum Beispiel Kopfsalat, Endivien, Möhren und Sellerie. Im Gegensatz dazu keimen Dunkelkeimer wie beispielsweise die bekannten Küchenkräuter Borretsch oder Sauerampfer nur im Dunkeln. Decken Sie diese Samen bei der Aussaat unbedingt mit Erde ab.

Aussaat auf der Fensterbank

Junge Gemüsepflänzchen benötigen viel Licht, Wärme und hohe Luftfeuchte. Die Anzucht auf der

***Große Samen** (hier von Zucchini) werden einzeln in Anzuchttöpfe ausgelegt.*

Fensterbank wird nur dann ein Erfolg, wenn Sie den Keimlingen optimale Wachstumsbedingungen bieten. Besorgen Sie sich am besten ein kleines Zimmergewächshaus oder ein geeignetes Aussaatgefäß mit transparenter Abdeckung. Des Weiteren benötigen Sie Aussaaterde, ein kleines Brettchen, einen Blumensprüher, ein Sieb, Etiketten, einen wasserfesten Stift und Saatgut. Füllen Sie die Aussaatschale bis etwa 3 cm unter den Rand mit feinkrümeliger Erde auf. Anschließend drücken Sie das Substrat mit dem Brettchen leicht an. Achten Sie darauf, dass die Oberfläche möglichst eben ist, damit später beim Gießen keine Pfützen entstehen, in denen sich das Saatgut sammelt. Nun werden die Samen vorsichtig und gleichmäßig ausgestreut.

***Nach einiger Zeit** werden die Keimlinge in größere Töpfe umgepflanzt.*

Größeres Saatgut legt man mit der Hand aus, feine Samen verteilen Sie gleichmäßig durch leichtes Antippen des Saattütchens. Sehr kleine Samen mischt man vor der Aussaat mit Sand, wodurch das gleichmäßige Ausbringen der Saat sehr viel einfacher gelingt. Anschließend sieben Sie die Samen mit einer feinen Schicht Erde ab und drücken das Saatgut mit dem Brettchen leicht an. Nur Lichtkeimer bleiben unbedeckt. Mit der Sprühflasche die Aussaat gleichmäßig, aber nicht zu nass, befeuchten, und mit transparenter Folie oder einer Haube abdecken. Etikettieren Sie die Saat und stellen Sie das Gefäß an einen hellen, warmen Ort.

Pflanzen vereinzeln

Sobald sich die ersten Keimblätter zeigen und es eng im Saatgefäß wird, werden die Sämlinge vereinzelt (pikiert). Lange Wurzeln kürzt man beim Umpflanzen etwas ein. Werden die Pflanzen zunehmend kräftiger, stellt man sie zur Abhärtung bei milder Witterung tagsüber ins Freie. Auch der Wasserbedarf steigt mit dem zunehmenden Wachstum der Pflanzen. Alle zwei Wochen wird schwach dosiert gedüngt. Spätestens Mitte Mai können die Jungpflanzen an ihren endgültigen Standort ins Freie.

Aussaat im Freien

Ab März können Sie an den ersten, wärmeren Frühjahrstagen viele Gemüsearten auch direkt ins Freie aussäen. Zur Vorbereitung des Saatbetts lockern Sie die oberste Bodenschicht bei leichten bis mittelschweren Böden mit einem Kultivator. Schwere Böden bearbeitet man mit dem Sauzahn, um Verkrustungen zu beseitigen. Anschließend die Erde mit einem Rechen glatt ziehen und mit einer feinen Brause befeuchten. Aussaattiefe und Reihenabstand der Saat entnehmen Sie den jeweiligen Angaben auf der Samentüte. Gerade, parallele Reihen erhalten Sie mit einer Pflanzleine, die zwischen zwei Holzpflöcken gespannt wird. Auch ein Rillenzieher, bei dem Sie den Reihenabstand von bis zu fünf Reihen beliebig einstellen können, leistet gute Dienste. Das sieht ordentlich aus und das Gemüse ist auf diese Weise gut zu pflegen. Feldsalat und Spinat können auch breitwürfig ausgesät werden. Säen Sie immer ein wenig mehr Samen aus. Man weiß nie, wie viele Samen tatsächlich keimen. Anschließend die Saat dünn mit Erde bedecken. Drücken Sie die Saat mit dem Rücken eines Rechens leicht an und markieren Sie die Reihen mit Stecketiketten. Zum Schluss wird die Aussaat mit einem feinen Wasserstrahl gut angefeuchtet.
Langsam keimendes Saatgut wie Möhren, Zwiebeln oder Porree sollten Sie mit Schnellkeimern wie Radieschen mischen. Durch diese Markiersaat bleiben die Reihen bis zur Keimung des eigentlichen Gemüses gut erkennbar.
Wer die Aussaat mit Saatbändern oder -platten bevorzugt, gießt die ausgelegten Papierstreifen noch in der offenen Reihe gründlich an. Das Zellulosepapier muss gut durchfeuchtet sein, um den innen liegenden Samen einen guten Bodenschluss zu ermöglichen.

***Ein Sägerät** legt die Samen in exaktem Abstand in die Erde.*

Bohnenaussaat: *Da man nie genau weiß, wie viele Samen keimen, lieber dichter säen und später vereinzeln.*

***Aussaat** anschließend mit Erde bedecken und gründlich wässern. Bis zur Keimung gleichmäßig feucht halten.*

TIPP

Um die Keimung von besonders hart- oder dickschaligem Saatgut wie Spinat, Mangold oder Möhren zu fördern, legt man die Samen in lauwarmes Wasser und weicht sie mehrere Stunden oder über Nacht ein. Anschließend müssen sie sofort gesät werden.

Halten Sie das Saatbett bis zum Auflaufen der Sämlinge gleichmäßig feucht, jedoch nicht zu nass. Zum Gießen verwendet man eine feine Brause. Bei intensiver Sonneneinstrahlung muss gegebenenfalls mehrmals am Tag gegossen werden. Bestimmte Samen, wie beispielsweise Erbsen, sind bei Vögeln sehr beliebt. Schutz bietet ein dünnes Netz oder Vlies, das Sie vorsichtig über die Aussaat breiten und am Rand etwas eingraben. Nachdem sich die ersten Keimblätter gebildet haben, vereinzelt man die Sämlinge auf den gewünschten Endabstand, indem man überschüssige Keimlinge aus dem Boden herauszieht.

***Aussaat auf der Fensterbank**: Substrat anfeuchten (1), Samen gleichmäßig ausstreuen (2), Saat andrücken und dünn mit Erde überstreuen (3), leicht anfeuchten (4) und mit einer durchsichtigen Haube abdecken (5).*

Gemüse pflanzen

Je nach Witterung dürfen Ihre selbst gezogenen Jungpflanzen etwa Ende März, Anfang April ins Freie. Mitte Mai, wenn keine Spätfröste mehr zu erwarten sind, werden auch die Wärme liebenden Gemüsearten wie Tomaten oder Zucchini ausgepflanzt. Wer den optimalen Aussaattermin verpasst hat oder keine Möglichkeit zur eigenen Jungpflanzenanzucht hat, kauft sein Lieblingsgemüse auf dem Wochenmarkt oder in Gärtnereien. Dort finden Sie im Frühjahr eine reiche Auswahl kräftiger, gesunder Jungpflanzen verschiedenster Gemüsearten und -sorten. Härten Sie selbst gezogene Jungpflanzen vor dem Auspflanzen gut ab, um ihnen das Anwachsen im Beet zu erleichtern.
Idealer Pflanztermin ist bei bedecktem Himmel oder gegen Abend. Pralle Sonne oder kalter Dauerregen macht den empfindlichen Jungpflanzen zu schaffen. Lockern Sie das Beet oberflächlich mit einem Kultivator und ziehen Sie es anschließend mit der Rückseite eines Rechens ab, um ein ebenes Pflanzbeet zu erhalten. Gerade Pflanzreihen bekommen Sie mit einer Pflanzleine oder einem Rillenzieher. Gemüse mit trockenem Wurzelballen taucht man vor dem Pflanzen noch einmal in Wasser. Wurden die Pflanzen in Erdquelltöpfen oder Torfpresstöpfen herangezogen, können Sie samt Gefäß in die Erde gesetzt werden. Nur den Boden der Presstöpfe sollte man vor der Pflanzung entfernen, um das Anwachsen der Pflanzen zu erleichtern.

***Eine kräftige Zucchinijungpflanze** mit gesundem Wurzelballen. Halten Sie die Erde die ersten Tage nach der Pflanzung gleichmäßig feucht.*

TIPP

Achten Sie beim Jungpflanzenkauf auf Qualität. Der Wurzelballen muss mit vielen weißen Wurzeln durchzogen sein und darf nicht auseinander fallen. Die Pflanzen sollten sattgrün und gesund sein. Alte, überständige Ware erkennen Sie an langen, dünnen Trieben und vergilbten Blättern.

Je nach Ballengröße hebt man mit einem Pflanzholz oder einer kleinen Schaufel ein Pflanzloch aus und setzt das Gemüse aufrecht und so tief ein, wie es auch im Anzuchttopf gestanden hat. Salatpflanzen sollten Sie immer etwas höher pflanzen, sonst beginnt das Herz der Pflanzen leicht zu faulen. Drücken Sie das Gemüse fest und gießen Sie die Jungpflanzen mit einer weichen Brause vorsichtig an.
Eine Mulchschicht aus angetrock-

Pflanzabstand beliebter Gemüsearten

Gemüse	Reihenabstand (cm)	Pflanzabstand in der Reihe (cm)
Brokkoli	*40*	*50*
Fenchel	*40*	*25*
Knollensellerie	*40*	*40*
Kohlrabi	*30*	*25*
Lauch	*30*	*15*
Mangold	*25–35*	*25*
Salate:		
Eissalat	*30*	*35*
Kopfsalat	*25*	*25*
Pflücksalat	*25–30*	*15–20*
Tomaten	*60*	*60*
Zucchini	*100*	*80*

Stabiles Frühbeet aus Aluminium und Kunststoffscheiben.

TIPP

Im Winter sind Frühbeetkästen ein ideales Gemüselager. Dazu das Gemüse schichtweise mit trockener Erde und Stroh einlagern. Bei drohendem, starkem Frost, Frühbeet mit Noppenfolie oder Schilfmatten bedecken.

netem Rasenschnitt hält den Boden um die Jungpflanzen locker, feucht und unterdrückt Unkrautwuchs. Bei drohendem Nachtfrost werden die Pflanzen mit Folie oder Vlies abgedeckt. Ein stabiler Schneckenzaun schützt das Gemüse vor gefräßigen Schnecken.

Gemüse im Frühbeet

Mit Frühbeetkästen können Sie die Gemüsesaison in Ihrem Garten erheblich verlängern. Im Fachhandel sind verschiedene Modelle aus Aluminium, Holz oder Kunststoff erhältlich. Die Abdeckung besteht entweder aus Plexiglas oder Fensterglas und sollte leicht zu kippen sein, um die Gemüsepflanzen bei starker Sonneneinstrahlung gut belüften zu können. Kunststoffscheiben sind preisgünstiger und weniger bruchgefährdet als Glas. Nicht UV-beständige Scheiben werden jedoch nach einigen Jahren blind und spröde.
Frühe Kulturen sät man zunächst noch auf der Fensterbank im Warmen aus. In der Regel hat sich bis März der Boden im Frühbeet soweit erwärmt, dass die Setzlinge in die Frühbeetkästen umgepflanzt werden können.

***Der Traum** jeden Hobbygärtners: ein Gewächshaus*

***Die Anzucht von Pflanzen** im Gewächshaus ermöglicht frühere Ernten.*

Dient das Beet zum Heranziehen von Jungpflanzen, lässt man die Abdeckung der Frühbeetkästen vor dem Auspflanzen des jungen Gemüses jeden Tag etwas länger geöffnet, um die Pflanzen gut abzuhärten.
In den Boden verlegte elektrische Heizkabel ermöglichen eine sehr frühe Bepflanzung der Frühbeetkästen. Allerdings verbrauchen sie viel Strom. Erheblich umweltschonender lässt sich das Frühbeet auch mit einer 30 cm dicken Schicht Pferdemist erwärmen, die jährlich im Februar etwa 20 cm tief in den Boden des Frühbeetes eingegraben wird. Bevor Sie die obere Erdschicht auffüllen, sollte der Tiermist mindestens drei Tage ruhen. Durch Rotteprozesse kann sich das Material auf über 60 °C erwärmen. Danach tritt man den abgelagerten Mist noch einmal gründlich fest und füllt das Frühbeet anschließend mit reifer Komposterde auf. Platzieren Sie das Frühbeet an einen sonnigen, windgeschützten Standort. Richten Sie dabei die Beete so aus, dass möglichst viel Sonnenlicht ins Innere der Kästen fällt. Bei drohendem Frost wird das Frühbeet zusätzlich mit Noppenfolie isoliert.

Gemüseanbau im Gewächshaus

Für Wärme liebende Gemüsearten, wie zum Beispiel Tomaten, Paprika und Gurken, bietet die geschützte Kultur unter Glas beste Voraussetzungen für ertragreiche Ernten. Auch die Aussaat und das Heranziehen von Jungpflanzen geht im Gewächshaus leicht und erfolgreich von der Hand.
Vor der Anschaffung gilt es jedoch zu überlegen, welche Anforderungen das Glashaus erfüllen soll. Reicht ein leichtes Folienhaus oder soll es eine Konstruktion mit stabilem Fundament sein? Auch die Innenausstattung lässt sich mehr oder weniger aufwändig einrichten.
Unabhängig davon für welchen Typ von Gewächshaus Sie sich letztendlich entscheiden – wichtig ist vor allem ein freier Standort mit ungehindertem Lichteinfall.

TIPP

Licht ist ein wichtiger Wachstumsfaktor. Reinigen Sie daher im Herbst die Gewächshausscheiben von innen und außen, um den Pflanzen in der dunklen Jahreszeit so viel Lichtgenuss wie möglich zu bieten.

***Foliengewächshaus** – preiswerte Alternative zu Glasgewächshäusern*

Ernteverfrühung durch Folien und Vliese

Nach dem Vorbild des Erwerbsgartenbaus nutzen auch viele Hobbygärtner vermehrt Folien und Vliese zur Verfrühung ihrer Gemüseernte. Die Flachabdeckung aus verschiedenen Kunststoffmaterialien speichert die auf den Boden einstrahlende Sonnenenergie und sorgt damit für eine wachstumsfördernde Erwärmung des Gemüsebeetes. Zusätzlich halten Folien und Vliese Schädlinge wie Gemüsefliegen fern und sichern frühe und reiche Erträge. Durch eine Abdeckung mit Folie oder Vlies lassen sich die Aussaat- bzw. die Pflanztermine um etwa zwei Wochen vorziehen. Das Gemüse kann im Schnitt drei Wochen früher geerntet werden.

Folien Bei den Folien unterscheidet man zwischen Lochfolien und Schlitzfolien. Beide bestehen aus durchsichtigem Kunststoff (Polyäthylen), wobei mit zunehmender Lochzahl der Verfrühungseffekt der Folien nachlässt. Im Handel sind üblicherweise Lochfolien mit 500 Löchern pro Quadratmeter zu bekommen, die eine ausreichende Luft- und Wasserzirkulation zulassen. Schlitzfolien haben gegenüber Lochfolien den Vorteil, dass sie sich mit zunehmender Größe der Gemüsepflanzen ausdehnen und somit bis zur Ernte auf den Pflanzen verbleiben können. Je weiter sich die unzähligen, feinen Schlitze dehnen, desto höher ist der Lüftungseffekt.

Auch Folientunnel tragen zur Ernteverfrühung des Gemüses bei. Sie bestehen aus einem mit Kunststofffolie bespanntem Draht- oder Kunststoffgestell und lassen sich auch von ungeübten Hobbygärtnern leicht aufstellen.

Vliese Vliese werden aus spinnwebenartig vernetzten Kunststoffmaterialien hergestellt. Sie sind sehr leicht, wasser- und luftdurchlässig und speichern viel Wärme.

***Wasser- und lichtdurchlässiges Vlies** schützt die empfindlichen Pflanzen.*

Verwendung Breiten Sie die Folien und Vliese locker über die Aussaat bzw. die Jungpflanzen und graben Sie die Enden leicht in die Erde ein. Bemessen Sie die Materialien nicht zu knapp, um sie mit zunehmendem Wachstum der Pflanzen lockern zu können. Zum regelmäßigen Gießen, Düngen, Boden lockern und Entfernen von Unkraut sollten Sie eine Längsseite der Flachabdeckungen nur mit Steinen oder einem Brett beschweren. So lässt sich die Abdeckung ohne großen Aufwand bei Bedarf leicht öffnen. Achten Sie auch beim Folientunnel darauf, dass sich eine Seite zum Belüften des Tunnels und zur Bewässerung der Pflanzen bequem aufziehen lässt. Bei anhaltend warmer Witterung muss ordentlich gelüftet werden, damit es für die Pflanzen unter der Abdeckung nicht zu heiß wird.

Das Abnehmen der Folien sollte nur an windstillen Tagen bei regnerischem oder trübem Wetter erfolgen. Auf diese Weise erleiden die unter der Folie herangewachsenen empfindlichen Jungpflanzen keine Verbrennungen durch intensives Sonnenlicht. Übrigens: Folien und Vliese sind keine reinen Frühjahrsangelegenheiten. Auch im Herbst lässt sich die Gemüseernte durch den Einsatz eines Folientunnels um Wochen verlängern. Je nach Witterungsverlauf halten die Tunnelkonstruktionen etwa drei Jahre, bevor sie erneuert werden müssen. Starke Sonneneinstrahlung und Frost setzen den Kunststofffolien am meisten zu.

Rasenschnitt *vor dem Ausbringen etwas antrocknen lassen.*

Regelmäßig mulchen

Bei warmer, windiger Witterung trocknet unbedeckter Boden sehr schnell aus. Unter einer 5 cm dicken Mulchschicht aus angetrocknetem Rasenschnitt, gehäckseltem Stroh oder Laub bleibt die Erde dagegen locker, feucht und unkrautfrei. Alle paar Wochen wird die Mulchschicht um die Gemüsepflanzen herum wieder erneuert.
Auch unter dünner Mulchfolie aus schwarz gefärbtem Kunststoff bleibt der Boden länger feucht und warm. Wichtig: Vor dem Auflegen der Folie den Boden noch einmal gründlich wässern. Zum Pflanzen schneidet man mit einem Messer kleine Schlitze in die Folie.

Optimale Wasserversorgung

Gemüse hat einen hohen Wasseranspruch und benötigt von der Aussaat bis zur Ernte regelmäßige Wassergaben. Wenn möglich verlegt man einen Wasseranschluss direkt in die Nähe des Gemüsegartens. Wo dies nicht machbar ist, führen Schlauch-Führungsrollen den Gartenschlauch sicher von Beet zu Beet.
Im Frühjahr dürfen besonders die frisch gesäten und bepflanzten Beete nicht austrocknen. Verwenden Sie zum Gießen eine Wasserbrause, um die Saat und die Jungpflanzen nicht zu verschlämmen.
Mit zunehmendem Wachstum steigt der Wasserbedarf der Gemüsepflanzen. Vor allem fruchtende Arten wie Tomaten, Gurken und Kürbisse, aber auch blühende Bohnen, Rhabarber und Kartoffeln benötigen im Sommer reichlich Wasser. Möhren, Zwiebeln, Salate oder Sellerie haben geringere Wasseransprüche. Achten Sie auf eine gleichmäßige Wasserversorgung. Gießen Sie lieber weniger oft, dafür aber gründlich (siehe auch Seite 29).

Schwarze Mulchfolie *hält den Boden warm und unterdrückt Unkrautwuchs.*

Mit zunehmendem Wachstum *steigt auch der Wasserbedarf der Pflanzen.*

Zum Gießen bietet sich kostenloses Regenwasser an, dass Sie vom Hausdach über die Regenrinne leicht in Plastiktonnen auffangen können. Für den großflächigen Gemüseanbau rechnen sich Wassertanks, die in den Boden eingelassen werden. Mit einer Pumpe wird das Regenwasser bequem nach oben befördert. Eine weitere Alternative zum teuren Leitungswasser ist ein eigener Brunnen im Garten, vorausgesetzt der Grundwasserstand liegt nicht allzu tief. Die Anlage ist in der Regel genehmigungsfrei, muss aber der zuständigen Wasserbehörde gemeldet werden. Über die Möglichkeiten und Kosten einer Brunnenbohrung erteilen spezielle Brunnenbaufirmen (im Branchenbuch) gerne Auskunft. Brunnenwasser ist nicht als Trinkwasser geeignet.

Bodenpflege zahlt sich aus

Der sommerliche Wechsel von Niederschlägen und intensiver Sonneneinstrahlung trocknet die Erde in den Gemüsebeeten aus und führt zu Verkrustungen der Bodenoberfläche. Um die Wurzeln ausreichend mit Luft zu versorgen, lockert man die oberste Bodenschicht mit einem Grubber oder einem Kultivator. Dies reduziert auch die Wasserverdunstung des Bodens. Unkräuter werden durch regelmäßiges Hacken entfernt. Löwenzahn oder Disteln mit langen Pfahlwurzeln bekommen Sie mit einem stabilen Unkrautstecher in den Griff. Wurzelunkräuter gräbt man vorsichtig aus, um möglichst viele der fleischigen Wurzeln aus dem Boden zu entfernen (siehe auch Seite 30/31).

***Zwischen den Gemüsereihen** muss regelmäßig gehackt werden.*

Bedarfsgerechte Düngung

Durch regelmäßige Ernten und die Auswaschung leicht löslicher Nährstoffe wie Nitrat werden dem Gemüsegarten im Laufe des Sommers wichtige Nährstoffe entzogen. Diese müssen dem Boden durch Dünger wieder zugeführt werden. Allerdings nicht nach dem Motto „viel hilft viel". Düngen Sie bedarfsgerecht, um den Boden fruchtbar zu halten und die Pflanzen optimal zu versorgen. Die Nährstoffmenge richtet sich dabei nach den unterschiedlich hohen Ansprüchen der Gemüsearten. Entsprechend ihrem Bedarf an Stickstoff unterscheidet man zwischen Starkzehrern, Mittelzehrern und Schwachzehrern (siehe Seite 35). Um hohe Ernteerträge zu erzielen, müssen Starkzehrer in der Wachstumsphase ein- bis zweimal nachgedüngt werden. Streuen Sie den Dünger dicht um die Pflanzen herum. Anschließend werden die Nährstoffe mit einer Hacke flach in den Boden eingearbeitet. Alternativ können die Pflanzen auch mit Flüssigdünger versorgt werden. Für beide Methoden gilt jedoch: Ab August wird nicht mehr gedüngt, um den Boden nicht unnötig zu belasten.

***Manche Unkräuter** zupft man am besten per Hand heraus.*

***Eine bedarfsgerechte Düngung** ist die Voraussetzung für reiche Ernten.*

Marienkäfer *und ihre Larven ernähren sich von Blattläusen.*

Pflanzenschutz im Gemüsegarten

Lochfraß, Blattverfärbungen oder Welkeerscheinungen an Gemüsepflanzen können die unterschiedlichsten Ursachen haben: tierische Schädlinge, Krankheiten oder ungünstige Klimafaktoren wie extreme Hitze, Sturmböen oder starke Niederschläge. Schädlinge schwächen die Pflanzen durch Fraß- und Saugtätigkeiten. Bei idealen Witterungsbedingungen kann es in nur kurzer Zeit zu massenhaftem Auftreten der meist winzigen Tierchen kommen. Die verursachten Gewebeverletzungen führen zu Krüppelwuchs oder zum Austrocknen der Pflanzen und bieten ideale Eintrittspforten für Pilzsporen, Bakterien und Viren.

Bei den Krankheiten unterscheidet man bakterielle Erkrankungen, virose Krankheiten und durch Pilze verursachte Erkrankungen.

Pilzkrankheiten zählen zu den häufigsten Schadursachen im Gemüsegarten. Sie werden durch so genannte Sporen übertragen. Wasserspritzer und Wind verbreiten die Erreger im Pflanzenbestand. Über Wunden oder natürliche Öffnungen dringen die Pilzsporen in die Pflanzenzellen ein. Bakterielle Krankheiten äußern sich in Form von Welkeerscheinungen oder Fäulnis. Sie werden in der Regel durch Insekten und infizierte Böden übertragen. Bakterien dringen über Wunden und andere Spaltöffnungen in die Pflanzen ein und vermehren sich dort. Viren rufen Blattdeformierungen und auffällige Verfärbungen hervor. Zur Bekämpfung von Bakterien und Viren gibt es keine wirksamen Mittel.

Artischocken *werden oft von Blattläusen befallen.*

Thripse *saugen zum Beispiel an Lauch, Zwiebeln und Erbsen.*

▸ Vorbeugende Maßnahmen

Um die Infektionswahrscheinlichkeit so gering wie möglich zu halten, werden die Pflanzen bedarfsgerecht mit Nährstoffen versorgt. Zudem empfiehlt sich ein weiter, luftiger Pflanzenstand. Gießen Sie immer nur morgens und bewässern Sie die Pflanzen direkt am Boden, um eine Befeuchtung der Blätter zu vermeiden. Die Krankheitsanfälligkeit der Pflanzen ist sehr sortenunterschiedlich. Säen Sie bevorzugt krankheitstolerante oder resistente Gemüsesorten aus.

Pilze überwintern mit Vorliebe auf abgestorbenen Pflanzenresten im Boden. Da viele Schaderreger auf bestimmte Pflanzenfamilien spezialisiert sind, hilft bereits eine konsequent eingehaltene Fruchtfolge Infektionen zu vermeiden. Kontrollieren Sie ihre Pflanzen regelmäßig auf Schädlingsbefall. Häufig sitzen die Störenfriede an der Blattunterseite oder an den Pflanzenstängeln. Erkrankte Pflanzenteile sind sofort aus dem Bestand zu entfernen und dürfen nicht auf den Kompost gebracht werden.

Kohlweißlingsraupen *auf einem Kapuzinerkresseblatt*

Starker Befall *von Spinnmilben an einer Gurkenpflanze*

TIPP

Nützlinge wie Marienkäfer oder Schwebfliegen vertilgen Schadinsekten. Fördern Sie die Ansiedlung der nützlichen Insekten durch die Anpflanzung von Hecken, Wildobst oder blühenden Gründüngungspflanzen.

Chemische Pflanzenschutzmittel sollten, wenn überhaupt, nur bei starkem Befallsdruck zum Einsatz kommen. Lassen Sie sich im Fachhandel beraten und beachten Sie genau die Herstellerangaben zu Aufwandmenge, Anwendungszeitraum und Wartezeiten. Grundsätzlich dürfen Sie nur solche Produkte einsetzen, die speziell für die Anwendung im Haus- und Kleingarten vorgesehen sind und ausdrücklich für Gemüsekulturen zugelassen sind. Achten Sie außerdem auf nützlingsschonende und für Bienen unschädliche Mittel.

Schädlinge im Gemüsegarten

Nacktschnecken Die vor allem bei feuchter Witterung nachtaktiven Schnecken zählen zu den lästigsten Schädlingen im Gemüsegarten. Sie hinterlassen auffällige Schleimspuren und fressen in kurzer Zeit Jungpflanzen aber auch ganze Salatköpfe komplett ab. Tagsüber ziehen sich die Schnecken in dunkle, feuchte Unterschlupfe zurück. Abwehr: Am effektivsten lassen sich die Schnecken mit einem speziellen Schneckenzaun vom Gemüse fern halten. Auch Schneckenkorn hilft. Barrieren aus Sägespänen oder Sand werden bei Regen leicht weggespült.

Raupen Vor allem die Raupen des Kohlweißlings machen Gemüsegärtnern im Sommer zu schaffen. Sie treten in Massen auf und richten durch Kahlfraß an fast allen Kohlarten großen Schaden an. Abwehr: Kontrollieren Sie die Pflanzen regelmäßig auf Eigelege und Raupenbefall.

Gemüsefliegen Kohlfliegen, Möhrenfliegen, Zwiebelfliegen, Rettichfliegen und Bohnenfliegen legen ihre Eier an verschiedenen Gemüsepflanzen ab. Die Fliegenlarven verursachen durch Fraßgänge in den Wurzeln und Stängeln der Pflanzen große Schäden. Abwehr: Windoffene Lagen bevorzugen, Gemüsepflanzen im Frühjahr mit Schutznetzen abdecken.

Blattläuse Sie richten im Gemüsegarten großen Schaden an. Triebspitzen, Blätter und Knospen verkrüppeln. Auf den klebrigen Ausscheidungen der Blattläuse (Honigtau) siedeln sich Rußtaupilze an,

Der Igel als Helfer *im Garten im Kampf gegen die Schnecken*

die die Pflanzen zusätzlich schwächen.
Abwehr: Wenige Läuse lassen sich mit der Hand entfernen. Bei starkem Befall helfen nützlingsschonende Mittel auf Seifenbasis oder aus Chrysanthemen-Extrakt.

Spinnmilben Die winzigen Spinnentiere, auch Rote Spinne genannt, saugen den Pflanzensaft vieler Gemüsearten und überziehen die Blätter mit einem feinen Gespinst. Im Gewächshaus vermehren sich die Schädlinge vor allem bei trockenem und warmem Klima.
Abwehr: Sorgen Sie für hohe Luftfeuchte. Befallene Pflanzen mit Kaliseifen-Präparat spritzen.

Thripse Nur 1 bis 2 mm groß, verursachen Thripse an Erbsen, Kohl, Zwiebeln und Lauch Saugschäden. Thripse, auch Blasenfüße genannt, überwintern im Boden. Daher muss unbedingt auf Fruchtwechsel geachtet werden.

***Mehltau** an einer Gurkenpflanze*

Abwehr: Regelmäßiges Hacken dämmt die Ausbreitung des Schädlings ein. Bei starkem Befall nützlingsschonendes Pflanzenschutzmittel ausbringen.

Weiße Fliegen Die auch als Mottenschildläuse bezeichneten Schädlinge sitzen meist auf der Unterseite der Blätter. Besonders im Gewächshaus vermehren sich die kleinen Fliegen rasch. Auf den klebrigen Ausscheidungen des Schädlings siedeln sich Rußtaupilze an.
Abwehr: Unter Glas mit Gelbtafeln, ansonsten mit nützlingsschonenden Pflanzenschutzmitteln.

Erdflöhe Die kleinen Käfer fressen Löcher in sämtliche Kohlarten. Ihre Larven schädigen die Wurzeln verschiedener Gemüsepflanzen.
Abwehr: Kohljungpflanzen im Frühjahr mit Gemüsenetzen schützen. Erdflöhe meiden Feuchtigkeit.

▸ Häufig auftretende Krankheiten

Echter und Falscher Mehltau Besonders an Gurken, aber auch an Salat, Erbsen, Zwiebeln und Spinat kann es zu einem Befall durch Mehltaupilze kommen. Man unterscheidet dabei zwischen dem Echten und dem Falschen Mehltau. Beiden gemein sind runde weißliche bis graue Blattflecken und mehlartiger Belag, der sich rasch ausbreitet und die Blätter schließlich vollständig überzieht. Der Echte Mehltau tritt vorwiegend an der Blattoberfläche auf und breitet sich besonders stark bei warmer und trockener Witterung aus. Der Falsche Mehltau siedelt sich bei feuchtem Wetter an der Unterseite der Blätter an.
Abwehr: Säen Sie vorbeugend resistente Sorten, halten Sie die Pflanzen feucht, vermeiden Sie jedoch, die Blätter beim Gießen zu benetzen. Gewächshauskulturen regelmäßig lüften. Befallene Blätter und Früchte vernichten.

Grauschimmel Bei anhaltend feuchter Witterung breitet sich der Pilz auf Gurken, Salat oder Tomaten aus. Grauschimmel ist ein so genannter Schwächeparasit, der vor allem durch ungünstige oder falsche Kulturbedingungen geschwächte Pflanzen befällt. Sie erkennen ihn leicht an einem dichten grauen Schimmelrasen. Befallene Früchte faulen schnell.
Abwehr: Sorgen Sie im Gewächshaus für gute Durchlüftung und ausreichend Licht. Pflanzen Sie das Gemüse im Freien nicht zu eng, damit es luftig steht. Befallene Früchte oder Blätter sofort entfernen.

Keimlingskrankheiten Keimlinge von Kohl, Salat, Möhren und anderen Gemüsearten können vom Boden aus durch verschiedene Pilze infiziert werden. Die Sämlinge färben sich schwarzbraun und die Stängel werden weich, die Pflanzen fallen schließlich um und sterben ab.
Abwehr: Verwenden Sie zur Aussaat bevorzugt keimfreie Erde und so genanntes gebeiztes Saatgut, das mit einer hauchdünnen Schicht Pflanzenschutzmittel überzogen ist. Säen Sie das Gemüse nicht zu dicht, auch feuchtkalte Witterung trägt zur Verbreitung der Pilzkrankheit bei.

Kraut- und Braunfäule *tritt häufig an Tomaten auf. Die Blätter sterben ab (links), die Früchte bekommen braune Flecken (rechts) und werden ungenießbar.*

Sklerotinia-Fäule/Becherpilz
Weiche, faule Stellen mit einem weißen, watteartigen Pilzrasen an den Stängeln und Blattansatzstellen von Gurken, Bohnen oder Tomaten weisen auf einen Befall mit Sklerotinia-Pilzen hin. Es werden bevorzugt schwache oder geschädigte Pflanzen befallen. Betroffene Pflanzen welken oder sterben ganz ab.
Abwehr: Kranke Pflanzen sofort aus dem Bestand entfernen und über den Hausmüll entsorgen. Da der Pilz mehrere Jahre im Boden überdauern kann, ist darauf zu achten, dass kein befallenes Pflanzenmaterial auf den Boden fällt.

Kraut- und Braunfäule Die Pilzkrankheit tritt vor allem bei feuchter Witterung an Tomatenpflanzen und Kartoffeln auf. Die Tomaten bekommen braune, leicht eingesunkene Flecken, das Fruchtfleisch bleibt hart. Befallene Blätter verfärben sich braun, welken und sterben ab.
Abwehr: Blätter beim Gießen trocken halten, alte vergilbte Blätter ausbrechen, Tomaten nicht zu eng pflanzen.

Kohlhernie Kümmerlich wachsende, welkende Pflanzen mit angeschwollenen, missgebildeten, verdickten Wurzeln sind ein sicheres Zeichen für eine Infektion mit Kohlhernie. Verursacher ist ein Schleimpilz, der durch Bodenfeuchtigkeit zu den Wurzeln der Pflanzen gelangt und sich in diesen ausbreitet. Die Pilzsporen bleiben über zehn Jahre keimfähig.
Abwehr: Eine direkte Bekämpfung der Kohlhernie ist nicht möglich. Böden mit einem niedrigen pH-Wert sind besonders gefährdet. Befallene Kohlpflanzen über den Hausmüll entsorgen.

Kohlhernie *an Chinakohl*

Kohlpflanzen *sind außerdem anfällig für Keimlingskrankheiten.*

Sonnengereifte *Tomaten aus dem eigenen Garten*

Gemüseernte

Geerntetes Gemüse verliert rasch an Qualität. Schneiden Sie es voll ausgereift erst kurz vor der Verarbeitung. Bei Wurzelgemüse ist es oft gar nicht so leicht, den idealen Erntezeitpunkt zu bestimmen. Mit der Zeit bekommen Sie aber Erfahrung. Notfalls ziehen Sie einfach ein paar Möhren oder Radieschen aus der Erde, um zu sehen, ob sie schon reif sind. Erntereife Tomaten, Paprika oder Zucchini sind leicht an der Fruchtgröße und -farbe zu erkennen.

Viele Gemüsearten wie Erbsen und Bohnen, Tomaten oder Zucchini reifen nicht alle zur gleichen Zeit und müssen mehrmals durchgepflückt werden. Im Gegensatz reifen Brokkoli und Zuckermais nur zu einem ganz bestimmten Termin. Werden sie dann nicht geerntet, verlieren sie an Qualität. Erbsen, Möhren, Rote Bete und Kohlrabi schmecken jung geerntet besonders zart. Auch Zucchini entfalten ein feines, fast nussartiges Aroma, wenn man sie bereits im jungen Stadium schneidet. Rosenkohl und Grünkohl lässt man dagegen in milden Wintern extra lange im Gartenbeet stehen, da die Pflanzen erst nach Frosteinwirkung ihren typischen Kohlgeschmack entfalten.

Auch die Tageszeit spielt bei der Gemüseernte eine Rolle. Blattgemüse wie Spinat oder Kopfsalat, das zur Nitratanreicherung neigt, sollten Sie bevorzugt nachmittags ernten. Bis dahin haben die Pflanzen einen Großteil des gespeicherten Nitrats über den Tag wieder verbraucht. Zur Lagerung vorgesehenes Gemüse wird am besten in den frühen Abendstunden geerntet. Ernterückstände kommen auf den Kompost. Sind die Pflanzenreste jedoch von Schimmelpilzen, Fäulnis oder Schädlingen befallen, sollten Sie sie besser über den Hausmüll entsorgen.

Mit ein paar einfachen Tricks bewahrt Ihr Gemüsebeet auch zur Erntezeit sein attraktives Äußeres: Lassen Sie die Bohnenpflanzen, Erbsen oder Zucchini nach der Ernte stehen, solange sie gesund sind. Schneiden Sie zunächst nur jeden zweiten Salatkopf aus der Reihe aus. Abgeerntete Beete werden mit neuen Jungpflanzen oder Nach-

Erntetermine beliebter Gemüsearten

Gemüseart	Erntezeit
Bohnen, Busch-, Stangen-	*Mitte Juli bis Ende September*
Erbsen, Mark-, Schalen-	*Juni*
Gurken, Freiland-	*Juli bis September*
Kohlrabi	*ab Juni*
Lauch/Porree	*frühe Sorten ab Juli, Herbstlauch ab Dezember*
Mangold	*ab Juni bis September*
Möhren	*frühe Sorten ab Juni*
Paprika	*ab Ende Juli*
Radieschen	*von Frühjahr bis Herbst*
Rote Bete	*Juli bis zum Herbst*
Salat, Kopf-, Pflück-/Schnitt-	*ab Juni*
Sellerie, Knollen-	*ab September/Oktober*
Spinat	*ab Ende Juni bis zur Blütenbildung*
Tomaten	*Juli bis zum Herbst*
Zucchini	*Ende Juni*
Zwiebeln	*Saatzwiebeln ab August, Steckzwiebeln ab Juli*

***Erbsen** schmecken jung geerntet besonders fein.*

saaten schnell wieder begrünt. Auch Gründüngungspflanzen sind dekorative Lückenfüller. Je nach Jahreszeit lassen sich die erntebedingten Kahlstellen farbenfroh mit einjährigen Sommerblumen oder leuchtend orangeroten Kürbissen verschönern.

Die richtige Lagerung von Gemüse

Reifes Gemüse, das nicht sofort verzehrt werden kann, lässt sich durch fachgerechte Lagerung lange aufbewahren. Dabei gibt es eine Reihe von Möglichkeiten. Wurzelgemüse wie Möhren, Sellerie oder Schwarzwurzeln schlägt man am besten in feuchtem Sand ein und lagert sie in einem kühlen, dunklen Ort im Keller. Kohlköpfe werden kopfüber am Strunk aufgehängt. Zwiebeln und Knoblauch halten sich luftig gelagert oder zu lockeren Zöpfen geflochten wochenlang frisch. Unreife, grüne Tomaten, die man noch schnell vor dem ersten Frost gesichert hat, reifen an einem dunklen, warmen Ort gut nach.
Im Garten dient eine Erdmiete als ideales Gemüselager. Dazu hebt man mit dem Spaten eine etwa 40 cm tiefe und etwa 60 cm breite Grube aus. Die Länge der Erdmiete richtet sich nach der Gemüsemenge. Legen Sie die Grube mit rostfreiem Maschendraht aus.
Anschließend isoliert man sie mit Stroh und legt das saubere, unbeschädigte Gemüse dicht an dicht in die Miete. Über das Gemüse folgt eine weitere Schicht Stroh, Fichtenreisig und eine dünne Erdschicht. Gemüsearten, die nicht lange lagerbar sind, wie Erbsen oder Bohnen werden eingekocht oder portionsweise eingefroren. Einkochen hat den Nachteil, dass durch das Erhitzen des Gemüses auf 90 bis 100 °C fast die Hälfte der Nährstoffe verloren gehen. Vor dem Einfrieren wird das Gemüse nach Belieben zerkleinert. Bohnen, Erbsen, Möhren und Spinat gibt man für wenige Minuten in kochendes Wasser (blanchieren). Anschließend das Gemüse gut abtupfen und einfrieren.

***Zwiebeln** trocken und luftig aufbewahren.*

***In feuchtem Sand** eingeschlagen, bleiben Möhren lange frisch.*

TIPP

Damit Brokkoli, Erbsen und Bohnen ihre grüne Farbe behalten, schreckt man das Gemüse nach dem Blanchieren mit kaltem Wasser ab oder taucht es kurz in eine Schüssel mit Eiswasser. Danach gut abtropfen lassen und tiefgefrieren.

Obst-Praxis

Bei Baum- und Beerenobst handelt es sich im Gegensatz zu Gemüse um dauerhafte Kulturen. Deshalb bedürfen Aufteilung und Bepflanzung eines Obstgartens besonderer Überlegung. Obstgehölze schmücken nicht nur im Spätsommer mit leuchtenden Früchten den Garten, auch im Frühjahr zeigen die mit einer Vielzahl von zart weißen oder rosafarbenen Blüten überzogenen Kronen ein hübsches Bild.

***Der Blütenreichtum** lässt auf eine reiche Ernte hoffen.*

▸ Obstgartengestaltung

Je nach Platzbedarf fällt die Wahl auf einen Einzelbaum oder eine Gruppe von Obstgehölzen. Bei frei stehenden Bäumen, wirken ausladend wachsende Kronen von Apfel- oder Pflaumenbäumen besonders schön. Als Hochstamm bieten sie hervorragenden Schatten für einen kleinen Sitzplatz. Eine Unterpflanzung aus Zwiebelblumen oder Sommerblumen bringt zusätzlich Farbe ins Spiel. Auch Beerenhochstämmchen wirken als Einzelstücke sehr dekorativ. Ob im Gemüsebeet, zwischen Blütenstauden oder im Vorgarten, es gibt viele Möglichkeiten die kleinen Obststräucher geschickt in den Garten zu integrieren. Auch hier bietet sich eine Unterpflanzung mit farbigen Sommerblühern an.

Wer von reichen Baum- und Strauchobsternten träumt, pflanzt die Obstgehölze gleich gruppenweise. Die früher bevorzugte Form der Streuobstwiese lässt sich im Hausgarten jedoch nur selten verwirklichen. Heutzutage sind niedrig wachsende Obstbäume mit geringer Standfläche gefragt – so genannte Spindel- oder Buschbäume.

In Form einer Platz sparenden Obsthecke, die zugleich als Sichtschutz, Raumteiler und köstlicher Fruchtlieferant dient, lassen sie sich prima in den Garten integrieren. Damit alles im Rahmen bleibt, empfiehlt es sich, nur auf schwachwüchsige Unterlagen veredelte Obstgehölze zu kaufen. Befestigen Sie die Obstbäumchen an einem stabilen Spanndraht an einem Holz- oder Metallspalier. Der Pflanzabstand innerhalb der Obsthecke liegt bei etwa 2,50 m.

Auch ein Spalier ist eine gute Möglichkeit, viel Obst auf wenig Raum zu pflanzen. An der Garagenwand, am Geräteschuppen oder an einer südlich ausgerichteten Hauswand – wichtig ist, dass die Obstpflanzen viel Sonne bekommen und ausreichend mit Wasser versorgt sind (siehe Seite 76/77).

▸ Nachbarrecht

Das Nachbarrecht der einzelnen Bundesländer schreibt bestimmte Mindestabstände von Heckenpflanzungen zum Nachbargrundstück vor. Maßgebliches Kriterium ist dabei die endgültige Höhe der Pflanzen. Fragen Sie bei der jeweiligen Gemeinde nach den aktuell

***Aprikosen** gedeihen nur an sonnigen, warmen Standorten.*

gültigen Vorschriften. Überhängende Zweige dürfen nur beseitigt werden, wenn sie das Nachbargrundstück zum Beispiel durch größere Mengen Laub oder klebrige Baumsäfte beeinträchtigen. Wer die Äste selbst entfernen möchte, muss dem Nachbarn (am besten schriftlich) zunächst eine angemessene Frist setzen. Mit Einverständnis des Nachbars ist auch eine gemeinsame Hecke auf der Grundstücksgrenze möglich – eine attraktive, Platz und Geld sparende Lösung.

Der richtige Pflanzabstand

Fertigen Sie vor dem Kauf der Pflanzen von Ihrem Obstgarten eine kleine Skizze mit den vorgesehenen Pflanzstellen der Obstgehölze an. So lässt sich die benötigte Anzahl an Pflanzen gut bestimmen und Sie vermeiden, dass Ihre Obstbäume später zu eng stehen. Besonders Garteneinsteigern unterläuft häufig der Fehler, ihr Grundstück zu dicht zu bepflanzen. Im Obstgarten führt dies zu Beschattung, verminderter Ausreife der Früchte und einem höheren Krankheits- und Schädlingsbefall.

Auch zum Nachbargrundstück sollte ausreichend Abstand eingehalten werden, um Streitigkeiten zu vermeiden. Die Bestimmungen sind von Bundesland zu Bundesland unterschiedlich und beim zuständigen Gartenbauamt oder bei der Gemeindeverwaltung zu erfragen.

Für Halb- und Hochstämme von Apfel, Birne und Süßkirsche berechnet man eine benötigte Fläche von etwa 7 x 7 bis 8 x 8 m, für Buschbäume von Apfel und Birne etwa 3 x 3 m. Buschbäume von Sauerkirsche und Pflaume benötigen 2 bis 3 m Pflanzabstand. Spindelbüsche breiten sich durchschnittlich 2,5 x 2,5 m aus. Ganz schlanken Spindeln, so genannten Schnurbäumen, reichen 1,5 x 1,5 m Standfläche. Diese Angaben gelten als grobe Richtwerte.

Bei der Berechnung des Pflanzabstands gilt es, viele Faktoren zu berücksichtigen: Die Wüchsigkeit der Unterlage, die Qualität des Bodens, der Standort, die Sorte und der Schnitt.

***Vitaminreiches Potpourri** aus Himbeeren, Kirschen, Stachelbeeren, Heidelbeeren und Schwarzen Johannisbeeren*

***Containergehölze** sind zwar recht teuer, dafür sind sie das ganze Jahr über pflanzbar und wachsen gut an.*

Einkauf von Gehölzen

Qualitätsware erhalten Sie in Baumschulen oder speziellen Obstbaumschulen. Die Pflanzen, die sie dort kaufen, haben in der Regel den Vorteil, dass sie nicht aus weit entfernten Regionen importiert wurden, sondern im Klima vor Ort aufgewachsen sind. Auch die Auswahl an Sorten und Wuchsformen lässt sich mit dem Angebot der meisten Gartencenter nicht vergleichen. Baumschulen, die dem „Bund deutscher Baumschulen" angehören, garantieren besonders hohe Qualitätsmerkmale. So müssen zum Beispiel die Kronen mehrjähriger Obstgehölze mindestens vier (der Sorte entsprechend) kräftige Triebe aufweisen. Hochstämmchen von Stachelbeeren und Johannisbeeren müssen mindestens 80 bis 90 cm hoch sein.
Obstgehölze werden auf verschiedene Art angeboten: im Topf als Containerware, ohne Topf, aber mit Wurzelballen als Ballenware und wurzelnackt.
Pflanzen im Container haben den Vorteil, dass sie das ganze Jahr über gepflanzt werden können und sicher anwachsen. Im Vergleich zur Ballenware oder zu wurzelnackten Pflanzen zählen Container-Pflanzen allerdings zur teuersten Angebotsform von Obstgehölzen. Ballenware wird zur klassischen Pflanzzeit im Frühjahr oder Herbst gepflanzt. Achten Sie auf einen festen, gut durchwurzelten Pflanzenballen. Am preisgünstigsten ist wurzelnackte oder ballenlose Ware. Allerdings besteht hier die Gefahr, dass nicht alle Pflanzen wie vorgesehen anwachsen. Ballenlose Pflanzen sollten nur von Oktober bis März gepflanzt werden.
Die meisten Obstgehölze sind veredelt. Dabei werden zwei verschiedene Pflanzen (Unterlage und Edelreis) miteinander so zum Verwachsen gebracht, dass ein ganz neues, hochwertiges Obstgehölz entsteht. Die positiven Eigenschaften beider Pflanzen wie Frosthärte, schwacher Wuchs und Fruchtbarkeit bleiben erhalten (siehe Seite 80/81). Achten Sie beim Kauf veredelter Ware darauf, dass die Unterlage gut mit der Edelsorte verwachsen ist. Die Veredelungsstelle sollte ungefähr 10 cm über der Erdoberfläche liegen. Auch die Blütezeiten der verschiedenen Sorten sind beim Einkauf zu beachten. Sonst kann es passieren, dass Sie trotz hochwertiger Pflanzen letztendlich doch leer ausgehen, da sich Ihre Obstgehölze gegenseitig nicht befruchten.
Um einen optimalen Pflanzstart zu gewährleisten, werden die Gehölze in guten Baumschulen nach dem Kauf fachmännisch verpackt. Auf diese Weise nehmen die Knospen und Triebe der Pflanzen beim

TIPP

Die bekanntesten Obstsorten sind nicht gleichzeitig auch die besten Sorten für Ihren Garten. Nicht alle Sorten eignen sich für eine Gegend gleich gut. Fragen Sie daher in Ihrer Baumschule nach regional bewährten Sorten, die in Ihrem Kleinklima am besten gedeihen.

Transport keinen Schaden und die Wurzeln trocknen nicht aus. Viele Baumschulen bieten auch einen Lieferservice an.

***Spalierapfel im Topf**, in doppelter U-Form gezogen*

Befruchtung

Im Obstbau unterscheidet man selbstfruchtbare und selbstunfruchtbare Arten.
Selbstbefruchter wie Pfirsich, Rote Johannisbeere oder Himbeere können sich mit dem eigenen Pollen (Blütenstaub) befruchten und sind auf keine weitere Sorte zur Befruchtung angewiesen. Es empfiehlt sich jedoch, eine zweite, zur gleichen Zeit blühende Sorte in die Nähe zu pflanzen. Dies fördert den Fruchtansatz und hat in der Regel größere Früchte zur Folge.
Obstbäume und -sträucher wie die Schwarze Johannisbeere, Äpfel und Birnen können sich nicht selbst befruchten und sind auf sortenfremden Blütenstaub angewiesen. Reicher Fruchtansatz kommt nur zustande, wenn mindestens zwei unterschiedliche, aber zur gleichen Zeit blühende Sorten im Umkreis von etwa 100 bis 200 m gepflanzt werden. Selbst dann kommt es vor, dass die Befruchtung ausbleibt. Nicht alle Sorten sind gleichermaßen gut zur Befruchtung geeignet. Lassen Sie sich in einer guten Baumschule beraten. Als Pollenspender dienen auch Zierformen, beispielsweise bei Äpfeln der Zierapfel oder verschiedene Wildapfelsorten.

Befruchtungsschwierigkeiten
Wenn aus Platzgründen im Garten keine weiteren Obstgehölze gepflanzt werden können und in der näheren Umgebung keine entsprechenden Obstbäume stehen, müssen Sie nicht auf knackige Äpfel oder süße, saftige Birnen verzichten. Besorgen Sie sich zur Blütezeit von einem Bekannten, einem Nachbarn oder vom Wochenmarkt ein paar blühende Zweige eines anderen Apfel- oder Birnenbaumes und hängen Sie diese in einen Eimer mit Wasser in die Baumkrone. Insekten und Wind verteilen den Blütenpollen und bescheren Ihnen einen reichen Fruchtansatz. Eine weitere Möglichkeit, den Befruchtungsschwierigkeiten aus dem Weg zu gehen, besteht darin, einen Trieb einer zur gleichen Zeit blühenden anderen Sorte auf den im Garten stehenden Obstbaum zu veredeln. Das hat den Vorteil, dass mit Sicherheit für fremden Blütenpollen gesorgt ist und Sie in den Genuss zweier verschiedener Obstsorten kommen.

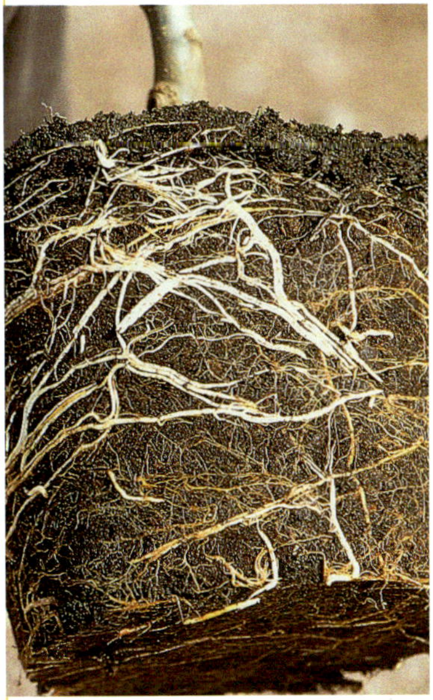

***Qualitätsware** mit gesundem Wurzelballen*

Blühender Kirschbaum

Verwenden Sie zum Veredeln nur einjährige Triebe von gesunden, reich tragenden Bäumen. Wenn in Ihrer Nachbarschaft oder Ihrem Bekanntenkreis keine geeigneten Obstbaumsorten zum Schnitt vorhanden sind, bekommen Sie die Edelreiser auch in verschiedenen Baumschulen. Der günstigste Schnittzeitpunkt liegt während der Winterruhe im Dezember. Bewahren Sie die Edelreiser kühl und feucht, am besten leicht in Sand eingeschlagen, auf. Der beste Termin für die Veredelung ist im Frühjahr, etwa Ende April (siehe Seite 80/81).

Einfluss des Wetters Abgesehen von den verschiedenen sortenbedingten Befruchtungsverhältnissen, wird ein erfolgreicher Fruchtansatz vor allem vom Wetter beeinflusst. Bei anhaltend nasskalter Witterung oder starken Windböen legen Bienen und Hummeln, die Hauptüberträger des Blütenpollens, nur kurze Flugstrecken zurück. Auch Unwetter mit starkem Hagelschlag können bereits im Frühjahr die Obsternte zunichte machen. Besonders für früh blühende Arten wie Aprikosen oder Pfirsiche sind Spätfröste ein großes Risiko. Verfolgen Sie zur Blütezeit den Wetterbericht, um kleinere Bäume oder das Beerenobst vor drohenden Nachtfrösten mit Stoff-Abdeckungen oder Noppenfolie zu schützen. Dicht stehendes, langes Gras unter den Obstbäumen behindert den Wärmeaustausch aus dem Boden. Mähen Sie es zu Beginn der Blütezeit möglichst kurz. Pflanzen Sie in rauen Lagen nur spät blühende Sorten. Ihnen können auch die Eisheiligen, Mitte Mai, nichts anhaben. Zum Glück bilden gesunde Apfel- und Birnbäume so viele Blüten, dass selbst dann noch von einer Vollernte die Rede ist, wenn nur 5 % der Blüten erfolgreich befruchtet

Birnen *sind auf fremden Blütenpollen angewiesen.*

Selbst- und Fremdbefruchter

	Selbstbefruchter	**Fremdbefruchter**
Baumobst	*Aprikose, Pfirsich, Nektarine, Mirabellen, Quitte, Sauerkirsche (nicht alle Sorten)*	*Reneklode, Pflaume, Zwetsche, Süßkirsche, Apfel, Birne*
Strauchobst	*Heidelbeere, Rote und Weiße Johannisbeere, Himbeere, Brombeere, Stachelbeere*	*Schwarze Johannisbeere, Haselnuss*

wurden. Bei Steinobst wie Kirschen oder Pflaumen sollten 25 % der Blüten befruchtet sein, um eine reiche Ernte erwarten zu können.

Vollertrag Je nach Fruchtart, dauert es unterschiedlich lange, bis die Obstgehölze in den Vollertrag kommen. Am schnellsten setzt bei Beerenobst wie den Erdbeeren, Himbeeren oder Johannisbeeren die Ernte ein. Bei Kern- und Steinobst schwanken die Angaben bis zum Beginn des Vollertrags je nach Baumform und Obstart zwischen drei und etwa sieben bis acht Jahren. Werden die Obstgehölze von Anfang an regelmäßig geschnitten, begünstigt dies einen frühen Blütenansatz. Im Schnitt blühen Obstbäume etwa zehn Tage, wobei die Einzelblüten je nach Witterung und Sorte nur einen Tag bis maximal sieben Tage geöffnet bleiben.

Alternanz Fällt die Blüte in einem Jahr besonders üppig aus, kann es passieren, dass im darauf folgenden Jahr nur sehr wenige Blüten angesetzt werden. Fachleute nennen diesen natürlichen Vorgang Alternanz. Sie tritt am häufigsten bei Apfelsorten wie 'Elstar', 'Cox Orange' oder 'Boskoop' auf. Lichten Sie bereits beim Schnitt die Baumkronen so aus, dass es zu keinem übermäßigen Fruchtansatz kommt, der die Pflanzen unnötig erschöpft. Auch das Fruchtausdünnen im Juni dient dazu, die Bäume vor einem Massenbehang zu bewahren und regelmäßige Ernten zu fördern.

Zartrosa *Apfelblüten*

Fruchtausdünnung

Äpfel aber auch Pfirsiche und Nektarinen neigen dazu, übermäßig viele Früchte anzusetzen. Direkt nach der Blüte werden nicht befruchtete Blüten abgestoßen. Im Juni oder Juli werfen die Bäume ein zweites Mal auf natürliche Weise unzureichend befruchtete Fruchtansätze ab (Junifall). Trotzdem bricht man bei zu starkem Fruchtbehang einen Teil der Früchte per Hand aus. Entfernen Sie vor allem missgebildete oder auffallend kleine Früchte. Zur Verbesserung der Fruchtqualität bleiben pro Blütenbüschel zwei bis drei Früchte stehen.

Unterschiedliche Baum- und Strauchformen

Von superschlank über weit ausladend bis kunstvoll am Spalier gezogen – in gut sortierten Obstbaumschulen ist ein breites Angebot an verschieden großen Obstgehölzen für jeden Gartentyp zu bekommen.

▸ Bäume

Busch-und Niederstamm Bei den Baumformen mit niedriger Stammhöhe unterscheidet man zwischen dem Buschbaum und dem Niederstamm. Buschbäume sind ideal für kleine Gärten. Auch im Alter ist ihr Platzanspruch sehr gering. Mit einer Stammhöhe von gerade einmal 40 bis 60 cm überzeugen die schwachwüchsigen Obstgehölze durch einen früh einsetzenden, hohen Fruchtertrag. Sie bleiben auf Dauer klein und ähneln in ihrem Wuchs fast mehr einem Strauch als einem Baum. Neben Apfel und Birne sind auch Sauerkirsche und Pfirsich in Form eines Buschbaums für den Hausgarten empfehlenswert. Ernte und jährlicher Schnitt sind aufgrund der niedrigen Höhe der Bäume problemlos durchzuführen. Und sollten Ihnen im Sommer Vögel die reifenden Kirschen streitig machen, sind die kleinen Bäume schnell mit einem feinmaschigen, speziellen Vogelschutznetz überdeckt.

Niederstämme, auch Hochbüsche genannt, sind mit einer Stammhöhe von 80 bis 100 cm etwas höher als Buschbäume. Diese Baumform sieht man bei Aprikosen, Pfirsichen, Pflaumen, Kirschen, Äpfeln und Birnen.

Halb- und Hochstamm Dies sind die Klassiker unter der Vielzahl an erhältlichen Baumformen. Früher hauptsächlich aufgrund des hohen Fruchtertrags angebaut, nehmen die relativ hochwüchsigen Obstbäume heute auch gestalterische Funktion ein. Mit ihrem traumhaften Blütenkleid und leuchtenden Früchten bereiten sie manchem Ziergehölz im Hausgarten am Sitzplatz oder nahe der Terrasse Konkurrenz. Beim Halbstamm beträgt die Stammhöhe 100 bis 120 cm. Sie bekommen sie von fast allen Obstarten. Da sie mit zunehmendem Alter durch ihre ausladend wachsende Krone viel Platz benötigen, eignen sie sich nicht für kleine Gärten.

Erreicht der Baum eine Stammlänge von 160 bis 180 cm, spricht man von Hochstämmen. Allem köstlichen Fruchtertrag zum Trotz, sind diese Obstbaum-Riesen mit hohem Platzbedarf nur für große Gärten zu empfehlen. Hochstämme bekommen Sie vor allem von starkwüchsigen Obstarten wie Äpfeln und Birnen sowie Pflaumen und Süßkirschen.

Spindelbusch Im Gegensatz zu Hochstämmchen sind die schwachwüchsigen Spindelbüsche mit einer Stammhöhe von 40 bis 60 cm die ideale Baumform für kleine Nutzgärten. Der Ertrag beginnt früh. Durch die angenehme Baumhöhe sind auch die Ernte sowie der jährliche Kronenschnitt gefahrlos ohne Leiter machbar. Spindelbüsche können einzeln gepflanzt werden, sehen aber auch als Obsthecke oder als Spalier sehr dekorativ aus.

Schlanke Spindel Eine noch schwachwüchsigere Variante mit einer Wuchshöhe von maximal 2 m ist die Schlanke Spindel. Die dem geraden Mitteltrieb untergeordneten Seitentriebe sind im unteren Kronenbereich länger als im Bereich der Baumspitze.

Superspindel Ganz besonders schlanke Spindelbäume, so genannte Superspindel werden aufgrund ihres außergewöhnlich Platz sparenden Wuchses auch als

Verschiedene Baumformen: *Spindel, Ballerina-Baum, Halbstamm und Hochstamm (v.l.n.r.)*

Schnurbäume bezeichnet. Von ihrem Mitteltrieb zweigen extrem kurze Seitentriebe ab. Superspindel finden selbst in den kleinsten Gärten ausreichend Platz und eignen sich auch für die Kultur im Topf. Die säulenförmigen, mitunter nur 40 cm breiten Bäumchen werden im Handel auch unter der Bezeichnung „Ballerina" angeboten. Für eine gute Befruchtung pflanzen Sie am besten zwei verschieden jedoch zeitgleich blühende Sorten.

▸ Sträucher

Auch beim Beerenobst sind verschiedene Strauchformen erhältlich:

Buschiger Strauch Rote und Schwarze Johannisbeeren, Stachelbeeren oder Jostabeeren werden meist als buschige Sträucher angeboten. Die langen, kräftigen Triebe verzweigen sich dabei direkt über dem Boden.

Hochstämmchen Sehr beliebt sind als Hochstämmchen gezogene Obstarten, bei denen das Beerenobst auf 80 bis 90 cm hohe Hauptstämmchen aufgepflanzt wird. Zeigen die Sträucher nur eine Höhe von 40 bis 50 cm, spricht man von Fußstämmchen.

Ob Strauch oder Hochstamm, welche Form nun die bessere ist, lässt sich schwer sagen. Hochstämmchen lassen sich zur Reifezeit einfacher pflücken. Gestalterisch betrachtet, setzten sie durch ihren gestreckten Wuchs vertikale Akzente und verleihen dem Garten auch im Winter Struktur. Als Einzelstück gepflanzt, lassen sich Hochstämmchen sehr dekorativ mit einer niedrigen Einfassung aus Buchs umrahmen oder mit blühenden Sommerblumen unterpflanzen. Achten Sie bei der Bepflanzung jedoch darauf, dass der Wurzelraum beim Beerenobst weitgehend unberührt bleibt und den Pflanzen fortwährend genügend Wasser und Nährstoffe zur Verfügung stehen.

Unterlagen

Beim Kauf eines Obstbaumes erwirbt man genau genommen zwei Bäume auf einmal: die wurzel- und stammbildende Unterlage und die aufgepflanzte (aufveredelte) Edelsorte.

Um bei der Vermehrung sortenechte Kern- und Steinobstarten

__Durch einen regelmäßigen Schnitt__ erhalten die Bäume ihre typische Kronenform (jeweils in Seitenansicht und von oben, v.l.n.r.): Pyramidenkrone, Dreiastkrone und Spindelkrone.

Bekannte Unterlagen und ihre Eigenschaften

Unterlage	Eigenschaften
Apfel	
M 27	*sehr schwach wachsend, früher Fruchtertrag, benötigt Stützpfahl, hoher Bodenanspruch*
M 9	*schwach wachsend, früher Fruchtertrag, Stützpfahl notwendig, hoher Bodenanspruch, frostempfindlich*
M 26	*schwach wachsend, Stützpfahl notwendig, hoher Bodenanspruch*
M 7	*mittelstark wachsend, Stützpfahl notwendig, gedeiht auf allen Böden*
MM 106	*mittelstark wachsend, hoher und früher Fruchtertrag, ziemlich frosthart*
M 11	*stark wachsend, frosthart, standfest, anspruchslos, später Fruchtertrag*
Sämling	*sehr stark wachsend, spät einsetzender Ertrag, robust, standfest*
Birne	
Quitte C	*eher schwach wachsend, sehr hoher Bodenanspruch*
Quitte A	*mittelstark wachsend, hoher Bodenanspruch*
Sämling	*stark wachsend, standfest, frosthart*
Pflaume, Aprikose, Pfirsich, Mirabelle	
'St. Julian A'	*mittelstark wachsend, bildet viele Wurzelaustriebe*
Süß-/Sauerkirsche	
'Gisela 5'	*schwach wachsend, frosthart, früher und hoher Fruchtertrag*
'Weiroot'	*schwach wachsend, frosthart, früher Ertrag, bildet nur wenig Wurzelaustriebe*
F12/1	*mittelstark wachsend, verträgt keine Bodentrockenheit*
Vogelkirsche	*starkwüchsig, frosthart*

mit positiven Eigenschaften wie frühem und hohem Ertragsbeginn, schwachem Wuchs und möglichst geringen Standortansprüchen zu gewinnen, pflanzt man die gewünschte Sorte (Edelreis) auf so genannte Unterlagen. Verwendete man dazu früher einfache Sämlinge, veredelt man die Obstsorten heute zum großen Teil auf ganz bestimmte Unterlagen (siehe Tabelle). Vor allem die Wuchshöhe des Baumes wird durch die Unterlage bestimmt. Je nach Bedarf können Sie zwischen schwach wachsenden, mittelstark und stark wachsenden Unterlagen wählen. Beim Kauf eines Obstgehölzes sollte die verwendete Unterlage auf dem Etikett der Pflanzen vermerkt sein. Besonders schwach wachsende Varianten bilden nur ein gering verzweigtes Wurzelsystem und brauchen zeitlebens einen Stützpfahl. Sämlingsunterlagen haben den Vorteil, dass sie ein reich verzweigtes, kräftiges Wurzelsystem bilden, dadurch gut standfest sind und in der Regel in jedem Boden zurechtkommen. Zudem sind sie im Allgemeinen frosthart. In guten Baumschulen werden auf verschiedene Unterlagen veredelte Obstsorten angeboten. Wenn Sie Ihre Lieblingssorte gefunden haben, wählen Sie die Unterlagen-Sorten-Kombination, die am besten zu ihrem Gartenboden und der gewünschten Kronenform passt. Schauen Sie sich die Veredelungsstelle genau an. Meist erkennen Sie sie sofort als auffällige Verdickung knapp über dem Wurzelansatz der Obstgehölze. Hochstämmchen und bestimmte Baumarten wie die Süßkirschen werden auch im oberen Stammbereich veredelt. Bei einer gelungenen Kombination von Unterlage und Edelsorte ist die Veredelungsstelle gut verwachsen und der reibungslose Stoffaustausch zwischen Wurzel- und Kronenbereich gewährleistet. Knollige Veredelungsstellen bilden sich bei der Kombination mit schwach wachsenden Unterlagen. Die Verdickung entsteht durch die unterschiedlichen Wuchseigenschaften der beiden Pflanzen. Bei schwachwüchsigen Unterlagen können nicht alle in der Baumkrone durch Fotosynthese gebildeten Stoffe (Assimilate) abfließen. Dadurch kommt es an der Veredelungsstelle zu einem „Assimilat-Stau“, der sich in Form einer wulstigen Verdickung zeigt.

***Anhand der auffällig wulstartigen Verwachsung** sind schwach wachsende Unterlagen gut zu erkennen.*

Achten Sie beim Pflanzen der Obstbäume darauf, dass die Bäume nicht tiefer gepflanzt werden, als sie vorher in der Baumschule gestanden haben. Die Veredelungsstelle muss gut über dem Boden zu erkennen sein. Aus der Unterlage wachsende Wildtriebe werden regelmäßig entfernt.

Pflanzung der Obstgehölze

Obstbäume und -sträucher werden entweder im Frühjahr oder im Herbst gepflanzt, wenn die Gehölze ihr Laub abgeworfen haben. Das gilt vor allem für ballenlose, wurzelnackte Obstgehölze, die nur im unbelaubten Zustand gesetzt werden. Boden und Witterung müssen zum Zeitpunkt der Pflanzung frostfrei sein, da die Pflanzen sonst keine neuen Wurzeln bilden. Je milder die Gegend ist, desto später im Jahr kann gepflanzt werden. Frostempfindliche Pfirsiche oder Aprikosen pflanzt man erst im Frühjahr (März/April), um ein Erfrieren der jungen Pflanzen auszuschließen. Mit den steigenden Bodentemperaturen wachsen die Pflanzen schnell an. Obstgehölze bekommen Sie als Containerpflanzen (im Topf), als Ballenware (mit Wurzelballen) oder wurzelnackt (ohne Erde). Containerpflanzen werden das ganze Jahr über angeboten und können aufgrund ihres großen Wurzelballens zu jeder (frostfreien) Zeit gepflanzt werden. Trotzdem gewöhnen auch sie sich am besten im Herbst oder im Frühjahr an einen neuen Standort. Da Containerware allerdings recht teuer ist, ist es sinnvoll, bei einer Pflanzung im Herbst besser zu den preisgünstigeren, wurzelnackten Obstgehölzen zu greifen. Achten Sie auch hier auf Qualitätsmerkmale wie kräftige Wurzeln und eine gesunde Krone, damit sie an den Pflanzen lange Freude haben.

Unterschiedliche Wuchsstärken bei Apfelunterlagen:
Die Höhenunterschiede zeigen die Relation im Wachstum der verschiedenen Unterlagen an (von links nach rechts: schwachwüchsig, z.B. M 27, M9; mittelstark wachsend, z.B. M7, MM 106 und stark wachsend, z.B. M 11, Sämling). Die absoluten Höhen hängen zudem von Standort, Düngung, Sorte und Schnitt ab.

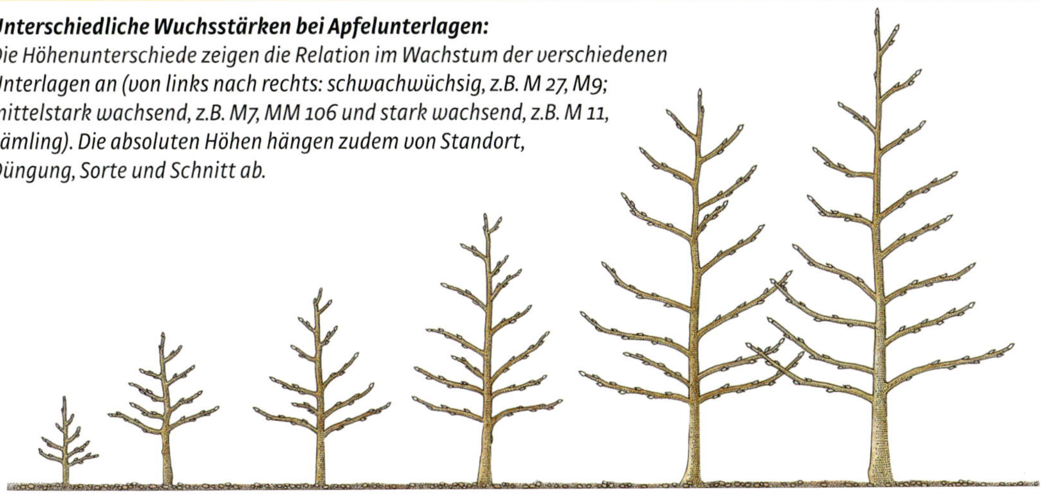

Beachten Sie bei der Pflanzung von Erdbeeren *die richtige Pflanzhöhe (Mitte). Sie dürfen weder zu tief (links) noch zu hoch (rechts) im Boden sitzen.*

Nach dem Kauf und vor allem nach längeren Transportzeiten stellt man die Obstgehölze erst einmal für mehrere Stunden in einen Eimer mit Wasser, damit die Pflanzen die verlorene Feuchtigkeit wieder aufnehmen können.

Falls Sie die gekaufte Ware nicht direkt pflanzen können, müssen die Wurzeln vor Austrocknung geschützt werden. Dazu legt man die Obstgehölze an einem schattigen Platz dicht an dicht, etwa 15 cm tief schräg in die Erde. So kann sie der Wind nicht umknicken, die Pflanzen sind vor Trockenheit und frostigen Temperaturen geschützt und überstehen bei ausreichender Feuchtigkeit mehrere Wochen.

Containerware muss regelmäßig gegossen werden, damit die Wurzelballen nicht austrocknen.

Um zwischen den oberirdischen Trieben und den Wurzeln ein Gleichgewicht herzustellen und den Kronenwuchs des Baumes frühzeitig zu fördern, schneidet man die Obstgehölze nach der Pflanzung zurück. Im Herbst gesetztes Obst wird erst im darauf folgenden Frühjahr zurückgeschnitten. Bei empfindlichen Arten wie Pfirsich oder Aprikosen wartet man mit dem Einkürzen der Triebe so lange, bis keine Spätfröste mehr zu erwarten sind.

Erdbeeren *werden im Spätsommer (August) in Reihen gepflanzt.*

Pflanzung Beerenobst

Erdbeeren Im Gegensatz zu allen anderen Beerenobstarten pflanzt man Erdbeeren am besten im Spätsommer – einmal tragende Sorten von Mitte Juli bis August, mehrmals tragende von August bis Anfang September. Nur so werden die Pflanzen bereits im darauf folgenden Jahr kräftig blühen und fruchten. Pflanzt man die Erdbeeren zu spät, wachsen die Pflanzen nicht mehr richtig an, da sie Ende September ihr Wurzelwachstum weitgehend einstellen.

Etwa sechs bis acht Wochen vor der eigentlichen Pflanzung bereitet man das Erdbeerbeet vor. Dazu wird der Boden gelockert, mit Kompost vermischt und anschließend glatt geharkt. Man pflanzt Erdbeeren in Reihen mit 40 x 30 cm Abstand. Es ist darauf zu achten, dass die Erdbeeren weder zu hoch noch zu tief gepflanzt werden, sonst wachsen sie nicht an. Anschließend die Jungpflanzen gut andrücken und wässern.

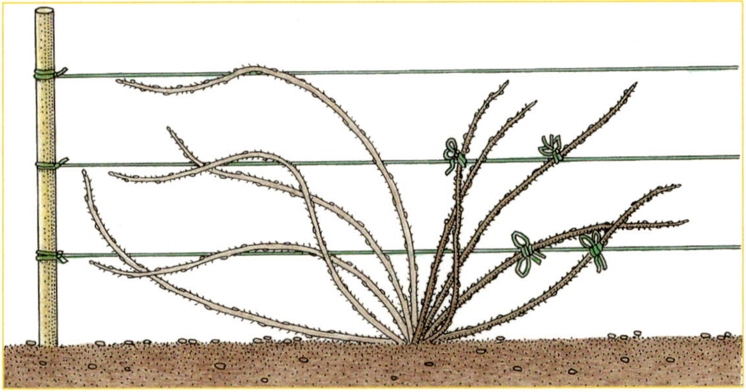

***Brombeerruten** regelmäßig aufleiten. Hier wurden die Jungruten links und die älteren, tragenden Ruten rechts am Spalier befestigt. Diese Trennung erleichtert die Ernte der Früchte.*

TIPP

Von Erdbeeren lassen sich ganz einfach neue Ableger ziehen: Man leitet die Ausläufer von gesunden, reich tragenden Pflanzen in kleine Töpfe ab. Nachdem sie dort gut bewurzelt haben, kann man sie Anfang August von der Mutterpflanze trennen.

Himbeeren und Brombeeren

Ideale Pflanzzeit für Himbeeren ist im Herbst. Brombeeren sollten erst im Frühjahr gepflanzt werden, um sie vor Frost zu schützen. Achten Sie beim Kauf der Ware auf gesunde Pflanzen mit mindestens zwei kräftigen Knospen am Triebansatz. Vor der Pflanzung wird der Boden mit einer Grabegabel etwa 25 cm tief gelockert und mit Kompost angereichert. Da die Wurzeln der Himbeeren schnell austrocknen und dann nur noch sehr schwer anwachsen, sollten sie umgehend nach dem Kauf gepflanzt werden. Üblicherweise setzt man das Beerenobst an einem Spalier entlang in einer Reihe, um die Triebe später gut aufleiten zu können. Bei Himbeeren liegt der Pflanzabstand bei etwa 50 cm, Brombeeren werden je nach Sorte im Abstand von 2 bis 3 m gesetzt. Das Pflanzloch muss so groß sein, dass die Wurzeln gut darin Platz finden. Himbeer- und Brombeerjungpflanzen kommen so tief in die Erde, wie sie in der Baumschule standen. Die Knospen am Wurzelhals dürfen nicht verletzt werden und sollten etwa 5 cm hoch mit Erde bedeckt sein. Anschließend den Boden andrücken und gut wässern.

Bei den Himbeeren belässt man den stärksten Trieb und kürzt ihn auf 25 bis 30 cm ein. Brombeeren werden nach der Pflanzung zunächst nicht zurückgeschnitten.

Johannisbeeren, Stachelbeeren und Heidelbeeren Hauptpflanzzeit ist auch hier im Herbst. Die Bodenvorbereitung erfolgt wie bei den Himbeeren. Kürzen Sie bei wurzelnackter Ware beschädigte Wurzeln ein. Rote Johannisbeeren, Stachelbeeren und Jostabeeren werden so gesetzt, wie sie zuvor standen, Schwarze Johannisbeeren können auch etwas tiefer gepflanzt werden. Der Abstand der Sträucher liegt zwischen 1,5 m bis 2 m, Hochstämmchen können etwas enger stehen. Drücken Sie den Boden gut an und wässern Sie die Pflanzen gründlich.

Da Heidelbeeren Standorte mit niedrigem pH-Wert bevorzugen, pflanzt man sie in saure Erde und umgibt die Pflanzen mit einer Schicht Rindenmulch.

***Sollte in keinem Garten fehlen**: ein Johannisbeerhochstämmchen*

Pflanzung Baumobst

Robuste Obstgehölze wie Äpfel, Birnen und Pflaumen werden im Herbst gepflanzt, solange der Boden frostfrei und feucht ist. Handelt es sich um größere Bäume, nimmt man die Pflanzung am besten zu zweit vor.
Informieren Sie sich vor dem Kauf über die genauen Wuchseigenschaften des gewählten Obstbaumes. Entscheiden Sie sich für kleine Baumformen auf schwachwüchsigen Unterlagen. Sie lassen sich ohne Leiter gut pflegen und ernten und bringen bereits nach wenigen Jahren volle Erträge. Auch auf robuste, gegen Krankheiten unempfindliche Sorten ist zu achten. Erkundigen Sie sich in der Baumschule oder fragen Sie bei örtlichen Gartenbauvereinen, welche Obstgehölze in der jeweiligen Region am besten geeignet sind.

Der richtige Standort Setzen Sie den Baum im Garten nicht dort hin, wo zuvor ebenfalls ein Obstbaum gestanden hat. Pflanzt man Kernobst wie Äpfel, Birnen oder Quitten direkt wieder nach Kernobst, kann es zu Bodenmüdigkeit und Kümmerwuchs kommen. Steinobst, zum Beispiel Pfirsich, Kirschen oder Pflaumen, können Sie problemlos nach Kernobst pflanzen.

1. ***Zunächst*** *wird ein ausreichend großes Pflanzloch ausgehoben.*

Flächenbedarf von Obstgehölzen

Obstart	Baum- oder Strauchform	Flächenbedarf ca.
Äpfel	*starkwüchsiger Hochstamm, Halbstamm*	*8 x 8 m*
	schwach- bis mittelstarkwüchsiger Niederstamm, Buschbaum	*3 x 3 m*
	Spindelbusch	*2,5 x 2,5 m*
	Superspindel/Schnurbaum	*1,5 x 1,5 m*
Birnen	*starkwüchsiger Hochstamm, Halbstamm*	*8 x 8 m*
	schwach- bis mittelstarkwüchsiger Niederstamm, Buschbaum	*3 x 3 m*
	Spindelbusch	*2,5 x 2,5 m*
	Superspindel/Schnurbaum	*1,5 x 1,5 m*
Pflaumen	*starkwüchsiger Hochstamm, Halbstamm*	*6 x 6 m*
Süßkirschen	*starkwüchsiger Hochstamm, Halbstamm*	*10 x 10 m*
Himbeeren	*am Spalier*	*0,5 x 0,5 m*
Brombeeren	*am Spalier: stachellose Sorten*	*2 x 1,5 m*
	stachlige Sorten	*3 x 1,5 m*
Heidelbeeren	*Strauch*	*0,5 x 0,5 m*
Haselnüsse	*Strauch*	*3 x 3 m*
Walnüsse	*Hochstamm*	*12 x 12 m*

Pflanzung Schritt für Schritt
Heben Sie mit dem Spaten ein großes Pflanzloch aus. Die Grube muss so breit und so tief sein, dass der Wurzelballen oder die wurzelnackte Pflanze ausreichend Platz haben. Orientieren Sie sich am Wurzelballen der Pflanzen. Die wulstartige Veredelungsstelle muss eine Hand breit über dem Boden liegen. Da die Obstbäume zum Teil sehr tief wurzeln, darf das Erdreich am Pflanzstandort nicht verdichtet sein. Lockern Sie die Sohle und die seitlichen Bereiche der Grube, indem Sie mit der Grabegabel in den Boden stechen und diese mehrmals hin- und herbewegen. Mischen Sie dabei gleichzeitig etwas Vorratsdünger oder reifen Kompost unter die Erde, um die Wurzeln ausreichend mit Nährstoffen zu versorgen. Aus Schutz vor Wühlmäusen, legt man das Pflanzloch mit unverzinktem Maschendraht aus, der mit der Zeit

2. ***Anschließend Ballenware*** *einsetzen, Pflanztuch lockern.*

wieder verrottet. Obstbäume gedeihen bevorzugt in lehmig-humosem Boden. Sandigen Böden führt man reichlich Kompost zu, schwere lehmhaltige Böden können Sie mit grobem Sand aufbessern.

Vor dem eigentlichen Pflanzen wird noch ein Stützpfahl in den Boden geschlagen. Fügt man ihn erst später ein, besteht die Gefahr, Wurzeln zu verletzen. Der Pfahl gibt den jungen Bäumen Halt und gewährleistet gerades Wachstum. Nach etwa vier Jahren können Sie ihn wieder entfernen. Sorten, die auf schwachwüchsigen Unterlagen veredelt wurden, müssen jedoch zeitlebens gestützt werden. Schlagen Sie den Pfahl so tief ein, dass er sicher steht. Im Idealfall reicht er dann genau bis zum Kronenansatz.

3. ***Der Baum*** *wird so tief gepflanzt, wie er zuvor in der Baumschule stand. Die Veredelungsstelle muss über der Bodenoberfläche bleiben.*

Er sollte auf der Seite des Gehölzes platziert werden, aus der der Wind kommt (in der Regel aus Westen). In sehr windigen Lagen ist eine Stütze aus drei Pfählen von Vorteil, die verhindert, dass der Baum gelockert wird.

Entfernen Sie bei Containerware den Topf und setzen Sie das Obstgehölz mittig in das Pflanzloch. Wurzelnackte Ware stellt man vor dem Pflanzen für einige Stunden in ein Gefäß mit Wasser, damit sich die Wurzeln gründlich vollsaugen. Überlange oder beschädigte Wurzeln werden mit einer scharfen Gartenschere bis ins gesunde Pflanzengewebe eingekürzt. Bei Ballenware wird mit einem scharfen Messer das Ballentuch aufgeschnitten und gelockert, damit der Wurzelhals der Bäume nicht eingeschnürt wird.

Anschließend füllt man das Pflanzloch mit guter Gartenerde auf, wobei darauf zu achten ist, dass der Baum gerade steht. Bei ballenloser Ware sollten Sie die Pflanzen ein wenig rütteln, damit sich die Erde gut zwischen den Wurzeln verteilen kann.

Bei bodennah veredelten Bäumen muss die Veredelungsstelle unbedingt eine Hand breit über der Erde bleiben. Pflanzt man den Baum zu tief, kann es passieren, dass der aufgepflanzte Trieb selbst Wurzeln bildet und die Unterlage mit all ihren positiven Eigenschaften ihre Wirkung verliert.

4. ***Erde einfüllen****, behutsam festtreten und zum Schluss den jungen Baum gründlich wässern.*

Stützpfähle *geben jungen Bäumen Halt.*

Zum Schluss tritt man den Boden rund um den Baum behutsam fest, um einen guten Kontakt zwischen den Wurzeln und dem Erdreich herzustellen. Danach muss der neu gepflanzte Baum gründlich gewässert werden.
Sollte durch das Antreten der Erde kein ausreichender Gießrand entstanden sein, zieht man mit dem Spaten einen Erdwall von etwa 1 m Durchmesser um den Stamm und schlämmt den Bereich um den Baum mit der Gießkanne oder dem Gartenschlauch kräftig ein. Gießen Sie so lange, bis kein Wasser mehr versickert und sich auf der Baumscheibe eine Pfütze bildet.
Standsicherheit Die beste Standsicherheit erhält der Baum, wenn Sie ihn unterhalb der Krone am Stützpfahl mit Kokosstrick oder Kunststoffbändern festbinden. Legen Sie das Band in Form einer Acht an und schnüren Sie es relativ locker um den Stamm, da sich der frisch gepflanzte Baum noch ein wenig setzen kann. Bei eventuell reibenden Kunststoffbändern unterlegt man den Befestigungstrick zum Schutz der Rinde mit einem Stück Vlies.

Schutz vor Schädlingen Junge Bäume liegen leider auch bei Schädlingen, wie zum Beispiel dem Frostspanner, hoch im Kurs. Klebrige Leimringe um Baumstamm und Stützpfahl hindern den Schädling an der herbstlichen Eiablage. Kontrollieren Sie die Ringe regelmäßig, bei Bedarf sind sie auszutauschen. In Gegenden, in denen Rehe, Kaninchen oder anderes Wild den Garten aufsuchen, schützt eine Plastikmanschette den jungen Baum vor Wildverbiss. Achten Sie darauf, dass die Manschette ausreichend locker sitzt und die Rinde nicht einschnürt.

Pflegearbeiten

▸ Obstgehölze unterpflanzen

Zu den wichtigsten Pflegearbeiten zählt im Obstbau neben dem Schnitt die Pflege der Baumscheibe. Darunter versteht man den kreisförmigen Bereich rund um den Stamm. Erwerbsobstbauer halten diese Fläche in der Regel frei, da selbst Gras mit den Bäumen im Sommer um wichtige Nährstoffe und Wasser konkurriert. Wem der Obstgarten jedoch im Frühjahr zu kahl oder im Sommer zu grün erscheint, der bepflanzt die Baumscheibe mit pflegeleichten Sommerblühern oder Zwiebelblumen, ohne dem Obstbaum größeren Schaden zuzufügen. Nicht alle Pflanzen sind dafür gleich gut geeignet. Wichtig ist, dass Sie sich für niedrig wachsende, flach wurzelnde Sommerblumen entscheiden, die dem Baum wenig Wasser oder Nährstoffe entziehen.
Kapuzinerkresse Sehr hübsch wirkt beispielsweise die einjährige Kapuzinerkresse (*Tropaeolum majus*). Da sie kälteempfindlich ist, ziehen Sie sie am besten im Frühjahr auf der Fensterbank vor und pflanzen sie erst ab Mitte Mai ins Freie. Nach den Eisheiligen kann sie

Auch Tulpen *oder andere Zwiebelblumen eignen sich für eine Unterpflanzung.*

Unterpflanzung *mit Ringelblumen in leuchtendem Orange*

auch direkt an Ort und Stelle ausgesät werden. Auf gut durchlässigem Boden in voller Sonne wächst sie etwa 20 bis 30 cm hoch und bringt den ganzen Sommer über unermüdlich gefüllte und ungefüllte, gelbe, rote, rosa oder orangefarbene Blüten hervor. Kapuzinerkresse gedeiht auch im Halbschatten, allerdings blüht sie dort etwas weniger. Die blaugrün bis grünweiß gefärbten Blätter sind relativ groß und fast rund. Gießen Sie die Pflanzen regelmäßig, aber düngen Sie sie nicht zu stark, sonst bleiben die Blüten aus. Kapuzinerkresse wird gerne von Blattläusen heimgesucht. Das sieht zwar nicht sehr zierend aus, hat unter Obstgehölzen jedoch den Vorteil, dass sich die blattsaugenden Schädlinge auf dem attraktiven Sommerblüher breit machen und Apfel, Kirsche und Co. verschonen.

Ringelblume Ebenfalls sehr hübsch wirken Ringelblumen (*Calendula officinalis*). Die einjährigen, anspruchslosen Sommerblüher wachsen je nach Sorte zwischen 20 und 50 cm hoch. Von Juli bis Oktober öffnen sich ihre orangefarbenen Blüten. Neben ungefüllten Sorten sind auch gefüllte Sorten erhältlich. Ringelblumen können Sie ab April direkt ins Freiland aussäen; zu dicht stehende Pflanzen vereinzeln.

Studentenblumen *Tagetes-Patula*-Hybriden verwandeln die Baumscheibe in ein gelbes Blütenmeer und halten Nematoden fern. Ziehen Sie die einjährigen Sommerblüher im Frühjahr auf der Fensterbank vor. Als besonders witterungsbeständig gelten niedrige, halbgefüllte und ungefüllte Sorten. Sehr schön wirkt auch die kleinblütige *Tagetes tenuifolia*.

Kälteempfindliche Kapuzinerkresse *erst ab Mai auspflanzen oder aussäen*

Kleines Immergrün Eine ausdauernde Bepflanzungsvariante ist das Kleine Immergrün (*Vinca minor*), das von Frühjahr bis Frühsommer rote, weiße oder blauviolette Blüten ziert. Der schnellwüchsige, kleinblättrige Bodendecker gedeiht an sonnigen und halbschattigen Plätzen und wächst zwischen 10 und 30 cm hoch.

Storchschnabel Auch Storchschnabel (*Geranium endressii, G. macrorrhizum*) gedeiht im Halbschatten und stellt an den Standort keine hohen Ansprüche. Wählen Sie niedrig wachsende, kompakte Sorten. Storchschnabel blüht von Mai bis August in Weiß, Rosa oder Violett.

Zwiebelblumen Mit anspruchslosen, winterharten Traubenhyazinthen (*Muscari botryoides*) können Zwiebelblumen-Fans Akzente setzen, die fast überall problemlos gedeihen. Die dichten Blütenstände erscheinen wischen April und Mai in Blau oder Weiß; an halbschattigen Standorten fällt die Blüte nicht ganz so reich aus. Traubenhyazinthen wachsen 10 bis 20 cm hoch. Auch gemischt mit weiß blühenden Schneeglöckchen (*Galanthus nivalis*), blauen oder weißen Blausternen (*Scilla siberica*), weißen Märzenbechern (*Leucojum vernum*) und kleinwüchsigen, gelb blühenden 'Tête-à-Tête'-Narzissen (*Narcissus*), sorgen die Traubenhyazinthen für ein schönes Bild.

TIPP

Große Zwiebelblumen wie Tulpen oder Hyazinthen pflanzt man am besten in speziellen Pflanzkörben zeitgleich mit dem Obstbaum ein. So sind sie sicher vor Wühlmäusen geschützt und der Wurzelbereich des Baumes wird durch spätere Pflanzarbeiten nicht gestört.

Reich blühend *und raschwüchsig: das Kleine Immergrün*

Regelmäßig mulchen

Bleibt der Bereich der Baumscheibe unbepflanzt, sind alle Obstgehölze, ganz besonders die flach wurzelnden Beerenobststräucher, für eine beschattende Mulchdecke dankbar. Die Bodenabdeckung aus organischem Material hält das Erdreich länger feucht und verhindert ein Verkrusten der Bodenoberfläche. Dies kommt vor allem den feinen Faserwurzeln der Obstgehölze zugute. Auch Unkrautwuchs tritt unter gemulchten Obstbäumen und -sträuchern gar nicht oder nur zögerlich auf.

Ein weiterer Vorteil: Durch die allmähliche Verrottung werden dem Boden stetig Nährstoffe zugeführt. Ideales Mulchmaterial sind angetrockneter Rasenschnitt, zerhäckseltes Stroh, zerkleinerter Gehölzschnitt, reifer Kompost oder gut verrotteter Stallmist.

***Angetrockneter Rasenschnitt** eignet sich gut zum Mulchen.*

***Besonders Beerensträucher** (hier Himbeeren) benötigen eine dichte Mulchdecke.*

Moorbeetpflanzen mit Vorliebe für saure Böden wie Heidelbeeren oder Preiselbeeren werden bevorzugt mit Rindenmulch umstreut. Sobald die Mulchschicht zersetzt ist, wird das Material etwa 5 cm dick neu ausgebracht.

Gründüngung

Anstelle einer Mulchschicht können Sie unter älteren Obstbäumen auch raschwüchsige Gründüngungspflanzen wie Wicken, Klee oder Lupinen aussäen. Sie beschatten und lockern den Boden mit ihrem tief reichenden Wurzelsystem und halten die Erdoberfläche unkrautfrei. Obstgehölze verbrauchen im Frühjahr relativ viel Wasser. Daher ist es ratsam, mit der Begrünung der Baumscheibe erst im Sommer zu beginnen, um eine Wasserkonkurrenz zwischen Gründüngung und Obstbaum zu vermeiden. Säen Sie die Gründüngungspflanzen ab Juli direkt an Ort und Stelle aus. Vermeiden Sie dabei eine größere Bodenbearbeitung, um möglichst wenige der vielen feinen Wurzeln der Bäume zu zerstören. Im Herbst werden die Pflanzen abgemäht und zur Verrottung auf dem Boden liegen gelassen. Was sich bis zum Frühjahr nicht zersetzt hat, recht man ab und bringt es auf den Kompost.

Optimale Wasserversorgung

Normalerweise reichen die üblichen Niederschläge für eine Wasserversorgung der Obstgehölze aus. Eine Ausnahme stellen jedoch die frisch gepflanzten Obstbäume und -sträucher dar, die besonders im ersten Standjahr für die Wurzel- und Triebentwicklung viel Wasser benötigen.

Auch flach wurzelnde Baumtypen wie Spindelbüsche oder Schnurbäume, Beerensträucher und Erd-

TIPP

Flach wurzelnde Beerenobststräucher kann man im Garten auch bequem und Wasser sparend mit einer automatischen Tropfbewässerung befeuchten. Eine Zeitschaltuhr regelt dabei die Bewässerungszeiten, an den Ventilen der Tropfer lässt sich die austretende Wassermenge regulieren.

***Zusätzlich zur Bewässerung** sollte auch die Mulchdecke in regelmäßigen Abständen erneuert werden.*

beeren sind bei anhaltend trockener Witterung regelmäßig und vor allem ausgiebig zu wässern. Eine gute Wasserversorgung ist vor allem während der Blüte für den Fruchtansatz und in den Wochen vor der Ernte für die Fruchtreife der Pflanzen wichtig.
Wie viel Feuchtigkeit die Pflanzen neben den normalen Niederschlägen benötigen, hängt vom Standort der Obstgehölze und der Bodenpflege ab. Regelmäßiges Mulchen oder das Unterpflanzen der Baumscheibe setzt die Verdunstung herab und hält den Boden länger feucht. Beim Wässern ist darauf zu achten, dass der Wurzelbereich der Bäume nicht nur unmittelbar am Stamm, sondern im gesamten Traufbereich der Krone gründlich durchnässt wird.

▸ Düngung

Als Dauerkultur unterscheiden sich Obstgehölze sehr vom kurzlebigen Gemüseanbau. Baum- und Strauchobst hat einen geringeren Nährstoffbedarf, doch durch Ernte, Schnitt und Entfernen des herabgefallenen Herbstlaubs werden auch den Obstgehölzen fortlaufend Nährstoffe entzogen. Um eine ausgewogene Nährstoffversorgung zu gewährleisten, müssen die Pflanzen daher regelmäßig gedüngt werden. Wachstum, Knospenbildung, Blüten- und Fruchtansatz werden vor allem durch die Hauptnährstoffe Stickstoff, Phosphor, Kalium sowie Magnesium und verschiedene Spurenelemente gesteuert. Da viele Gartenböden sehr unausgewogen oder sogar überdüngt sind, helfen regelmäßig durchgeführte Bodenuntersuchungen, den genauen Nährstoffbedarf zu ermitteln (siehe Seite 22/23).

Dosierung des Düngers Nur die richtige Dosierung führt schließlich zum gewünschten Erfolg und verhindert das Auswaschen der Nährstoffe ins Grundwasser. Bringen Sie den Dünger weniger am Stamm, sondern vor allem auch in den Außenbereich der Baumkronen aus. Dort befinden sich viele feine Haarwurzeln, die die Nährstoffe in gelöster Form gut aufnehmen können.

Düngertyp Mineralische Dünger wirken schnell. Sie sind gut wasserlöslich und können von den Pflanzenwurzeln direkt aufgenommen werden. Mittlerweile gibt es auch mineralische Langzeitdünger, die die enthaltenen Nährstoffe erst nach und nach an den Boden abgeben. Organische Dünger wie Kompost, Tiermist oder Hornspäne wir-

***Bei anhaltend trockener Witterung** benötigen auch großkronige Obstbäume zusätzlich Wasser. Wässern Sie die Bäume im gesamten Kronenbereich.*

***Verrotteter Stallmist** versorgt Obstbäume mit Nährstoffen.*

***Größere Schnittwunden** mit Wundwachs behandeln*

ken langsamer, aber auch länger als mineralische Dünger. Sie müssen zunächst von den Bodenorganismen umgewandelt werden, bevor sie von den Baumwurzeln aufgenommen werden können und tragen so auch zur Bodenbelebung bei.

Düngezeitpunkt Der beste Zeitpunkt für die Düngung der Obstgehölze liegt im Frühjahr, da die Pflanzen gerade zum Austrieb die meisten Nährstoffe benötigen. Streuen Sie den Dünger nach Packungsanweisung aus. Dabei ist es wichtig, die Obstgehölze zeitgleich zum Düngen zu wässern. Nur bei ausreichender Bodenfeuchte können die Nährstoffe von den Wurzeln aufgenommen werden. Auf diese Weise vermeiden Sie auch eine Verätzung der Wurzeln durch zu hohe Konzentrationen der Düngesalze. Decken Sie den Dünger mit Mulch ab. Alternativ können Sie auch eine dicke Lage reifen Kompost oder verrotteten Stallmist auf der Baumscheibe verteilen und mit Mulch abdecken. Durch den langsamen Abbau des pflanzlichen Materials liefert die Mulchdecke kontinuierlich Nährstoffe. Ab August sollten die Pflanzen, insbesondere mit stark stickstoffbetonten Düngern, nicht mehr versorgt werden. Zu viel Stickstoff hindert die Pflanzen am Triebabschluss. Die Äste bleiben weich, verholzen nicht ausreichend und es kann dann leicht zu Frostschäden kommen.

Da es schwierig ist, bei dauerhaften Kulturen die Nährstoffe auch in tiefere Bodenschichten zu bringen, reichert man die Erde bereits bei der Pflanzung gründlich mit organischen Düngern, zum Beispiel reifem Kompost, an.

Um ältere Bäume ebenfalls mit Nährstoffen zu versorgen, sticht man im Frühjahr an verschiedenen Stellen der Baumscheibe mit einer Grabegabel tief in den Boden. Rütteln Sie die Gabel ein wenig hin und her. In die entstehenden Spalten gießt man dann etwa einen Liter, nicht zu hoch konzentrierte, Düngerlösung. Etwas professioneller gelingt das Ganze mit so genannten Dünge-Lanzen, die sie im Fachhandel bekommen.

Nährstoffmangel Vergilbte und verbräunte Blätter, so genannte Chlorosen, weisen auf Nährstoffmangel hin. Auch ein ungünstiger Säuregrad oder ein zu hoher Kalkgehalt des Bodens führen zu Wachstumsstockungen oder verminderter Ernte. Den pH-Wert Ihres Bodens können Sie mit Teststäbchen aus dem Handel feststellen oder im Rahmen einer Bodenanalyse von speziellen Bodeninstituten (siehe Seite 150) ermitteln lassen.

***Schnittwunden** mit einem Messer glatt schneiden. Danach vom Rand her flächig mit Wundverschlussmittel verstreichen.*

Saure Böden kann man durch das Einarbeiten von kohlensaurem Kalk oder Algenkalk neutralisieren. Auch ein zu hoher pH-Wert führt zu verringerter Nährstoffaufnahme. So kann Eisen beispielsweise bei sehr kalkhaltigen Böden von den Pflanzenwurzeln nicht mehr aufgenommen werden. In diesem Fall helfen Lauberde oder Rindensubstrate, den Säuregrad des Bodens zu erhöhen, d. h. den pH-Wert zu senken. Je nach Zusammensetzung des verrotteten Materials kann auch Kompost unter Umständen einen hohen Kalkgehalt aufweisen. Hier hilft ebenfalls die vorherige Bestimmung des pH-Wertes schnell weiter.

***Eine Plastikmanschette** schützt junge Bäume vor Wildverbiss.*

Stammpflege

Zu den Pflegearbeiten im Obstgarten gehört auch die regelmäßige Kontrolle der Obstbaumstämme, die durch Witterungseinflüsse oder Schädlinge eventuell Schaden genommen haben. Besonders über den Winter kann es durch starke Temperaturschwankungen zu so genannten Frostrissen an der Rinde kommen. Schneiden Sie diese Stellen im Frühjahr mit einem scharfen Messer glatt und verstreichen Sie sie mit einem Wundverschlussmittel (im Fachhandel erhältlich). Auch beim Baumschnitt entstandene, größere Wunden werden mit Wundwachs behandelt. Säubern Sie die Stämme gründlich mit einer Bürste. Moose und Flechten schaden den Bäumen nicht, aber häufig legen Schädlinge, wie zum Beispiel der Frostspanner, ihre Eier in Ritzen oder unter lockere Borkenstücke der Baumrinde ab.

Um die Baumstämme vor starken Temperaturschwankungen zu bewahren, umwickelt man die Stämme im Winter mit Schilfmatten oder Jutestoff. Auch ein Stammanstrich mit Kalkfarbe vermeidet die Erhitzung des Holzes, da die weiße Farbe das einstrahlende Sonnenlicht reflektiert.

Junge Bäume schützt man mit Plastikmanschetten oder Maschendraht vor Wildverbiss durch Kaninchen, Hasen und Rehe.

TIPP

Weiße Kalkfarbe zum Anstreichen der Baumstämme können Sie leicht selber anrühren. Vermischen Sie dazu einfach Branntkalk mit Wasser. Damit die Paste am Stamm besser haftet, rühren Sie in das Gemisch noch ein wenig Tapetenkleister ein. Anschließend mit einem breiten Pinsel auftragen.

Der richtige Schnitt

Regelmäßiges Auslichten der Baumkronen gehört bei Obstgehölzen zu den wichtigsten Pflegearbeiten. Der Schnitt sorgt für ein locker aufgebautes, stabiles Astgerüst und steigert die Fruchtproduktion der Bäume.

Schnittarten Man unterscheidet vier Schnittarten: den Pflanzschnitt, den Erziehungsschnitt, den Erhaltungsschnitt und den Verjüngungsschnitt.

Der Pflanzschnitt wird stets im Frühjahr ausgeführt. Er stellt ein ausgewogenes Verhältnis zwischen dem oberirdischen Astbereich und dem Wurzelsystem der jungen Bäume her. Der Erziehungsschnitt legt den Aufbau der Baumkrone fest. Der Erhaltungsschnitt sichert gleichmäßiges Wachstum und eine optimale Verteilung der fruchttragenden Äste. Bei nachlassendem Fruchtertrag dient der Verjüngungsschnitt der Erneuerung abgetragener Kronenpartien. Bleiben Obstbäume über Jahre ungeschnitten, verlieren die Früchte an Qualität. Die Bäume vergreisen frühzeitig. Im Innern der dicht beblätterten Kronen kommt es leicht zur Ausbreitung von Krankheiten und Schädlingen.

▸ Baumobst-Schnitt

Obstbäume können im Winter oder im Sommer geschnitten werden. Der Winterschnitt hat den Vorteil, dass im unbelaubten Zustand der Bäume die Kronenform besser zu erkennen ist. Schneiden Sie nur bei Temperaturen über dem Gefrierpunkt. Frost hinterlässt am Holz raue Stellen, die schlecht verwachsen und leicht von Schaderregern befallen werden. Im Sommer verheilen die Schnittwunden besser. Stark blutende Bäume wie die Walnuss, schneidet man nur im Herbst.

***Mit dem richtigem Schnittwerkzeug** geht das Schneiden der Obstgehölze leicht von der Hand.*

Bei den Kronenformen unterscheidet man zwischen Kronen mit Mitteltrieb, zum Beispiel Pyramidenkronen oder Spindelbäume, und solchen ohne Mitteltrieb wie die Hohlkronen. Kernobstarten werden meist mit Mitteltrieb erzogen, bei Steinobst überwiegt die Hohlkrone.

Pyramidenkrone Belassen Sie beim Pflanzschnitt drei oder vier, kräftige Seitentriebe um den Mitteltrieb, die später die Leitäste der Krone bilden. Schneiden Sie die Seitentriebe etwa um ein Drittel auf eine nach außen weisende Knospe zurück, so dass sie alle auf einer Höhe liegen. Der Mitteltrieb sollte die seitlichen Äste um etwa 20 cm überragen. Wachsen die Äste zu steil, setzen sie nur wenig Blütenknospen an. Waagrecht erzogene Triebe bilden stattdessen viele Kurztriebe, die im darauf folgenden Jahr blühen und fruchten. Idealerweise stehen die Leittriebe in einem Winkel zwischen 45° und 90° zum Mitteltrieb. Herunterbinden der Äste, Spreizhölzer oder kleine Gewichte in Form von Betonklötzchen oder mit Kieselsteinen gefüllte Säckchen helfen, zu steil stehende Triebe waagerecht zu formieren. Beginnen Sie damit so früh wie möglich. Ältere Zweige sind nicht mehr so elastisch und lassen sich nur schwer herunterbiegen. Zur Kronenerziehung werden zu dicht stehende und ins Innere des Baumes wachsende Äste entfernt. Mitteltrieb und Leitäste werden eingekürzt. Dabei ist die jeweilige

Wuchsstärke des Baumes zu beachten. Starker Rückschnitt führt zu wenigen, starken Neutrieben, schwacher Rückschnitt fördert eine größere Zahl schwacher Neutriebe. Je Leitast sollten Sie etwa drei, nicht zu dicht aufeinander folgende Seitentriebe mit Fruchtholz heranziehen.

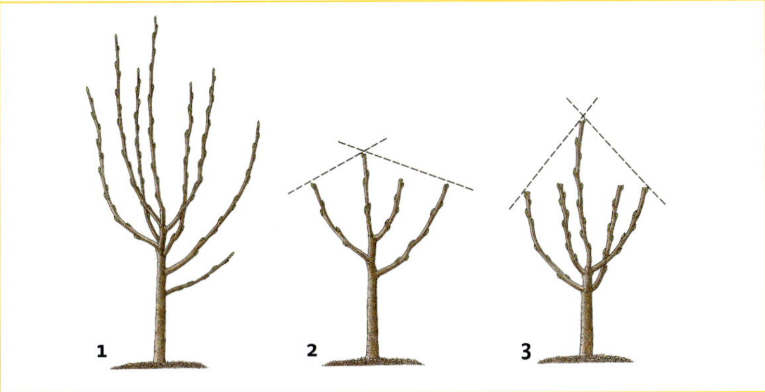

Baumkrone *mit Mitteltrieb: Vor dem Schnitt (1), optimal geschnitten (2), mit zu langem Mitteltrieb und zu dicht aufeinander stehenden Seitentrieben (3).*

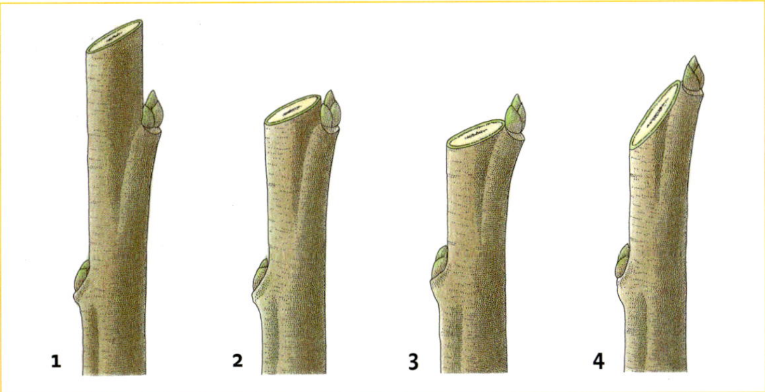

Rückschnitt *auf eine Knospe: Zu lang angeschnitten (1), richtig (2), zu kurz angeschnitten (3), zu schräg angeschnitten (4).*

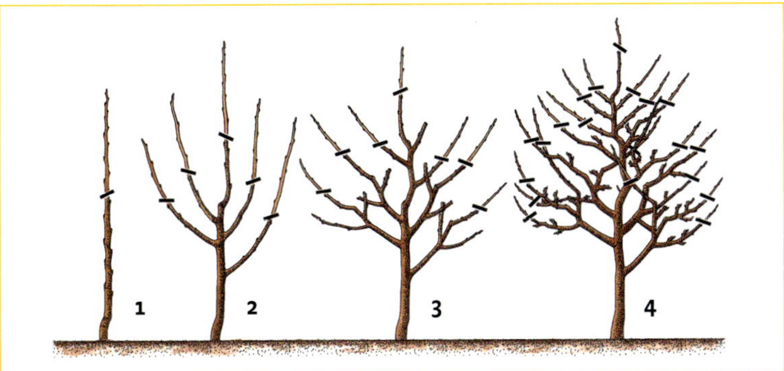

Schritt für Schritt zur Pyramidenkrone*: Ein starker Rückschnitt des Mitteltriebs fördert die Verzweigung (1), Krone auslichten, nur drei bis vier starke Seitenäste beibehalten, Mitteltrieb und Seitentriebe einkürzen (2). In den folgenden Jahren zu dicht wachsende Konkurrenztriebe laufend entfernen. Mitteltrieb und Leitäste zurückschneiden, so dass die Krone schließlich einen pyramidalen Aufbau erhält (3+4).*

***Zwei Jahre** nicht geschnittener Sauerkirschbaum mit zu viel Fruchtholz (Hohlkrone).*

***Ein starker Rückschnitt** regt einen Neuaustrieb an und verbessert die Fruchtqualität.*

***Mit Schnur und Spreizklammer** werden die Seitentriebe heruntergebunden. Das waagerechte Formieren der Äste fördert die Blütenbildung. Die Bäume tragen früher.*

In den folgenden Jahren dienen die Schnittmaßnahmen dazu, den Fruchtertrag durch einen gesunden, lichten Kronenaufbau optimal zu bewahren. Fortlaufend werden zu dicht oder ins Kroneninnere wachsende Triebe entfernt. Auch abgetragenes, überaltertes Holz wird aus der Baumkrone genommen.

Lässt die Fruchtbarkeit nach Jahren nach, hilft ein radikaler Rückschnitt, den Alterungsprozess der Bäume aufzuhalten. Dabei wird die ganze Baumkrone um etwa ein Drittel reduziert.

Hohlkrone Der Kronenaufbau entspricht in etwa dem einer Pyramidenkrone. Zusätzlich wird der Mitteltrieb entfernt, um ausreichend Licht ins Kroneninnere zu lassen.

Spindelkrone Hier schneidet man den Mitteltrieb weniger stark zurück und formiert annähernd waagerecht stehende Triebe um die Mittelachse des Baumes. Die Länge der Seitentriebe nimmt dabei von unten nach oben ab.

Schnitt- und Sägewunden, die über 3 cm Durchmesser haben, verstreicht man direkt nach dem Schnitt mit einem Wundverschlussmittel (Fachhandel).

▸ Spalierobst

Für kleine Gärten, als Sichtschutz entlang der Nachbargrenze oder als attraktiver Schmuck am Haus, eignet sich Spalierobst. Durch die akkurat geschnittene Form liefert es sowohl im Frühjahr zur Blütezeit als auch im Spätsommer zur Fruchtreife ein dekoratives Bild.

***Mit kleinen Betongewichten** lassen sich die Äste waagerecht formieren.*

***Auch Säckchen mit Kieselsteinen** dienen zur gewünschten Erziehung.*

Vor allem Äpfel und Birnen vertragen einen regelmäßigen, starken Rückschnitt und lassen sich gut als Spalier ziehen. Sie bilden auch am alten Fruchtholz laufend neue Blütenknospen. Auch Pfirsiche, Pflaumen oder Sauerkirschen können als Spalier geschnitten werden. Allerdings entstehen bei diesen Arten leicht kahle Stellen im Kronenaufbau. Wärme liebendes Obst wie Pfirsiche oder Birnen lieben den geschützten, warmen Standort an einer nach Süden ausgerichteten Hauswand. Ideale Birnensorten zur Spalierobsterziehung sind beispielsweise 'Clapps Liebling', 'Williams Christ' oder 'Alexander Lucas'. Nach Norden liegende Hauswände sind für Formobst ungeeignet. Bessern Sie den Standort vor dem Pflanzen der Bäume mit nährstoffreicher Erde auf. Bei einem weiten Dachüberstand ist darauf zu achten, dass die Bäume genügend Licht bekommen und der Boden während der Blüte und zur Fruchtreife nicht austrocknet.

Fächer, U-Form oder waagerechte Erziehung Unabhängig davon, für welchen Formobst-Typ Sie sich entscheiden, das Wichtigste am Spalier ist ein stabiles Gerüst, das dem Gewicht fruchtbehangener Äste Stand hält. Besonders frei stehende Spaliere müssen gut verankert sein, um auch stürmische Zeiten schadenfrei zu überstehen. Damit das Sprossgerüst seine hübsche Form behält, müssen die Triebe sehr genau und regelmäßig stark geschnitten werden. Alle Verzweigungen, die in eine andere Richtung als das Drahtspalier wachsen, werden entfernt. Haben die Seitentriebe der Leitäste eine Länge von etwa 20 cm erreicht, werden Sie auf fünf bis sechs Blätter entspitzt. An diesen Kurztrieben bilden sich die Blütenknospen.
Bei allen Formobstbäumen gilt der Grundsatz, dass die Äste mindestens 40 cm Abstand voneinander haben müssen, damit genügend Licht an die Zweige kommt und sich die Früchte gut entwickeln können.

***Hier werden zu steil wachsende Äste** eines Apfelbaums mit Spreizhölzern nach unten gedrückt.*

***Birnen** lieben sonnige geschützte Plätze, z. B. als Spalier an der Hauswand.*

Die einfachste Spalierform und die gängigste Erziehungsmethode beim Steinobst ist das Fächerspalier. Dabei werden die Äste auf verschiedenen Ebenen an einem Drahtgerüst entlang gezogen und soweit ausgelichtet, dass sie sich gegenseitig nicht behindern. Die unteren Zweige bleiben stets länger als die nach oben folgenden. Niedrige, waagerechte ein- oder zweiarmige Schnurbäume wurden früher häufig zur Beeteinfassung verwendet und geben auch heute noch ein schönes Bild.
Bei der U-Form oder Doppel-U-Form verzweigen sich die Äste u-förmig und verlaufen im Abstand von etwa 40 cm voneinander senkrecht nach oben.

▸ Schnitt Haselnuss und Walnuss

Haselnuss Haselnusssträucher sind anspruchslos. Kürzen Sie nach der Pflanzung zunächst alle Triebe auf etwa 50 cm Länge ein. Danach lichtet man im Spätwinter lediglich zu sehr nach innen wachsende oder überalterte Triebe aus.
Walnuss Walnussbäume zieht man zu luftigen Kronen aus drei bis vier Leitästen und einem Mitteltrieb heran. Ältere Bäume sollten wenn möglich nur im Spätwinter oder gar nicht mehr geschnitten werden, da die Wunden stark bluten. Schnittwunden umgehend mit Wundverschluss verstreichen.

▸ Beerenobst-Schnitt

Himbeeren Nach der Pflanzung im Herbst werden die Ruten auf 25 bis 30 cm eingekürzt. Leiten Sie die Triebe an einem stabilen Drahtgerüst auf. Zu dicht stehende Ruten werden auf zehn bis zwölf Stück pro laufendem Meter reduziert. Besonders stark wachsende Triebe werden eingekürzt. Einmal tragende Sorten schneidet man direkt nach der Ernte, zweimal tragende Sorten erst im Winter oder im darauf folgenden Frühjahr bodennah zurück. Achten Sie darauf, dass keine längeren Rutenstummel stehen bleiben. Dort überwintern leicht Schädlinge oder Pilzsporen der Himbeerrutenkrankheit.

TIPP

Wenn Sie am Spaliergerüst der Himbeeren in etwa 60 und 120 cm Höhe Doppeldrähte spannen, können Sie die Ruten bequem zwischen den Drähten hochleiten und ersparen sich das Anbinden der Triebe. Beim Rückschnitt sind die Himbeerruten schnell wieder zwischen den Drähten herausgezogen.

Brombeeren Leiten Sie die Ruten an einem Spalier hoch. Seitentriebe werden bei einer Länge von etwa 35 cm bis zum Herbst auf drei bis vier Knospen zurückgeschnitten. Im Winter schneidet man die Pflanzen auf drei kräftige Ruten zurück, die man auf die Hälfte einkürzt.

Abgeerntete Himbeerruten *werden bodennah zurückgeschnitten.*

Brombeerranken *regelmäßig am Drahtspalier aufleiten und befestigen.*

Rote Johannisbeersträucher *tragen am zwei- und dreijährigen Holz. Ältere Triebe sollten Sie regelmäßig bodennah entfernen.*

In rauen Lagen sollten Sie die Brombeerpflanzen mit Reisig oder Stroh vor Frost schützen.
Beim Neuaustrieb im Frühjahr lässt man nur die kräftigsten Triebe stehen. Kürzen Sie abgetragene Ranken regelmäßig ein.
Johannisbeeren Reduzieren Sie die Sträucher nach der Pflanzung auf vier bis fünf starke Triebe, die man auf ein Drittel einkürzt. Rote Johannisbeeren tragen am zwei- und dreijährigen Holz. Zur Verjüngung der Pflanzen schneidet man nach der Ernte zwei bis drei ältere Triebe aus dem Strauch heraus. Schwarze Johannisbeeren tragen am besten am einjährigen Holz. Abhängig vom Neuaustrieb kürzt man die Fruchttriebe nach der Ernte entweder bodennah ein oder nimmt sie um zwei Drittel zurück. Johannisbeer-Hochstämmchen werden nach der Pflanzung auf vier bis fünf kräftige Äste ausgelichtet, die man auf ungefähr 25 cm Länge zurückschneidet.
Stachelbeeren Schneiden Sie die Sträucher nach der Pflanzung auf vier bis fünf Triebe zurück und kürzen Sie diese um ein Drittel ein. Bei Hochstämmchen verbleiben fünf etwa 20 cm lange Triebe. Stachelbeeren tragen bevorzugt am zwei- bis dreijährigen Holz. Ältere Äste werden regelmäßig nach der Ernte entfernt.
Heidelbeeren Im Gegensatz zu anderen Beerenobstarten brauchen Heidelbeersträucher nur alle paar Jahre zurückgeschnitten zu werden. Lichten Sie dann vor allem überalterte, zu flache, beschädigte, nach innen oder quer wachsende Triebe aus.

Auch Hochstämmchen *(hier Stachelbeere) müssen ausgelichtet werden: Alle Konkurrenztriebe zu den Leitästen werden entfernt (links). Anschließend schneidet man zu dicht stehende und nach innen wachsende Äste aus (Mitte). Nach dem Schnitt (rechts).*

Veredelung

Die Veredelung zählt zu den aufwändigsten Methoden der Obstgehölzvermehrung. Wachsen die Schnittstellen gut an, wird das neu entstandene Obstgehölz bezüglich Frosthärte, Wuchsstärke oder Fruchtansatz sehr von den Eigenschaften der wurzelbildenden Unterlage bestimmt. Veredelungen bieten außerdem die Möglichkeit, auf einem Obstgehölz verschiedene Obstsorten unterzubringen. Dazu werden auf eine Sorte weitere Sorten aufveredelt. Dies erhöht die Sortenvielfalt und trägt zu einer besseren Befruchtung der Pflanzen bei. Vorausgesetzt, die neu aufveredelte Sorte blüht zeitgleich mit anderen im Garten vorhandenen Sorten. Der Durchmesser der Astenden, auf die veredelt wird, sollte nicht dicker als 10 cm sein. Man unterscheidet verschiedene Veredelungsmethoden, beispielsweise die Okulation, die Kopulation und das Geißfußpfropfen.

Ein längerer, zusätzlicher Zweig *hindert Vögel daran, sich auf dem frisch veredelten Baum niederzulassen.*

▸ Okulation

Bei der Okulation wird ein etwa 3 cm langes Rindenstückchen mit einem Auge (Knospe) der Edelsorte durch einen T-Schnitt hinter die Rinde der Unterlage eingesetzt. Anschließend wird die Schnittstelle bis auf die Knospe fest mit Bast umwickelt. Idealer Termin für eine Okulation ist von Juli bis September. Je nach Witterung wächst das Auge innerhalb von 20 Tagen an. Die Knospe treibt jedoch gewöhnlich erst im darauf folgendem Frühjahr aus.

▸ Kopulation

Hierbei werden Edelreis und Unterlage jeweils auf Knospenhöhe etwa 6 cm schräg angeschnitten. Die Knospe sollte sich dabei in Schnittmitte befinden. Anschließend das Ganze fest mit Bast fixieren und mit Baumwachs verstreichen, wobei die Knospe ausgespart wird. Dabei dürfen sich die beiden Triebe nicht verschieben. Für die Kopulation sollten die Unterlage und das Edelreis etwa den gleichen Durchmesser aufweisen. Wichtig ist, dass die jeweiligen Wachstumsschichten, das so genannte Kambium, genau aufeinander sitzen. Verwenden Sie ein Edelreis, das dünner als die Unterlage ist, müssen die beiden Triebe bei der Veredelung an einer Seite bündig aufeinander liegen. Der richtige Zeitpunkt für die Kopulation ist der Spätwinter. Beginnen die Knospen nach ein paar Wochen auszutreiben, ist die Veredlung gelungen und Sie können den Bast lösen.

▸ Geißfußpfropfen

Diese Form der Veredelung gelingt gut, wenn die Unterlage um einiges stärker als das Edelreis ist. Idealer Zeitpunkt dafür ist im Frühjahr (Februar/März). Schneiden Sie das Edelreis mit zwei Schnitten keilförmig zu und passen Sie die Unterlage mit einer ähnlich keilförmigen Kerbe genau an. Verbinden Sie Unterlage und Edelreis mit Bast und verstreichen Sie die Wunde mit Wundverschlussmittel. Auch die offene Schnittfläche der Unterlage wird mit Wundwachs versiegelt.

Eine Drahtmanschette *schützt den frisch veredelten Baum vor Wildverbiss.*

▸ Materialien

Professionelle Baumschulgärtner führen die Veredelungen mit speziellen Okuliermessern oder einer so genannten Kopulationshippe durch. Für Hobbygärtner genügt auch ein sehr scharfes Messer. Edelreiser (kräftige, einjährige Triebe) verschiedenster Sorten können Sie in guten Obstbaumschulen kaufen oder im Winter, im Dezember oder Januar, an einem frostfreien Tag von gesunden Bäumen schneiden. Die Triebstücke sollten dabei etwa 20 bis 25 cm lang sein und drei bis fünf Augen besitzen. Bis zur Veredelung im Frühjahr lagert man die selbst geschnittenen Edelreiser etikettiert an einem kühlen, feuchten Ort, zum Beispiel in feuchtem Sand. Bast und Wundverschlussmittel bekommen Sie im Gartenfachhandel.

Veredelungen gelingen leider nicht immer auf Anhieb. Neben dem richtigen Werkzeug und gesunden Pflanzen, spielt auch viel Erfahrung und äußerste Sorgfalt eine wichtige Rolle. Spezielle Veredelungskurse von örtlichen Gartenbauvereinen oder der Volkshochschule geben ausreichend Gelegenheit zum Üben.

TIPP

Frühe Apfelsorten wie 'Klarapfel' reifen bereits Ende Juli, späte wie 'Berlepsch' oder 'Cox Orange' erst Mitte bis Ende Oktober. Wer beide auf einem Baum veredelt, kann den ganzen Sommer über bis in den Herbst hinein leckere Äpfel ernten.

Okulation: *Das Auge eines einjährigen Edeltriebs wird mit einem T-Schnitt hinter die Rinde der Unterlage eingesetzt.*

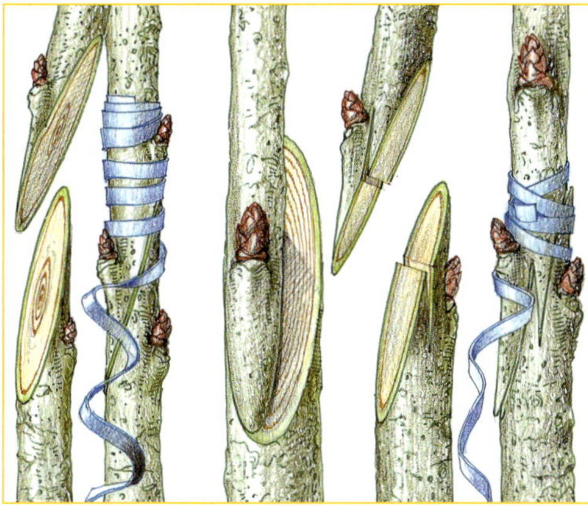

Bei der Kopulation *sollten Edelreis und Unterlage gleiche Schnittstärken aufweisen. Triebe schräg anschneiden und mit Bast fixieren. Zusätzliches Einkerben der Schnittflächen erhöht das Anwachsen.*

Geißfußpfropfen: *Man schneidet das Edelreis keilförmig zu und kerbt die Unterlage passend dazu ein. Schnittstellen mit Bast umwickeln und Wundverschlussmittel auftragen.*

Vermehrung von Obstgehölzen

Neben der Veredelung werden vor allem Beerenobststräucher durch Steckhölzer, Anhäufeln, Absenker oder Wurzelausläufer vermehrt.

Steckholzschnitt

Diese Vermehrungsart gelingt einfach bei Johannisbeeren oder Heidelbeeren. Dazu schneiden Sie im Herbst diesjährige, bleistiftdicke, gesunde, verholzte Triebe. Sie sollten ungefähr 20 bis 25 cm lang sein und vier bis sechs Augen (Knospen) haben. Steckhölzer können Sie sofort zum Bewurzeln in die Erde stecken oder kühl und dunkel bis zum nächsten Frühjahr aufbewahren. Schlagen Sie die etikettierten Hölzer dazu in feuchten Sand ein. Vor dem Stecken reichert man die Pflanzstelle mit etwas Kompost an. Das untere Ende des Steckholzes wird unterhalb einer Knospe schräg angeschnitten, das obere Ende etwa 1 cm über der letzten Knospe eingekürzt. Stecken Sie die Hölzer so tief in den Boden, dass ein bis zwei Knospen herausschauen. Anschließend die Erde leicht andrücken und angießen. Während der Bewurzelungsphase dürfen die Steckhölzer nicht austrocknen.

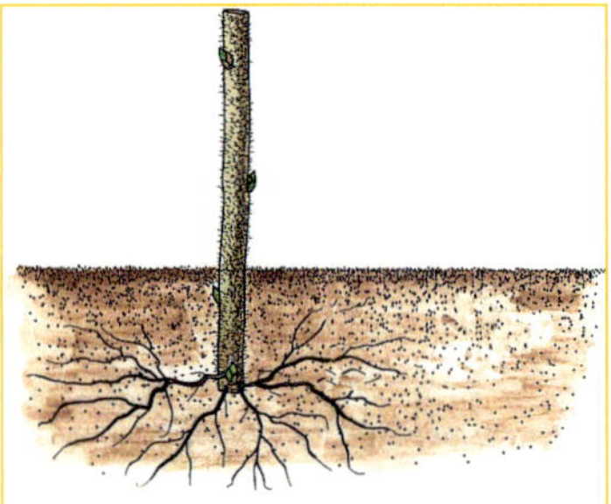

Eine beliebte Vermehrungsmethode *bei Beerensträuchern (hier Himbeere) sind Steckhölzer.*

Anhäufeln

Eine weitere Vermehrungsmethode ist das Anhäufeln (auch Abrissvermehrung genannt), das Sie gut bei Stachelbeeren, Johannisbeeren oder Heidelbeeren anwenden können. Schneiden Sie die Pflanzen im Herbst kräftig zurück und häufeln Sie sie im Frühjahr locker mit Erde an. Bis zum Sommer werden die Sträucher noch zwei- bis dreimal angeschüttet, bis die Strauchbasis etwa 30 cm hoch mit Erde angehäufelt ist. In diesem Bereich bilden die neuen Triebe nach und nach Wurzeln. Im Herbst legt man diese frei, trennt sie so tief wie möglich von der Mutterpflanze ab und pflanzt sie an eine andere Stelle im Garten ein.

Ableger

Eine einfache Vermehrungsmethode ist die Gewinnung von neuen Jungpflanzen durch Ableger. Es gelingt bei allen Beerensträuchern, deren Triebe Sie ohne zu brechen leicht nach unten biegen können, zum Beispiel bei Himbeeren, Brombeeren, Heidelbeeren, Johannisbeeren, Stachelbeeren und auch bei Haselnusssträuchern. Idealer Zeitpunkt dafür ist der Spätwinter. Bereiten Sie dabei den Erdbereich, in den der ausgesuchte Trieb abgelegt werden soll, durch Einarbeitung von Kompost vor. Drücken Sie nun den jungen, biegsamen Trieb

Erdbeeren *lassen sich sehr einfach durch Sprossausläufer vermehren.*

vorsichtig zu Boden und graben Sie ihn auf seiner ganzen Länge locker in die Erde ein. Drahtklammern oder Heringe helfen, den Trieb im Boden zu fixieren. Drücken Sie die Erde leicht an und wässern Sie den Bereich ausgiebig. Sobald sich die ersten Ableger zeigen, häufelt man die Knospen bis zum Sommer mehrmals an, damit die Triebe an der Basis verstärkt Wurzeln bilden. Halten Sie den Vermehrungsbereich ausreichend feucht. Bei gutem Wurzelwachstum werden die Ableger vorsichtig ausgegraben, von der Mutterpflanze getrennt und an anderer Stelle neu eingepflanzt.

Absenker

Auch beim Absenken gräbt man den zu vermehrenden Trieb locker in die Erde ein und häufelt ihn ein wenig an. Allerdings nicht auf ganzer Länge, denn die Triebspitze leitet man wieder an einem Stab auf. Bei dieser Methode gewinnen Sie pro abgesenktem Zweig nur eine neue Pflanze. Zur Anregung der Wurzelbildung, können Sie den Trieb vor dem Absenken an der dem Boden zugewandten Seite mit einem sauberen, scharfen Messer leicht einritzen. Mit Drahtklammern wird der Ableger im Boden fixiert und regelmäßig gewässert. Sobald der angehäufelte Trieb genügend neue Wurzeln gebildet hat, können Sie ihn von der Mutterpflanze trennen und umpflanzen. Absenker werden ebenfalls von vielen Beerenobstarten und Haselnüssen gewonnen.

Wurzelausläufer

Himbeeren und Brombeeren bilden gelegentlich Wurzelausläufer. Sobald sich an der Bodenoberfläche Jungtriebe bilden, gräbt man die unterirdischen Wurzelausläufer vorsichtig aus und trennt sie von der Mutterpflanze ab.

Vermehrung durch Ableger *(hier Stachelbeere). Dabei wird ein biegsamer Trieb vollständig mit Erde bedeckt und mit einer Drahtklammer fixiert.*

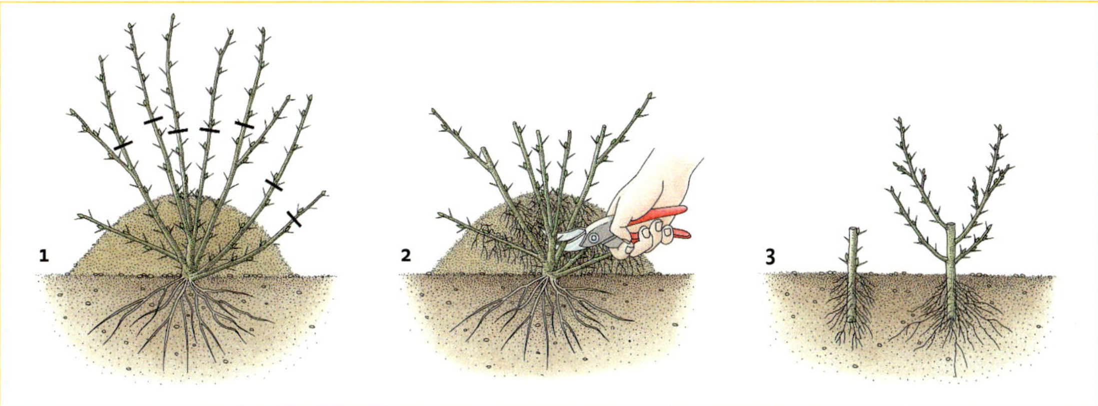

Auch das Anhäufeln *gelingt leicht (hier Stachelbeere). Triebbasis nach und nach mit Erde anhäufeln (1). Nach ausreichender Bewurzelung die Ableger so tief wie möglich abschneiden(2) und einpflanzen (3).*

Pflanzenschutz im Obstgarten

Schädlinge und Krankheiten lassen sich im Nutzgarten leider nicht vermeiden. Doch getreu dem Motto „Vorbeugen ist besser als heilen“, können Sie mit wenigen, einfachen Maßnahmen den Befall auf ein Minimum reduzieren.
Wählen Sie widerstandsfähige Sorten, die unter den vorgegebenen Standortbedingungen gut zurechtkommen. Halten Sie Abstand – pflanzen Sie die Obstgehölze nicht zu eng. Durch regelmäßigen Schnitt gelangt ausreichend Licht ins Kroneninnere, die Blätter trocknen nach Regenschauern schneller ab. Dadurch vermeiden Sie das Ausbreiten von Pilzkrankheiten. Auch zu hohe Stickstoffgaben fördern indirekt den Schädlingsbefall, da die Triebe überdüngter Pflanzen nur unzureichend verholzen.

Mit klebrigen Gelbtafeln *lassen sich Kirschfruchtfliegen fangen.*

Mit gelben Klebetafeln, Pheromonfallen und Leimringen reduzieren Sie die Schädlinge weitgehend nützlingsschonend. Engmaschige Vogelschutznetze müssen sorgfältig über die Obstgehölze gedeckt werden. Umschließen Sie die Sträucher lückenhaft, werden die Netze leicht zur Vogelfalle.
Wichtig: Kontrollieren Sie Ihre Obstgehölze regelmäßig auf Schädlings- und Krankheitsbefall. Chemische Pflanzenschutzmittel sollten Sie nur bei Bedarf in geringen Mengen und genau nach Packungsanweisung anwenden.

Feinmaschige Netze *schützen vor Vogelfraß.*

▸ Die häufigsten Obst-Schädlinge

Blattläuse Ein weit verbreiteter Schädling auf vielen Obstbäumen und auf Beerenobst sind Blattläuse. Dabei unterscheidet man unzählige verschiedene Arten wie die Mehlige Apfelblattlaus, die Grüne Apfelblattlaus, die Mehlige Birnenblattlaus, die Schwarzgefleckte Pfirsichblattlaus, die Grüne Pfirsichblattlaus, die Mehlige Pflaumenblattlaus, die Kleine Johannisbeertriebblattlaus oder die Johannisbeerblasenlaus. Blattläuse ernähren sich von Pflanzensaft. Sie stechen mit ihrem nadelartigen Saugrüssel das Pflanzengewebe an, was in vielen Fällen zu Blattmissbildungen oder zum Einrollen der Blätter führt. Gefährlich sind Blattläuse auch

Pheromonfallen *verhindern die Eiablage bestimmter Schädlinge.*

deswegen, weil sie verschiedene Viruserkrankungen wie die Scharka-Krankheit übertragen. Die meisten Blattläuse sondern ein klebriges Sekret ab, den so genannten Honigtau, der Ameisen und andere Insekten anzieht und zur Ansiedlung von Pilzen führt.
Abwehr: Wenige Blattläuse auf der Pflanze als Nützlingsnahrung belassen, den Großteil per Hand oder mit einem starken Wasserstrahl entfernen. Bei starkem Befall helfen nützlingsschonende Pflanzenschutzsprays.

Blutläuse Ebenfalls weit verbreitet und von der Größe den Blattläusen ähnlich sind die braun gefärbten Blutläuse. Sie sind von weißen, watteähnlichen, klebrigen Wachsausscheidungen umgeben. Besonders an jungen Obstbäumen verursacht die Blutlaus missgebildete Blätter und Pilzbefall.
Abwehr: Siehe Blattläuse.

Schildläuse Die kleinen, schildförmigen Insekten zählen zu den hartnäckigsten Schädlingen. Sie setzen sich an Blättern und Trieben fest und verursachen im Schutz ihres Schildes große Saugschäden.
Abwehr: Ölhaltige Pflanzenschutzmittel anwenden.

***Schäden** am Johannisbeerblatt durch die Johannisbeerblasenlaus*

Gallmilben Häufige Schädlinge an Johannisbeeren. Die Milben leben zunächst in den Knospen der Pflanzen und verursachen Missbildungen. Später breiten sie sich über Blätter und Zweige aus und dringen in neue Knospen ein.
Abwehr: Brechen Sie im Winter und Frühjahr die auffällig angeschwollenen Knospen heraus und vernichten Sie sie über den Hausmüll.
Gallen an Walnussbäumen werden von der Walnussfilzgallmilbe verursacht. Eine Bekämpfung ist nicht notwendig, der Ertrag der Bäume wird durch die Blattmissbildungen nicht beeinflusst.

Spinnmilben Die winzigen, spinnenähnlichen Schädlinge verursachen an Apfel- und Pflaumenbäumen, aber auch an Stachelbeeren starke Saugschäden, die bis zum Blattabwurf führen. An ihren dünnen Seidenfäden lassen sie sich vom Wind auf benachbarte Obstbäume tragen und breiten sich im ganzen Obstgarten aus.
Abwehr: Nur bei starkem Befall mit nützlingsschonenden Mitteln behandeln.

Wickler Unter dieser Gruppe von Kleinschmetterlingen sind vor allem der Obstbaumwickler, der Pflaumenwickler und der Apfelschalenwickler weit verbreitet. Ihre Raupen spinnen sich, meist an der Blattunterseite vieler Obstgehölze, ein und beginnen zu fressen. Auch vor den heranreifenden Früchten machen die hungrigen Insekten nicht Halt.
Abwehr: Bei starkem Auftreten im Fachhandel nach Mitteln fragen.

Spanner Die Raupen dieser Falterfamilie besitzen nur zwei Paar Bauchfüße und bewegen sich

***Starker Blattlausbefall** führt zu Ertragseinbußen.*

***Mehr ein optisches Problem**: Walnussfilzgallmilben*

***Die winzigen Spinnmilben** sitzen häufig an der Blattunterseite.*

daher „spannend" fort. Weit verbreitet sind der Kleine und Große Frostspanner, die beträchtliche Blattschäden verursachen können. Abwehr: Siehe Wickler. Im Herbst Leimringe am Stamm anbringen.
Käfer Auch Käfer wie Himbeerkäfer, Erdbeerstängelstecher, Erdbeerblütenstecher oder Haselnussbohrer treiben im Obstgarten ihr Unwesen. Sie fressen an jungen Blättern, Blüten, Knospen und Früchten. Ihre Eier legen sie in der Blüte, der jungen Frucht oder im Pflanzenstängel ab. Die Larven verursachen ebenfalls starke Fraßschäden, bevor sie sich im Boden verpuppen.
Abwehr: Der Befall lässt sich im Winter durch Lockern des Bodens rund um die Pflanzen mindern, da auf diese Weise viele überwinternde Larven vernichtet werden.

▸ Krankheiten am Obst

Apfelschorf Diese Pilzkrankheit zählt zu den bedeutendsten Krankheiten beim Kernobst. Zunächst erscheinen auf der Blattoberseite braunschwarze Flecken, die später auch auf die Früchte übergehen. Bei starkem Befall kommt es zu vorzeitigem Laubabwurf.
Abwehr: Kronen vorbeugend regelmäßig auslichten. Abgefallenes Laub entsorgen. Zur Bekämpfung Bäume schon vor der Blüte mit zugelassenem Pilzbekämpfungsmittel spritzen.
Mehltau Der Pilz überzieht junge Triebspitzen und Blätter mit einem mehligen Belag. Neben Stachelbeeren und Schwarzen Johannisbeeren, tritt die Krankheit auch an Erdbeeren und Apfelbäumen auf. Befallene Früchte sind ungenießbar. Der Pilz überwintert an den befallenen Pflanzen.
Abwehr: Kranke Triebe abschneiden und entsorgen. Falllaub aufsammeln. Auf widerstandsfähige Sorten achten. Pflanzen bei starkem Befall mit Pilzbekämpfungsmitteln behandeln.
Monilia-Spitzendürre Sauerkirschen werden von dieser Pilzkrankheit am stärksten befallen. Nach der Blüte beginnen die Triebspitzen zu welken, später sterben sie ganz ab. Der Pilz überwintert in den dürren Trieben und breitet sich Jahr für Jahr immer weiter aus.
Abwehr: Baumkronen regelmäßig auslichten. Trockene Äste und Fruchtmumien entfernen.
Kräuselkrankheit Die Blätter befallener Pfirsichbäume beulen sich blasenförmig aus und nehmen eine hellgrüne bis rötliche Färbung an. Es kommt zum vorzeitigen Blattfall, der Ertrag der Bäume lässt nach. Stark in Mitleidenschaft gezogene Bäume können sogar absterben.
Abwehr: Widerstandsfähige Sorten pflanzen. Befallene Blätter entfernen. Gefährdete Pflanzen vor dem Austrieb mit zugelassenen Pilzbekämpfungsmitteln behandeln.
Birnengitterrost Leuchtend gelbrote Flecken auf der Oberseite der Birnenblätter sind das unverwechselbare Merkmal dieser Pilzkrankheit. Birnengitterrost überwintert auf verschiedenen Wacholder-Arten (außer dem Gemeinen Wacholder). Durch Wind und Insekten werden die Birnbäume mit den Pilzsporen infiziert. Stark befallene Blätter werden vorzeitig abgestoßen.

Starker Schorfbefall *an Äpfeln*

Stachelbeer-Mehltau

Kräuselkrankheit *am Pfirsich*

Abwehr: Bestimmte Wacholder-Arten aus der Umgebung der Obstbäume entfernen. Befallene Blätter entfernen. Kranke Bäume im folgenden Jahr nach der Blüte mit zugelassenen Pilzbekämpfungsmitteln spritzen.

Schrotschusskrankheit An Süß- und Sauerkirsche bilden sich auf den Blättern kleine, rötlich gefärbte Flecken. Diese trocknen später ein und fallen heraus, so dass die Blätter regelrecht durchlöchert sind. Die befallenen Früchte sind ungenießbar.

Abwehr: Kronen regelmäßig schneiden. Größere Wunden stets mit Wundverschluss verstreichen. Gefährdete Bäume nach der Blüte mit zugelassenen Mitteln behandeln.

Grauschimmel Die Pilzkrankheit tritt an Erdbeeren auf und überzieht die reifenden Früchte mit einem grauen Schimmelrasen. Befallene Früchte fangen rasch an zu faulen. Der Pilz überwintert auf abgestorbenen Pflanzenresten.

Abwehr: Erdbeerpflanzen vorbeugend nicht zu eng pflanzen. Heranreifende Erdbeeren mit Stroh unterlegen. Kranke Triebe und Früchte umgehend aus dem Pflanzenbestand entfernen.

Schrotschusskrankheit

***Grauschimmel** an Erdbeeren*

Birnengitterrost

Narren- oder Taschenkrankheit Die Pilzkrankheit verursacht bei Zwetschenbäumen lange, schotenförmige Früchte, so genannte Taschen, die grün und hart bleiben. Später siedelt sich auf den Früchten ein gräulicher Pilzrasen an. Der Pilz überwintert auf den Trieben der Obstgehölze.

Abwehr: Befallene Früchte entfernen und vernichten. Erkrankte Bäume bei Blühbeginn mit zugelassenem Mittel spritzen.

Obstbaumkrebs Gefährliche Pilzkrankheit an Apfel- und Birnbäumen. Am Stamm und an den Ästen treten ovale Wucherungen auf, die zum Absterben der Triebe führen. Abwehr: Befallene Stellen großzügig ausschneiden und vernichten. Schnittstellen sorgfältig mit Wundverschluss verstreichen.

Feuerbrand Die gefährliche Bakterienkrankheit kann innerhalb einer Vegetationsperiode zum Absterben ganzer Bäume führen. Befallen werden neben Äpfeln, Birnen und Quitten auch Ziergehölze wie Weißdorn, Ebereschen und Zwergmispel. Feuerbrand überwintert im Rindengewebe kranker Pflanzen. Im Frühjahr verbreiten sich die Bakterien bei feuchtwarmer Witterung u. a. über Regen und Wind. Erkrankte Triebe welken, verbräunen und sehen später wie verbrannt aus.

Abwehr: Feuerbrand ist meldepflichtig. Kranke Pflanzen müssen gerodet und verbrannt bzw. über die Müllabfuhr vernichtet werden.

Obsternte

Ab dem Hochsommer bis tief in den Herbst hinein reifen im Obstgarten die leckersten Früchte. Dabei gilt es vor allem, den richtigen Erntetermin einzuhalten. Frühreifes Obst hat meist noch gar kein Aroma, überreifes dagegen schmeckt mehlig bis modrig und verdirbt schnell.

Kernobst Bei Äpfeln und Birnen unterscheidet man zwischen der Pflückreife und der Genussreife. Einige Sorten entfalten erst nach ein paar Wochen Lagerung ihr volles Aroma. Den richtigen Zeitpunkt der Pflückreife erkennen Sie am besten beim so genannten Drehtest. Löst sich der Apfel leicht vom Zweig, ist er ausgereift. Droht beim Drehen der Frucht der ganze Trieb abzubrechen, lassen Sie das Obst noch ein wenig hängen. Weitere Reifekriterien sind eine gelblichgrün gefärbte Fruchtschale, zart gelb gefärbtes Fruchtfleisch und dunkelbraune Kerne.

***Lösen sich die Äpfel** leicht vom Fruchtholz, sind sie erntereif.*

Sollen Birnen gelagert werden, pflückt man sie noch unreif und legt sie in einem kühlen, dunklen Raum auf einem Holzregal aus. Viele Sorten reifen schnell nach und sind bereits nach zwei Wochen weich und saftig. Am Baum gereifte, weiche süße Birnen können nicht gelagert werden.

Steinobst Bei Steinobst wie Zwetschen oder Aprikosen stellt man am leichtesten durch Probieren fest, ob das Obst schon süß und saftig und somit erntereif ist.

Spätestens wenn die ersten Früchte vom Baum herabfallen, ist dies ein sicheres Zeichen für die beginnende Erntereife.

Nüsse Walnüsse dürfen nicht zu früh geerntet werden. Unreife Nüsse schmecken weder besonders gut, noch sind sie lange lagerfähig. Warten Sie, bis sich die dicke grüne Schale öffnet und die Nüsse freigibt. Sammeln Sie die zu Boden gefallenen Nüsse regelmäßig auf und breiten Sie sie an einem luftigen, geschützten Ort zum Nachtrocknen aus. An den Nüssen klebende Schalenreste werden mit einer Bürste entfernt. Reife Haselnüsse erkennen Sie an der Braunfärbung der Nussschale.

***Heidelbeeren** aus eigener Ernte*

▸ Erntemethoden

Je nach Obstart wendet man verschiedene Erntemethoden an. Reifes Beerenobst wie Himbeeren oder Brombeeren ist sehr druckempfindlich und sollte nach der Ernte schnell verwertet werden. Erdbeeren, Stachelbeeren, Johannisbeeren und Kirschen pflückt man mit Stiel. Die Früchte trocknen sonst rasch ein oder verlieren durch die Verletzung der Schale viel Fruchtsaft. Kleinere Mengen besonders saftiger Süßkirschen werden am besten mit der Schere geerntet.

Pflücken Sie das Obst sehr vorsichtig, damit die Früchte keine Druckstellen bekommen. Sollten Sie dazu auf höhere Leitern klettern, kontrollieren Sie vorher, besonders bei Holzleitern, die Stabilität der Sprossen. Immer noch zählen Stürze von der Leiter zu den häufigsten Unfällen im Garten. Wesentlich einfacher gelingt die Ernte mit einem Apfelpflücker – ein an einer Teleskopstange befestigter Stoffbeutel, mit dem Sie auch hochwüchsige Baumkronen leicht beernten können.

Fruchtlagerung

Zur Lagerung eignen sich nur Äpfel, (unreife) Birnen und Nüsse. Alle anderen Obstarten wie beispielsweise Himbeeren oder Erdbeeren halten sich gar nicht oder nur ein paar Tage und sollten schnell verarbeitet werden, damit sie nicht verderben. Lagern Sie nur gesunde, unbeschädigte Früchte ein und kontrollieren Sie das Obst in regelmäßigen Abständen. Schon leichte Verletzungen der Schale führen zu Fäulnis und zum Verderb der Frucht. Daneben liegende, gesunde Früchte werden auf diese Weise infiziert.

Bewahren Sie das Obst in mit Lochfolie ausgeschlagenen Holzkisten auf. Werden zur Lagerung Kisten verwendet, die schon im Jahr zuvor zur Obstlagerung dienten, sollten Sie diese gründlich säubern. Wer über genügend Platz verfügt, legt die Früchte einzeln auf einem Regalbrett aus. Kranke Äpfel oder Birnen sind so schnell erkannt und rasch aussortiert. Eine Lage Zeitungspapier über den Äpfeln mindert die Verdunstung der Früchte. Lagern Sie bevorzugt Sorten, die lange haltbar sind, wie 'Jonathan' und 'Boskoop' oder die Birnen 'Gräfin von Paris' und 'Alexander Lucas'. Spezielle Sorten für den Frischverzehr wie der 'Klarapfel' oder die Birne 'Williams Christ' werden baumreif geerntet und direkt nach der Ernte gegessen. Sie verlieren rasch an Qualität und sind zur längeren Obstlagerung nicht geeignet.

Der Lagerraum sollte möglichst kühl und dunkel sein. Im warmen Heizungskeller fangen die Früchte schnell an zu schrumpeln. Ideal ist

***Wer viel Platz im Keller hat**, breitet die Äpfel auf einem Holzregal aus.*

Fruchtreife verschiedener Baum- und Beerenobstarten

	Obstart	Monate der (Haupt-)Fruchtreife
Kernobst	*Apfel*	*VII bis XI*
	Birne	*VII bis XI*
Steinobst	*Aprikose*	*VII bis VIII*
	Mirabelle	*VII bis IX*
	Pfirsich	*VI bis X*
	Pflaume	*VII bis IX*
	Sauerkirsche	*VII bis VIII*
	Süßkirsche	*V bis VII*
Beerenobst	*Brombeere*	*VII bis XI*
	Erdbeere	*VI bis VIII*
	Heidelbeere	*VII bis IX*
	Himbeere	*VI bis VII*
	Rote Johannisbeere	*VI bis VIII*
	Schwarze Johannisbeere	*VI bis VIII*
	Kiwi	*XI*

***Noch relativ fest geerntete Birnen** reifen im Lager schnell nach.*

ein frostfreier Kellerraum mit Temperaturen um 4 °C und einer hohen Luftfeuchte zwischen 85 und 95 %. An frostfreien Tagen wird der Raum immer wieder gut gelüftet.
Lagern Sie Obst und Gemüse getrennt. Reife Äpfel geben das Reifegas Ethylen ab, das Gemüse vorzeitig altern lässt. Außerdem nimmt reifes Obst gerne das Aroma stark riechender Gemüsearten, wie Zwiebeln, an und verliert dadurch an Qualität. Reife Walnüsse und Haselnüsse bewahrt man am besten in luftigen Leinenbeuteln oder Kunststoffnetzen auf.

***Süße Früchte** aus dem Garten lassen sich zu köstlicher Konfitüre und Kompott verarbeiten.*

Verarbeitung der Früchte

Da in der Regel in kurzer Zeit viel zu viel Obst auf einmal reift, friert man einen Teil der Ernte am besten ein oder kocht die Früchte ein.
Einfrieren Brombeeren, Stachelbeeren, Heidelbeeren, Johannisbeeren, Aprikosen oder Pflaumen lassen sich gut einfrieren. Farbe, Aroma und Vitamine bleiben dabei weitgehend erhalten und die Früchte lassen sich später gut für Desserts, Konfitüren oder als Kuchenbelag verarbeiten. Aufgetautes Obst muss umgehend verbraucht werden und lässt sich nicht wieder einfrieren.
Einkochen Der Nachteil des Einkochens besteht darin, dass durch starkes Erhitzen viele Vitamine verloren gehen. Wer nur gelegentlich einkocht, verwendet am besten einen Schnellkochtopf. Für große Obstmengen empfiehlt sich die Anschaffung eines speziellen Einkochtopfes mit eingebautem Thermostat und einer Zeitschaltuhr.
Selbst aus Fallobst lässt sich noch köstlicher Fruchtsaft oder Konfitüre herstellen. Sammeln Sie die Früchte täglich auf, damit sie nicht von Obstmaden befallen werden, und schneiden Sie schadhafte Stellen vor der Verarbeitung der Früchte großzügig aus.
Stark befallenes, überreifes Obst entsorgt man über den Hausmüll. Es gehört nicht auf den Kompost, da sich sonst in den Früchten eingenistete Schädlinge rasch im ganzen Garten verbreiten.
Dörrobst Auch getrocknetes Obst schmeckt gut. Dazu eignen sich Äpfel, Birnen, Pfirsiche und Aprikosen. Mit einem Dörrapparat gelingt das Ganze leicht. Dazu das geschälte Obst in Scheiben schneiden und in heißes Zuckerwasser tauchen. Eine Minute garen, gut abtropfen lassen und auf das Sieb des Dörrapparates legen. Apfel- und Birnenscheiben werden zuvor in zitronensäurehaltiges Wasser gelegt, damit das Fruchtfleisch nicht braun wird. Kontrollieren Sie das Obst im Dörrapparat. Fühlt sich die Oberfläche der Obstscheiben trocken und ledrig an, ist das Dörrobst fertig.

***Auch Dörrobst** ist eine Möglichkeit der Obstverwertung.*

Gemüseporträts

Blatt-/Stielgemüse

Kopfsalat

Kopfsalat

Lactuca sativa var. *capitata*

Merkmale

Kopfsalat bildet geschlossene Köpfe aus zarten, weichen Blättern. Das unkompliziert anzubauende Blattgemüse liebt tiefgründig gelockerte, humose Böden in sonniger Lage. Kopfsalat ist ein so genannter Schwachzehrer und benötigt nur wenig Nährstoffe.

Anbau und Pflege

Aussaat ab Ende Februar/Anfang März in Anzuchttöpfe auf der hellen Fensterbank oder im Gewächshaus. Sie können Kopfsalat auch in Reihen direkt ins warme Frühbeet säen. Die Pflanzung erfolgt ab April im Abstand von 30 x 30 cm.
Wichtig: Setzen Sie die Salatpflanzen nicht zu tief, sonst faulen die Jungpflanzen leicht. Ab April bis Ende Juli ist auch eine Direktaussaat ins Freie möglich (Reihenabstand 30 cm). Innerhalb der Reihe werden die Sämlinge später auf 30 cm vereinzelt. Halten Sie den Boden gleichmäßig feucht.
Je nach Witterung erfolgt die Ernte acht bis zehn Wochen nach der Aussaat bzw. vier bis sechs Wochen nach der Pflanzung. Kopfsalat frisch ernten, da die zarten Blätter schnell welken.

Schädlinge und Krankheiten

Jungpflanzen sind sehr beliebt bei Schnecken. Kontrollieren Sie die Pflanzen daher regelmäßig auf Befall. Idealen Schutz bietet ein Schneckenzaun; im Handel sind verschiedene Modelle aus Draht, Metall oder Kunststoff erhältlich. Weitere Schaderreger sind Blattläuse und Falscher Mehltau.

Sorten

'Dynamite' (mittelgroß, resistent gegen Grüne Salatblattlaus und gegen Falschen Mehltau), 'Fiorella' (große Köpfe, resistent gegen die Grüne Salatblattlaus und gegen Falschen Mehltau), 'Fulmaria' (groß, zart, resistent gegen Mehltau), 'Sander' (große, feste Köpfe, resistent gegen Mehltau).

Eissalat

Eissalat

Lactuca sativa var. *capitata*

Merkmale

Im Gegensatz zum Kopfsalat bildet Eissalat dichte, feste Köpfe und schießt im Sommer nicht so leicht. Der knackige Salat bevorzugt sonnige Standorte in lockerer, humoser Erde; mittlerer Nährstoffbedarf.

Anbau und Pflege

Eissalat wird ab Anfang März auf der Fensterbank, unter Glas oder im Frühbeet ausgesät. Die Pflanzung ist ab Ende März (Pflanzabstand 30 x 35 cm) möglich. Sie können den Eissalat auch im April direkt an Ort und Stelle säen (Reihenabstand 30 cm). In der Reihe werden die Pflanzen später auf 35 cm Abstand vereinzelt.
Achten Sie auf gleichmäßige Bodenfeuchte, Eissalat verträgt aber auch kurzfristige Trocken-

zeiten. Die Ernte erfolgt etwa elf bis zwölf Wochen nach Aussaat. Im Gegensatz zu Kopfsalat ist Eissalat gekühlt einige Zeit lagerfähig.

Schädlinge und Krankheiten
Schnecken, Blattläuse, Falscher Mehltau

Sorten
'Fortunas' (große Köpfe, schossfest), 'Barcelona' (groß, resistent gegen Blattläuse und Mehltau), 'Minas' (kleinere Köpfe, schossfest), 'Resi' (große, feste Köpfe), 'Calgary' (schossfest, mehltauresistent), 'Pablo' (grünrot gefärbte Blätter).

Pflücksalat

Pflück-/Schnittsalat

Lactuca sativa var. *crispa*

Merkmale
Die beliebten Blattsalate bilden keinen Kopf aus, sondern lockere Blattrosetten.
Wie Kopf- und Eissalat lieben auch sie einen sonnigen Standort in lockerem Boden. Als Schwachzehrer haben sie nur einen geringen Nährstoffbedarf.

Anbau und Pflege
Aussaat ab Februar unter Glas oder auf der Fensterbank; möglich ist auch eine Direktsaat ins Freiland. Sie erfolgt wie die Pflanzung ab Ende März. Der Reihenabstand liegt bei Pflücksalat bei 25–30 cm, Schnittsalat steht etwas enger mit 10–15 cm. Nach dem Auflaufen der Saat sollten Sie die Pflanzen auf 15–20 cm in der Reihe vereinzeln. Halten Sie den Boden gleichmäßig feucht. Etwa sechs bis sieben Wochen nach der Aussaat kann geerntet werden. Pflücksalat wird nach und nach von außen nach innen geerntet, Schnittsalat hingegen als Ganzes am Stück. Beide Salate stets frisch verarbeiten.

Schädlinge und Krankheiten
Wie Kopfsalat sind auch die Pflück- und Schnittsalate bei Schnecken beliebt. Außerdem sind Blattlausbefall und Falscher Mehltau möglich.

Sorten
Pflücksalat: 'Concorde' (Typ Lollo rosso; rotblättrig, kraus, schossfest), 'Lollo bionda/Casablanca' (Typ Lollo bionda; grün, kraus); Schnittsalat: 'Misticanza' (buntblättrig); Eichblattsalat: 'Smile' (grünblättrig), 'Red salad bowl' (rot).

Römischer Salat

Lactuca sativa var. *longifolia*

Merkmale
Römischen Salat (Romana-Salat) kennzeichnen aufrecht stehende, längliche Blätter mit starker Mittelrippe, die sich zu einem lockeren Kopf schließen. Er liebt humose, nicht zu trockene Böden in voller Sonne und hat einen mittleren Nährstoffbedarf.

Anbau und Pflege
Säen Sie den Salat ab Ende Februar auf der hellen Fensterbank oder im Gewächshaus aus. Ab April ist auch eine Direktsaat bzw. Pflanzung ins Freie möglich (Reihenabstand 30 cm, Abstand in der Reihe 35 cm). Achten Sie auf gleichmäßige Bodenfeuchte. Römischer Salat wird acht bis zehn Wochen nach der Aussaat (bzw. sechs bis acht Wochen nach der Pflanzung) geerntet, sobald die Blätter etwa 35 cm lang sind. Gekühlt ist der Salat einige Zeit lagerfähig.

Schädlinge und Krankheiten
Zu Schädigungen kommt es durch Schnecken und Blattläuse. Außerdem können Echter und Falscher Mehltau die Pflanzen befallen.

Sorte
'Ronda' (schossfest).

Römischer Salat

Feldsalat

Feldsalat

Valerianella locusta

▸ Merkmale

Der winterharte, anspruchslose Feldsalat bildet dunkelgrüne, bis 10 cm lange, Blattrosetten. Er liebt kalkhaltige, leicht sandige, vollsonnige Böden und hat nur einen geringen Nährstoffbedarf. Da Feldsalat im Sommer schnell schießt, wird er üblicherweise nur im Herbst und über Winter angebaut.

▸ Anbau und Pflege

Bei Ernte im Herbst beginnt die Aussaat im Freiland ab Mitte August, soll im darauf folgenden Frühjahr geerntet werden, kann die Saat noch bis Mitte September erfolgen (Reihenabstand 15 cm). Vereinzeln Sie den Feldsalat in der Reihe später auf 10 cm. Der Einfachheit halber können Sie den Salat aber auch breitwürfig aussäen. Wässern Sie die Pflanzen regelmäßig und halten Sie den Boden unkrautfrei. In kalten Winternächten ist eine Vliesabdeckung empfehlenswert. Sind die Salatpflanzen ausreichend groß, schneidet man die Blattrosetten direkt über dem Boden ab.

▸ Krankheiten

Echter und Falscher Mehltau

▸ Sorten

'Elan' (tolerant gegen Falschen Mehltau, raschwüchsig), 'Vit' (raschwüchsig), 'Holländischer Breitblättriger' (starkwüchsig, breite Blätter), 'Gala' (robust, Mehltau tolerant).

Endivie

Cichorium endivia

▸ Merkmale

Die Endivie ist ein idealer Spätsommer-Salat. Man unterscheidet zwischen krausblättrigen Frisée-Typen und Escariol-Endivien mit überwiegend glatten, breiteren Blättern. Endiviensalate bevorzugen lockere, humusreiche Böden in sonniger Lage. Neuere Sorten sind selbstbleichend. Mittlerer Nährstoffbedarf.

▸ Anbau und Pflege

Endivien werden frühestens Mitte Juni bis Anfang Juli direkt ins Beet ausgesät oder im Juli bis Mitte August im Abstand von 30 x 30 cm gepflanzt. Halten Sie den Standort ausreichend feucht sowie durch gelegentliches Hacken locker. Die Ernte von Endiviensalat ist bis November möglich. Er verträgt sogar leichten Frost und kann lange im Beet stehen bleiben. Der leicht bitter schmeckende Salat ist sehr vitaminreich.

▸ Schädlinge und Krankheiten

Schäden durch Schnecken und Blattläuse. Außerdem Echter und Falscher Mehltau

▸ Sorten

'Très fine' (kompakt wachsend), 'Bubikopf 2' (schnell wachsend), 'Laurent/Midori' (große, gut gefüllte Köpfe).

Endiviensalat

Chicorée

Chicorée

Cichorium intybus var. *foliosum*

Merkmale
Chicorée ist zweijährig. Nach der Bildung einer Blattrosette im ersten Jahr gewinnt man aus dem Neuaustrieb der dicken Wurzeln im zweiten Jahr die bekannten Sprosse. Chicorée benötigt tiefgründige Böden und hat einen mittleren Nährstoffbedarf.

Anbau und Pflege
Chicorée wird zunächst Mitte bis Ende Mai in Reihen von 40 cm Abstand ausgesät und später auf einen Abstand von 10 cm in der Reihe vereinzelt. Ende Oktober/ Anfang November werden die Chicoréewurzeln ausgegraben und einige Tage zum Antrocknen liegen gelassen. Sortieren Sie zu kleine, zu dicke und mehrtriebige Exemplare aus. Zum Antreiben das Laub auf 3–5 cm über dem Wurzelhals einkürzen, Wurzeln dicht nebeneinander in einen mit Erde gefüllten Eimer aufstellen und gründlich wässern. Stülpen Sie anschließend einen zweiten Eimer über die Wurzeln, so dass diese abgedunkelt stehen. Achten Sie darauf, dass die Erde nicht austrocknet. Fünf bis sechs Wochen nach Treibbeginn, wenn die Sprosstriebe eine Länge von etwa 15 cm erlangt haben, kann geerntet werden.

Krankheiten
Echter Mehltau. Stehen die Wurzeln beim Treiben zu feucht, kann es zu Fäulnis kommen.

Sorte
'Zoom F1' (feste Sprosse).

Radicchio

Cichorium intybus var. *foliosum*

Merkmale
Dekorativ weiß-rot gestreifte Blätter sind das Merkmal dieses vitaminreichen, leicht bitter schmeckenden Salats. Radicchio wünscht lockere, humose Böden in sonniger Lage. Mittlerer Nährstoffbedarf.

Anbau und Pflege
Anfang Juni bis Ende Juli wird Radicchio in Reihen von 30 cm Abstand direkt ins Beet gesät. Vereinzeln Sie die Sämlinge in der Reihe auf 25 cm, überwinternde Sorten bleiben enger stehen. Halten Sie den Boden regelmäßig feucht und durch gelegentliches Hacken locker. Die Ernte früher Sorten erfolgt bis November, überwinternde Sorten werden im September auf etwa 4 cm zurückgeschnitten und erst im darauf folgenden Frühjahr geerntet. Je nach Sorte reagiert Radicchio empfindlich auf Kälte, daher ist bei Minusgraden eventuell Winterschutz notwendig.

Schädlinge
Blattläuse, Erdraupen

Sorten
'Livrette' (große Köpfe, gekühlt lange haltbar), 'Palla rossa' (ideal für die Herbst- und Winterernte, verträgt leichten Frost).

Radicchio

Zuckerhut

Zuckerhut/ Fleischkraut

Cichorium intybus var. *foliosum*

Merkmale

Ihren spitz zulaufenden, hellgrünen Köpfen verdankt diese Gemüseart ihren Namen. Wie Endivie und Chicorée gehört auch Zuckerhut zu den Zichorienarten und schmeckt etwas bitter. Das typische Wintergemüse bevorzugt einen sonnigen Platz in lockerer, humoser Erde und hat einen mittleren Nährstoffbedarf.

Anbau und Pflege

Zuckerhut schießt bei früher Sommersaat leicht, daher wird er erst ab Juni bis Mitte Juli direkt ins Freie gesät. Der Abstand der Reihen sollte etwa 35 cm betragen, nach Auflaufen der Saat werden die Jungpflanzen in der Reihe auf ebenfalls 35 cm Abstand vereinzelt. Halten Sie den Boden ausreichend feucht. Mit der Ernte des Zuckerhuts kann ab Ende September begonnen werden. Da er leichten Frost gut übersteht, bleibt er in milden Gegenden den ganzen Winter über im Beet stehen und wird nach Bedarf frisch geerntet. Man isst ihn roh als Salat oder gedünstet. Wen der leicht bittere Geschmack stört, legt die (geschnittenen) Blätter kurz in warmes Wasser.

Schädlinge

Erdraupen

Sorte

'Hilmar' (dichte Köpfe).

Rucola

Rauke/Rucola

Eruca sativa, Diplotaxis tenuifolia

Merkmale

Radieschen ähnliche, schmale Blätter mit würzigem, nussigem Geschmack kennzeichnen die beliebte Salatbeigabe. Die schnell wachsende Rauke bevorzugt humose, nicht zu nasse Böden in sonniger Lage und benötigt nur wenig Nährstoffe. Auch in Töpfen oder Kästen auf Balkon und Terrasse gedeiht Rucola gut. Mit Saatbändern fällt die Anzucht leichter.

Anbau und Pflege

Rucola wird üblicherweise breitwürfig oder in Reihen mit 15 cm Abstand ab April bis September direkt ins Freiland ausgesät. Der Boden sollte nicht zu feucht gehalten werden. Die Rucola-Ernte beginnt, wenn die Blätter etwa 10 cm lang sind – je nach Witterung bereits drei bis fünf Wochen nach Aussaat.

Schädlinge

Erdflöhe

Arten

'Wilde Rauke' (intensiver Geschmack, schmale, spitze Blätter = *Diplotaxis tenuifolia*), 'Salatrauke' (breiblättrig, schnell wachsend, milder Geschmack = *Eruca sativa*)

Asia-Salate/-Gemüse

Merkmale

Mit abwechslungsreichen Blattformen, aromatischem Geschmack und kurzer Kulturdauer von drei bis acht Wochen erfreuen sich die neuen Blattgemüse der fernöstlichen Küche auch in unseren Gärten zunehmender Beliebtheit. Alle Sorten lieben humose, ausreichend feuchte Böden und einen sonnigen Standort.

Anbau und Pflege

Direkt-Aussaat von März bis September in Reihen von 15 cm Abstand. Sämlinge später in der Reihe auf etwa 3 cm Abstand vereinzeln. Auch eine Vorkultur in Töpfen ist möglich, gepflanzt wird anschließend im Abstand von 20 x 15 cm. Pak Choi erst ab Juli/August säen bzw. pflanzen; er schießt sonst leicht.

Schädlinge

Schnecken, Kohlweißling, Erdflöhe

Asia-Salate und Gemüse

Name	Sorten	Merkmale	Verwendung
Amchoi (Blattsenf)	*'Red Giant', 'Green in Snow'*	*große, rot geaderte Blätter; senfscharfes Aroma*	*Ernte vor der Blüte; roh für Salate oder gedünstet*
Mizuna (Japanischer Blattkohl)	*'Mizuna Early'*	*dekorative, fein gefiederte Blätter; Spinat ähnlicher, milder Geschmack*	*junge Blätter roh für Salate, größere gedünstet als Gemüse*
Pak Choi (Chinesischer Senfkohl)	*'Japro', 'Hypro'*	*Mangold ähnliche, fleischige weiße Stängel; schmeckt wie Kohlrabi*	*roh für Salate oder gedünstet*
Mini Pak Choi	*'Misome', 'Mei Quing Choi', 'Chanton Pak Choi'*	*helle fleischig-saftige Blattstiele; senfartiger Geschmack*	*roh oder gedünstet*
Komatsuna (Senfspinat)	*'Green Boy'*	*Spinat ähnliches, senfartiges Aroma*	*Blätter wie Spinat verarbeiten*
Salatchrysantheme	*'Shungiku'*	*gezahnte Blätter, gelbe Blüten; mild bis würzig-herbes Aroma*	*junge Blätter, Triebspitzen als Salat, größere dünsten*

Asia-Salat 'Red Giant'

Asia-Salat 'Green Boy'

Mangold

Mangold

Beta vulgaris var. *vulgaris*

Merkmale

Man unterscheidet zwischen spinatähnlichem Blattmangold und Stielmangold mit breiten, fleischigen, grün, gelb, weiß oder rot gefärbten Blattstielen. Beide Typen haben einen mittleren Nährstoffbedarf und bevorzugen sonnige Standorte in tiefgründiger, humoser Erde.

Anbau und Pflege

Die Mangold-Aussaat erfolgt ab April bis Juni in Reihen von 25 cm (Blattmangold) bzw. 35 cm Abstand (Stielmangold). In der Reihe sollte der Abstand bei etwa 25 cm liegen. Boden feucht halten, gelegentlich hacken. Bei Blattmangold können Sie bereits acht Wochen, bei Stielmangold rund zwölf Wochen nach Aussaat die ersten äußeren Stiele ernten. Da die Blätter ziemlich schnell welken, sollten Sie Mangold stets frisch verwerten. Man verwendet ihn wie Spinat.

Schädlinge und Krankheiten

Schnecken, Blattläuse, Falscher Mehltau

Sorten

Blattmangold: 'Lukullus' (dunkelgrün, dicke Blattrippen).
Stielmangold: 'Vulkan', 'Rhubarb Chard' (beide rotstielig), 'Bright Lights' (rote, gelbe, rosa- und orangefarbene Blattstiele).

Spinat

Spinat
Spinacia oleracea

Merkmale
Spinat liebt humose, gleichmäßig feuchte Böden in sonniger Lage, die allerdings nicht zu viel Stickstoff enthalten dürfen. Das Blattgemüse hat einen mittleren Nährstoffbedarf.

Anbau und Pflege
Spinat wird direkt ins Beet in Reihen mit 20–25 cm Abstand ausgesät. Üblicherweise erfolgt die Aussaat im Frühjahr von März bis Mai sowie im Spätsommer ab August bis September. Mit Ausnahme spezieller Sommer-Sorten ist der Spinatanbau im Hochsommer nicht zu empfehlen, da die Pflanzen bei anhaltend heißen Temperaturen und trockener Witterung schnell blühen und als Gemüse unbrauchbar werden. Spinatsamen gut andrücken, denn der Keimerfolg hängt auch von einem festen Bodenschluss ab. Nach dem Auflaufen der Saat werden die Pflanzen in der Reihe auf 5 cm Abstand vereinzelt. Gelegentlich hacken, Pflanzen gleichmäßig feucht halten. Fünf bis acht Wochen nach Aussaat kann bereits geerntet werden. Nach der Blütenbildung wird Spinat ungenießbar, da die Pflanzen dann zu viel Nitrat gespeichert haben. Frisch geerntete Blätter möglichst bald verwerten. Das Blattgemüse lässt sich gut einfrieren. Spinatgerichte sollten nicht aufgewärmt werden.

Schädlinge und Krankheiten
Schnecken, Blattläuse, Falscher Mehltau

Sorten
'Matador' (schossfest, ertragreich), 'Mannopa' (mehltauresistent), 'Rico' (ertragreich, für den ganzjährigen Anbau geeignet), 'Sharan' (mehltauresistent).

Neuseeländer Spinat
Tetragonia tetragonioides

Merkmale
Neuseeländer Spinat kann den ganzen Sommer hindurch bis in den Herbst geerntet werden. Da er bei Hitze nicht schießt, wird er gerne als Alternative zum relativ kurzlebigen Spinat angebaut. Er gedeiht am besten in humusreichen, feuchten Böden in voller Sonne und hat einen mittleren bis starken Nährstoffbedarf.

Anbau und Pflege
Neuseeländer Spinat wird im März am besten zunächst in Töpfen unter Glas vorgezogen. Mitte Mai kommen die Jungpflanzen im Abstand von etwa 60 x 80 cm ins Freie. Das Abzwicken der Triebspitzen fördert die Verzweigung der Pflanzen. Neuseeländer Spinat verträgt Trockenheit besser als Spinat, benötigt aber trotzdem reichliche Wassergaben. Die Ernte beginnt ab Juli bis zum ersten Frost.

Neuseeländer Spinat

Stangensellerie

Stangensellerie

Apium graveolens var. *dulce*

Merkmale

Im Gegensatz zum Knollensellerie bildet Stangensellerie (auch Bleichsellerie genannt) etwa 50 cm lange, aufrecht stehende, breite Blattstiele. Er bevorzugt sonnige Lagen in humusreichen Böden. Sellerie zählt zu den Starkzehrern und hat einen hohen Nährstoffbedarf. Stangensellerie wird grün oder gebleicht geerntet. Selbstbleichende Sorten ersparen das Anhäufeln der Pflanzen.

Anbau und Pflege

Säen Sie den Stangensellerie Ende März, Anfang April unter Glas oder auf der Fensterbank aus. Mitte Mai können die frostempfindlichen Jungpflanzen im Abstand von 30 x 40 cm ins Freie gesetzt werden. Zwischen den Pflanzen regelmäßig hacken und wässern. Durch Anhäufeln der Stiele erhalten die Stangen einen besonders milden Geschmack. Eine weitere Möglichkeit des Bleichens besteht im Zusammenbinden der Stiele bei einer Länge von etwa 30 cm. Danach werden die Stangen mit Papier oder dunkler Folie umwickelt. Je nach Witterung kann der Stangensellerie ab August geerntet werden. Brechen Sie dazu nach Bedarf entweder einzelne Stiele ab oder schneiden Sie die ganze Pflanze ab. Stangensellerie wird roh oder gedünstet verarbeitet.

Schädlinge

Blattläuse, Schnecken, Gemüsefliegen

Sorten

'Tall Utah' (grünbleibend, fleischige Stiele), 'Golden Spartan' (gelbgrün, schnellwachsend).

Knollenfenchel

Foenicum vulgare var. *azoricum*

Merkmale

Der leicht anisartig schmeckende, sehr bekömmliche Knollenfenchel bildet zartgrünes, fein gefiedertes Laub und fleischig, weiß-grüne Knollen. Fenchel liebt sonnige Standorte in kalkhaltigen, durchlässigen Böden. Mittlerer Nährstoffbedarf.

Anbau und Pflege

Knollenfenchel neigt bei hohen Temperaturen dazu, statt Knollen zu bilden frühzeitig zu blühen. Aufgrund neuerer, schossfester Sorten ist der Fenchelanbau allerdings auch frühzeitig im Jahr möglich. Die Vorkultur beginnt ab März mit der Aussaat unter Glas oder auf der hellen Fensterbank. Einmaliges Umsetzen der Sämlinge in etwas größere Töpfe fördert kräftigere Jungpflanzen. Ohne Folien- und Vliesschutz sollte Knollenfenchel erst Mitte Mai an seinen endgültigen Standort ins Freie (Pflanzabstand 40 x 25 cm). Halten Sie den Boden feucht, denn regelmäßige Wassergaben fördern die erwünschte Knollenbildung. Ab September häufelt man die Pflanzen leicht an, dadurch bleiben sie schön weiß und besonders zart. Drei bis vier Monate nach Aussaat, spätestens ab Oktober bis zu den ersten Nachtfrösten kann geerntet werden. Knollenfenchel wird gedünstet oder roh verwendet.

Schädlinge

Schnecken, Blattläuse

Sorten

'Zefa Fino', 'Rudy' (beide schossfest), 'Selma' (schossfest, dicke, weiße Knollen).

Knollenfenchel

Kohlgemüse

Rotkohl

Weißkohl/Rotkohl

Brassica oleracea var. *capitata*

Merkmale
Weiß- und Rotkohl bilden feste, runde Köpfe. Sie haben einen hohen Nährstoffbedarf und bevorzugen sonnige Lagen in humusreichen, kalkhaltigen Böden.

Anbau und Pflege
Frühe Sorten können schon ab Februar auf der hellen Fensterbank oder unter Glas ausgesät werden. Ab April bis Juni kommen die Jungpflanzen ins Freie, der Pflanzabstand beträgt bei frühen Sorten 40 x 40 cm, späte Sorten werden etwas weiter auf 50 x 50 cm gepflanzt. Wichtig: Wechseln Sie jährlich den Standort; Kohl sollte nie direkt nach Kohl wieder angebaut werden. Achten Sie auf gleichmäßige Bodenfeuchte und hacken Sie die Beete regelmäßig durch. Frühe Weiß- und Rotkohlsorten sind bereits im Juni erntereif. Späte Sorten werden bis November geerntet. Feste Köpfe können kühl gelagert längere Zeit aufbewahrt werden. Rot- und Weißkohl wird roh oder gedünstet zubereitet, Weißkohl lässt sich auch zu Sauerkraut verarbeiten.

Schädlinge und Krankheiten
Raupen, Blattläuse, Erdflöhe, Kohlhernie

Sorten
Weißkohl: 'Brunswick' (große, feste Köpfe), 'Dithmarscher Früher' (frühe Sorte), 'Filderkraut' (Spitzkohl). Rotkohl: 'Rodon' (groß, platzfest), 'Schwarzkopf' (mittelgroß), 'Marner Frührot' (frühe Sorte).

Grünkohl

Brassica oleracea var. *sabellica*

Merkmale
Pflegeleichtes Kohlgemüse mit locker gekrausten Blattrosetten. Grünkohl ist reich an Vitamin C und liebt humose, kalkhaltige Böden in voller Sonne. Hoher Nährstoffbedarf.

Anbau und Pflege
Grünkohl wird unter Glas ab Mai bis Juni ausgesät. Die Pflanzung erfolgt bis Ende Juli mit einem Abstand von 50 x 50 cm. Bei trockener Witterung die Pflanzen reichlich wässern. Regelmäßiges Hacken hält den Boden locker. Grünkohl nicht zu früh ernten. Erst nach Frosteinwirkung schmeckt das Kohlgemüse besonders gut. Je nach Bedarf werden die Blätter nach und nach von außen nach innen geerntet. Grünkohl lässt sich gut einfrieren. In milden Regionen können die Pflanzen den Winter über im Freien bleiben.

Schädlinge und Krankheiten
Erdflöhe, Erdraupen, Kohlhernie

Sorten
'Halbhoher grüner Krauser', 'Frosty' (niedrig), 'Lerchenzungen' (halbhoch, frosthart), 'Redbor F1' (rötliche Blätter).

Grünkohl

Wirsing

Wirsing

Brassica oleracea
var. *sabauda*

▸ Merkmale
Fester, runder Kopfkohl mit stark gekrausten, hell- und dunkelgrünen Blättern. Wie Weiß- und Rotkohl bevorzugt auch Wirsing humusreiche, kalkhaltige Böden an einem sonnigen Standort. Starker Nährstoffbedarf.

▸ Anbau und Pflege
Frühe Wirsingsorten können Sie bereits ab Februar auf der hellen Fensterbank oder unter Glas in Töpfen vorziehen. Gepflanzt wird ab Ende März, späte Sorten können bis Juli gesetzt werden (Pflanzabstand etwa 50 x 50 cm). Boden durch regelmäßiges Hacken lockern, bei trockener Witterung ausreichend wässern. Frühe Sorten sind bereits ab Mitte Juni erntereif. Da der robuste Kohl einige Minusgrade verträgt, können spätere Saaten unbeschadet bis November im Beet bleiben. Wirsing schmeckt am besten gedünstet zubereitet. Im Vergleich zu Weiß- und Rotkohl ist geernteter Wirsing nicht so lange lagerbar.

▸ Schädlinge und Krankheiten
Kohlweißling, Kohlfliege, Erdflöhe, Kohlhernie

▸ Sorten
'Vertus' (Herbstwirsing), 'Hamasa' (gut lagerbar).

Kohlrabi

Brassica oleracea
var. *gongylodes*

▸ Merkmale
Unkompliziert anzubauendes, schnell wüchsiges Kohlgemüse. Im Vergleich zu den weißen Sorten, wachsen blaue Kohlrabi etwas langsamer, bleiben dafür aber länger zart. Kohlrabi wünschen humusreiche, gleichmäßig feuchte Böden in sonniger Lage. Mittlerer Nährstoffbedarf.

▸ Anbau und Pflege
Beginnen Sie mit der Vorkultur ab Februar unter Glas. Die Jungpflanzen können ab April bis Juni ins Freie (Pflanzabstand 30 x 25 cm). Kohlrabi nicht zu tief setzen. Wichtig: gleichmäßige Bodenfeuchte, sonst platzen die Knollen. Geerntet wird acht bis zwölf Wochen nach Pflanzung, idealerweise bei einem Knollendurchmesser von 6–8 cm. Zu groß gewachsene Kohlrabi werden leicht holzig. Das beliebte Kohlgemüse schmeckt roh oder gedünstet, geschnittene Kohlrabi können auch gut eingefroren werden.

▸ Schädlinge und Krankheiten
Erdflöhe, Kohlfliege, Kohlhernie

▸ Sorten
Weiße Sorten: 'Superschmelz' (groß, langsam wachsend, zarte Knollen), 'Avanti', 'Kohyro' (zart, schnellwüchsig).
Blaue Sorten: 'Blauer Speck' (zart, groß), 'Blaro' (wird nicht holzig, groß).

Kohlrabi

Blumenkohl

Blumenkohl

Brassica oleracea var. *botrytis*

Merkmale
Geerntet werden beim Blumenkohl die cremeweißen Blütenstände. Neben den klassischen weißen Sorten sind mittlerweile aber auch violette und gelb-grüne Formen (Romanesco) erhältlich. Blumenkohl bevorzugt tiefgründige, humusreiche, sonnige Standorte. Hoher Nährstoffbedarf.

Anbau und Pflege
Die Aussaat beginnt ab Februar unter Glas. Ab April bis Juni können die jungen Blumenkohlpflanzen im Abstand von 50 x 50 cm ins Freie gesetzt werden. Spätere Herbstsorten werden bis Juli auf 60 x 60 cm Abstand gepflanzt. Lockern Sie den Boden regelmäßig und düngen Sie die Pflanzen mehrfach nach. Blumenkohl reagiert empfindlich auf Trockenheit. Wasser- und Nährstoffmangel führt zu Wachstumsstörungen. Um die weiße Farbe der Blütenstände zu bewahren, knickt man bei starker Sonneneinstrahlung einfach ein paar der äußeren Kohlblätter zur Beschattung der Köpfe ein. Die Ernte beginnt etwa zwölf Wochen nach der Pflanzung. Blumenkohl zum Verzehr dünsten, er lässt sich auch gut einfrieren.

Schädlinge und Krankheiten
Blattläuse, Kohlweißling, Erdflöhe, Kohlhernie

Sorten
'Beauty' (große Köpfe), 'Igloory' (groß, verträgt leichten Frost), 'Celesta' (gut selbstdeckend), 'Alverda' (grünköpfig).

Romanesco

Brokkoli

Brassica oleracea var. *italica*

Merkmale
Brokkoli mag nährstoffreiche, kalkhaltige Böden in voller Sonne. Hoher Nährstoffbedarf.

Anbau und Pflege
Frühe Brokkolisorten werden im Februar/März unter Glas ausgesät.

Brokkoli

Gepflanzt wird ab April bis Juni im Abstand von 40 x 50 cm. Späte Sorten können bis Juli ins Freie. Achten Sie auf gleichmäßige Bodenfeuchte und düngen Sie die Pflanzen im Laufe der Kultur mehrfach nach. Bei hohen Temperaturen blühen die Knospen des Brokkoli leicht auf. Je nach Witterung sind frühe Sorten bereits im Juni erntereif. Man schneidet die blaugrün gefärbten, noch geschlossenen Blütenknospen kurz vor dem Aufblühen mit einem etwa 10 cm langen Stiel ab. Nach der ersten Ernte bilden sich bis in den Herbst in den Blattachseln der Pflanzen neue Triebe. Späte Sorten reifen bis November. Da Brokkoli nur begrenzt lagerbar ist, sollte man ihn stets erntefrisch dünsten. Er lässt sich auch gut einfrieren.

Schädlinge und Krankheiten
Kohlweißling, Kohlfliege, Kohlhernie, Mehltau

Sorten
'Marathon', 'Green Valiant'.

Rosenkohl

Rosenkohl
Brassica oleracea var. *gemmifera*

▸ **Merkmale**
Der bis zu 100 cm hoch wachsende Rosenkohl bildet in den Blattachseln kleine, runde, feste Röschen. Wie Grünkohl gewinnt auch Rosenkohl mit dem ersten Frost erst richtig an Geschmack. Er liebt sonnige Plätze in humusreichen Böden und hat einen hohen Nährstoffbedarf.

▸ **Anbau und Pflege**
Je nach Sorte sät man Rosenkohl zwischen Ende März und Mai entweder im Gewächshaus oder im Frühbeet aus. Ab Mitte Mai bis Mitte Juni werden die Jungpflanzen im Abstand von 60 x 50 cm ins Freie gesetzt. Regelmäßiges Wässern und Hacken sorgt für feuchten, lockeren Boden. Je nach Witterung können die ersten Röschen ab Ende September/Anfang Oktober geerntet werden. Da nicht alle Knospen zur gleichen Zeit erntereif sind, sollten Sie die Kohlpflanzen mehrfach durchpflücken. Das Kappen der Triebspitze im September kann das Ausreifen der Röschen fördern. Da Rosenkohl sehr frostbeständig ist, ist die Ernte des leckeren Herbstgemüses bis in den Winter hinein möglich. Die Röschen werden gedünstet verwertet. Frischer Rosenkohl ist gekühlt gut lagerbar und kann sehr gut eingefroren werden.

▸ **Schädlinge und Krankheiten**
Kohlfliege, Blattläuse, Erdflöhe, Kohlweißling, Kohlhernie

▸ **Sorten**
'Hild Ideal' (kältetolerant, reichtragend), 'Lunet'.

Chinakohl
Brassica pekinensis

▸ **Merkmale**
Chinakohl bildet längliche Köpfe aus leicht gekrausten, hellgrünen Blättern mit fleischiger Mittelrippe. Er bevorzugt kalkhaltige, humusreiche sowie tiefgründige Böden in warmer, sonniger Lage. Mittlerer Nährstoffbedarf.

▸ **Anbau und Pflege**
Da frühe Chinakohlaussaaten im Frühjahr und Sommer blühen, wird das vitamin- und nährstoffreiche Kohlgemüse üblicherweise erst Mitte bis Ende Juli direkt in Reihen mit 35 cm Abstand ausgesät. Innerhalb der Reihen werden die Jungpflanzen später auf 30 cm Abstand

Chinakohl

vereinzelt. Nur in rauen Lagen oder in schweren Böden empfiehlt sich eine Vorzucht in Töpfen. Damit die Saat ideal keimt, sollten Sie den Boden vor allem zu Beginn der Kultur gleichmäßig feucht halten und regelmäßig hacken. Je nach Sorte kann Chinakohl innerhalb von zwei bis drei Monaten geerntet werden. Man bereitet ihn als Salat oder gedünstet wie Wirsing zu. Kühl aufbewahrt ist Chinakohl mehrere Monate haltbar. Dazu lagern Sie am besten die ganzen Köpfe samt Wurzelballen ein.

▸ **Schädlinge und Krankheiten**
Erdflöhe, Kohlweißling, Kohlfliege, Kohlhernie

▸ **Sorten**
'Monument F1' (feste, schlanke Köpfe), 'Hongkong', 'One Kilo' (ovale Köpfe, schossfest), 'Orange Queen' (orangefarbenes Herz), 'Bilko' (rascher Wuchs, lange lagerbar).

Fruchtgemüse

Tomate

Lycopersicon lycopersicum

▸ Merkmale

Tomaten haben einen recht hohen Nährstoffbedarf und lieben humusreiche Böden in sonniger Lage. Man unterscheidet zwischen unbegrenzt wachsenden Stabtomaten und kompaktwüchsigen Buschtomaten. Neben den klassisch rot früchtigen Sorten gibt es auch gelbe, orangefarbene und gestreifte Tomaten. Je nach Fruchtgröße und Form bezeichnet man sie als Fleischtomaten (große, runde Früchte), Eiertomaten (eiförmig) oder Cocktail- bzw. Kirschtomaten (kleine, runde Früchte).

▸ Anbau und Pflege

Mitte März bis Mitte April ist der beste Zeitpunkt zur Aussaat auf der Fensterbank. Stellen Sie die Sämlinge hell und warm und halten Sie die Erde feucht. Vier Wochen nach der Aussaat werden die Jungpflanzen in größere Töpfe vereinzelt. Ab Mitte Mai kommen die Wärme liebenden Tomaten ins Freie. Eine Infektion mit der durch Feuchtigkeit übertragenden Braunfäule lässt sich durch einen weiten Pflanzabstand von mindestens 60 x 60 cm vermeiden. Am effektivsten ist allerdings der Anbau unter einer Überdachung, z. B. einem luftigen Folienhaus, wo die Blätter der Tomatenpflanzen weitgehend trocken bleiben. Jede Pflanze bekommt einen Stützstab, an dem sie den Sommer über immer wieder neu angebunden wird. Neben regelmäßigen Düngegaben und einer gleichmäßigen Wasserversorgung zählt das Ausbrechen der Seitentriebe, das so genannte Ausgeizen, zu den wichtigsten Pflegemaßnahmen. Eine Schicht Mulch aus angetrocknetem Rasenschnitt hält den Boden unter den flach wurzelnden Tomaten feucht. Im August wird der Haupttrieb gekappt, damit heranreifende Früchte bis zum Ende der Saison noch ausreifen. Alte, untere Blätter und gelbes, verbräuntes Laub werden entfernt.

Tomatensorten

Fruchttyp	Sorte	Eigenschaften
normale runde Tomate	*'Concorde'*	*robust, ertragreich*
	'Goldene Köngin'	*gelb, mittelgroß, platzfest*
	'Harzfeuer'	*robust, früh reifend*
	'Tigerella'	*früh reifend, Früchte gestreift*
	'Vanessa'	*ertragreich, platzfest*
	'Virginia'	*robust, ertragreich, saftig*
	'Vitella'	*ertragreich, schnittfest*
Fleischtomate	*'Luxor'*	*große Früchte, saftig*
	'Marmande'	*früh reifend, große Früchte*
	'Myrto'	*robust, platzfest, ertragreich*
Eiertomate	*'Roma'*	*Buschtomate, spät reifend, süß-aromatisch, dickfleischig*
Kirsch-, Cocktailtomate	*'Goldita'*	*gelb, ertragreich*
	'Picolino'	*relativ groß, platzfest*
	'Sweet Million'	*robust, klein, süß-aromatisch*
	'Yellow Pearshaped'	*birnenförmig, gelb*
Topf-, Balkontomate	*'Balkonstar'*	*kompakter Wuchs, platzfest*
	'Gnom'	*früh reifend, süß-aromatisch, mittelgroß*
	'Tumbler'	*früh reifend, kleine Früchte*

Tomate

▸ Schädlinge und Krankheiten
Weiße Fliege, Blattläuse, Kraut- und Braunfäule, Echter Mehltau, Viruskrankheiten

Freilandgurke

Freiland-/Salatgurke

Cucumis sativus

▸ Merkmale
Im Gurkenanbau unterscheidet man zwischen den überwiegend am Boden liegend kultivierten Freilandgurken und an Schnüren hochgeleiteten Schlangen- oder Salatgurken. Freilandgurken werden vorzugsweise zum Einlegen verwendet, Salatgurken schmecken am besten frisch. Gurken haben einen hohen Nährstoffbedarf und lieben humusreiche, schnell erwärmbare Böden in sonniger Lage.

▸ Anbau und Pflege
Die Aussaat der Gurken beginnt ab Mitte April bis Mai, üblicherweise in Einzeltöpfen an einem hellen, warmen Platz auf der Fensterbank oder im Gewächshaus. Erst Mitte Mai kommen die Kälte empfindlichen Gurken an ihren endgültigen Standort ins Freie. Wer Freilandgurken direkt an Ort und Stelle aussäen möchte, wartet mit der Saat ebenfalls bis Mitte Mai, um eventuelle Schäden durch Nachtfröste auszuschließen. Freilandgurken gedeihen gut auf schwarzer Mulchfolie, unter der sich der Boden schneller erwärmt und länger feucht bleibt. Wählen Sie den Pflanzabstand nicht zu eng, ideal sind 30 x 120 cm, so dass sich die Pflanzen gut entwickeln können. Achten Sie auf eine gleichmäßige Bodenfeuchte. Nach dem fünften oder sechsten Blattpaar werden die Freilandpflanzen mit einem sauberen Messer gekappt, um die Verzweigung der Gurken anzuregen und damit den Fruchtansatz zu erhöhen. Je nach Witterung sind die ersten Freilandgurken ab Mitte Juli erntereif.
Im Gegensatz zu den Freilandgurken bringen die Wärme liebenden Salatgurken nur im geschützten Anbau unter Glas den gewünschten Ertrag. Setzen Sie die Jungpflanzen auf etwa 60 x 80 cm Abstand und leiten Sie die Pflanzen an unter dem Glasdach befestigten Schnüren oder anderen Rankhilfen hoch. Halten Sie die flachwurzelnden Gurken im Gewächshaus ausreichend feucht und düngen Sie die Pflanzen regelmäßig nach. Bei Trockenheit und Nährstoffmangel vergilben die jungen Fruchtansätze leicht und fallen ab. Bis auf die Höhe von 80 cm werden alle Seitentriebe entfernt, die restlichen nach dem ersten Fruchtansatz gekappt. Auch der Haupttrieb der Gurkenpflanzen wird nach Erreichen des Gewächshausdaches eingekürzt. Salatgurken können bereits Ende Juni/Anfang Juli geerntet werden, häufiges Durchpflücken regt die Bildung neuer Früchte an.

▸ Schädlinge und Krankheiten
Weiße Fliege, Blattläuse, Spinnmilben, Echter und Falscher Mehltau, Bakterien- und Viruserkrankungen

▸ Sorten
Freilandsorten: 'Adrian' (früh reifend, ertragreich, kleine Früchte), 'Printo' (robust, ertragreich, Minigurke), 'Mervita' (mittellang, feste Früchte), 'Libelle' (Einlegegurke, früh reifend).
Salatgurken: 'Flamingo' (robust, ertragreich), 'Sudica' (ertragreich, früh reifend).

Salatgurke

Zucchini

Zucchini

Cucurbita pepo

Merkmale

Zucchini sind sehr wärmebedürftig und haben einen hohen Nährstoffbedarf. Sie bevorzugen humusreiche, mittelschwere Böden und benötigen zur Fruchtbildung reichlich Wasser. Neben den bekannten, flach am Boden wachsenden Zucchini, gibt es auch kletternde, kugelförmige und gelbfrüchtige Sorten.

Anbau und Pflege

Zucchini werden ab April im Gewächshaus oder auf der Fensterbank einzeln in Töpfe ausgesät. Mitte Mai können die Jungpflanzen an ihren endgültigen Platz ins Freie. Der Pflanzabstand sollte nicht zu eng gewählt werden (90 x 90 cm), damit sich die ausladend wachsenden Zucchini später nicht behindern. Düngen Sie die Kultur zwei- bis dreimal nach und achten Sie auf gleichmäßige Bodenfeuchte. In regenreichen Sommern werden die heranreifenden Früchte mit Stroh unterlegt, damit sie nicht faulen. Schon sechs bis acht Wochen nach der Pflanzung kann geerntet werden. Lassen Sie die Früchte nicht zu lange an der Pflanze hängen. Zu groß gewordene Zucchini verlieren geschmacklich an Qualität. Daher schneidet man die Früchte am besten bei einer Länge von 15–20 cm. Häufiges Ernten fördert zudem den Fruchtansatz der Pflanzen. Zucchini sind nur kurz lagerbar.

Schädlinge und Krankheiten

Echter Mehltau, Schnecken

Sorten

'Diamant' (ertragreich, früh reifend), 'Black Jack' (ertragreich, schwarzgrüne Früchte), 'Eight Ball' (runde Früchte), 'Black Forest' (kletternde Zucchini), 'Gold Rush' (gelbe Früchte).

Kürbis

Cucurbita maxima

Merkmale

Wärme und Nährstoff liebendes Fruchtgemüse mit langen, rankenden Trieben und einem hohen Platzbedarf. Kürbispflanzen bevorzugen sonnige bis halbschattige Standorte und gedeihen am besten in mittelschweren, gleichmäßig feuchten Böden.

Anbau und Pflege

Ähnlich wie Zucchini werden auch Kürbispflanzen zunächst einzeln in Töpfen unter Glas ab Mitte April bis

Kürbis

Anfang Mai vorgezogen. Ausgepflanzt wird ab Mitte Mai; den größten Pflanzabstand nehmen die Riesenkürbisse ein, die Sie nicht enger als 2 x 2 m setzen sollten. Kürbisse brauchen im Sommer reichlich Wasser und werden nach dem Ansetzen der Früchte regelmäßig nachgedüngt. Um die Verzweigung der Triebe zu fördern, können Sie den Haupttrieb nach dem fünften Blatt abknispen. Je nach Kürbisart sind die ersten Früchte bereits im Juni erntereif, großfrüchtige Arten bleiben bis Oktober im Beet.

▸ **Schädlinge und Krankheiten**
Schnecken, Echter und Falscher Mehltau

▸ **Sorten**
'Tom Fox' (große orangefarbene Früchte, eignet sich gut für Halloween-Schnitzereien), 'Sunburst' (gelber Patissonkürbis mit „ufoförmigen" Früchten), 'Custard White' (weißer Patissonkürbis), 'Baby Bear' (orangefarbener Minikürbis), 'Atlantic Giant' (Riesenkürbis, festes Fruchtfleisch), 'Lumina' (cremeweiß).

Zuckermelone

Cucumis melo

▸ **Merkmale**
Aufgrund ihres hohen Wärmebedürfnisses gedeihen Melonen vor allem im milden Weinbauklima oder im Gewächshaus, wo sie an langen, rankenden Trieben ihre saftig-aromatischen Früchte ausbilden. Melonen benötigen viel Sonne, ausreichend Nährstoffe und vor allem nach dem Fruchtansatz reichlich Wasser. Bei den Zuckermelonen unterscheidet man zwischen Netzmelonen mit grünem Fruchtfleisch und Cantaloupe-Melonen mit orangerotem Fruchtfleisch, zu denen auch die Charantais-Melonen zählen.

Zuckermelone

▸ **Anbau und Pflege**
Ziehen Sie die Pflanzen ab April in Töpfen im Gewächshaus oder auf der Fensterbank vor. Nach dem Erscheinen der Keimblätter setzt man die Jungpflanzen in größere Gefäße um, bevor sie Mitte Mai an ihren endgültigen Standort ins Freie oder ins Gewächshaus kommen. Wählen Sie den Abstand der Pflanzen nicht zu eng, ideal sind etwa 50 x 100 cm. Zuckermelonen benötigen viel Wasser, vertragen allerdings keine Staunässe. Da auch eine hohe Bodentemperatur eine wichtige Rolle für den späteren Ertrag spielt, pflanzt man die Melonen am besten auf schwarze Mulchfolie. Gewächshausmelonen werden wie Gurken an unter dem Glasdach befestigten Schnüren aufgeleitet. Damit sich möglichst viele Blüten bilden, kappt man den Haupttrieb nach dem fünften Blatt und stutzt die Seitentriebe nach dem zweiten oder dritten Blatt ein. Sind die Melonen je nach Witterung etwa ab August erntereif, verströmen sie einen süßlichen Duft und zeigen am Stielansatz feine Risse. Melonen frisch verzehren, die Früchte sind nicht lagerbar.

▸ **Schädlinge und Krankheiten**
Echter und Falscher Mehltau, Weiße Fliege, Spinnmilben

▸ **Sorten**
'Marlene' (Cantaloupe-Melone; ertragreich, süß, mittelgroß), 'Galia' (Netzmelone; süß).

Aubergine

Aubergine
Solanum melongena

Merkmale
Auberginen sind sehr wärmebedürftig und reifen im Freien nur in milden Gegenden an einem geschützten Standort zufriedenstellend heran. Am besten gedeiht das ursprünglich aus den Tropen stammende Gemüse im Gewächshaus, wo sich zahlreiche bis zu 30 cm lange, glänzend dunkelviolett-schwarze Früchte ausbilden. Die bis 1 m hoch wachsenden Auberginen haben einen mittleren Nährstoffbedarf.

Anbau und Pflege
Auberginen werden von Anfang März bis Anfang April an einem warmen Platz unter Glas ausgesät. Sind die Sämlinge etwa 3 cm hoch, setzt man sie in größere Töpfe um, bevor man sie Anfang Mai an ihren endgültigen Standort pflanzt.
Die frostempfindlichen Auberginen gedeihen am besten im warmen Gewächshaus. Stehen die Pflanzen zu kalt, kommt es zu Knospen- und Blütenfall. Ins Freiland pflanzt man die Jungpflanzen nicht vor Mitte/Ende Mai. Setzen Sie die Pflanzen nicht zu eng, Auberginen bilden große, samtig behaarte Blätter und sollten mindestens im Abstand von 60 x 60 cm stehen. Achten Sie darauf, dass der Boden nicht austrocknet, Auberginen benötigen reichlich Wasser. Wer besonders große Früchte bevorzugt, entfernt einen Teil der Fruchtansätze. Im Gewächshaus ist die Ernte bereits ab Juni möglich, im Freiland reifen Auberginen erst ab Ende Juli. Warten Sie mit der Ernte bis die Früchte voll ausgefärbt sind; lassen Sie die Auberginen aber auch nicht zu lange am Strauch, da sie sonst an Geschmack verlieren. Auberginen schmecken am besten frisch aus dem Garten. Im Kühlschrank sind sie einige Tage haltbar.

Schädlinge
Weiße Fliege, Blattläuse, Spinnmilben

Sorten
'Solara' (große Früchte), 'Black Beauty' (schnellwüchsig, früh reifend), 'Negro' (früh reifend).

Gewürzpaprika

Paprika
Capsicum annuum

Merkmale
Beliebtes Fruchtgemüse mit grünen, gelben, orangefarbenen oder roten Paprika. Die bis zu 80 cm hoch wachsenden Pflanzen bevorzugen sonnige Standorte in lockerem Boden und haben einen hohen Nährstoffbedarf. Im Freien bringen nur früh reifende Paprika-Sorten den gewünschten Ertrag.

Anbau und Pflege
Das Wärme liebende Gemüse wird ab Anfang März bis Anfang April zunächst in Einzeltöpfen auf dem Fensterbrett oder im Gewächshaus ausgesät. Setzen Sie die Sämlinge nach drei bis vier Wochen in größere Gefäße um. Ab Mitte Mai bis Anfang Juni kommen die Kälte empfindlichen Jungpflanzen ins Gewächshaus oder an einen sonnigen, geschützten Standort ins Freie (Pflanzabstand ca. 60 x 50 cm). Paprika benötigen bei sonniger

Witterung reichlich Wasser. Achten Sie auf gleichmäßige Bodenfeuchte und düngen Sie die Pflanzen zwei- bis dreimal nach. Eine Mulchschicht aus angetrocknetem Rasenschnitt bewahrt den Boden vor dem Austrocknen. Im Gewächshausanbau spielt vor allem eine gleichmäßige Lufttemperatur und regelmäßiges Lüften eine wichtige Rolle. Temperaturschwankungen können das Abfallen der Blütenknospen verursachen. Um einen guten Fruchtansatz zu erzielen, lässt man am besten nur drei bis vier Triebe stehen und knipst die restlichen ab. Ab Ende Juli sind die ersten grünen Paprika erntereif, gelbe und rote Sorten sollten Sie voll ausreifen lassen.

Schädlinge und Krankheiten
Weiße Fliege, Blattläuse, Spinnmilben, Grauschimmel

Sorten
'Cartago' (robust, ertragreich, mild, saftig, reift von grün nach rot), 'Monte' (früh reifend, ertragreich, hellgrüne Früchte), 'Samanta' (robust, ertragreich, gelbe Früchte), 'Golden Bell' (früh reifend, mild, reift von grün nach gelb), 'Sammy' (zapfenförmige Paprika, süß, reifen von grünlich-weiß nach tiefrot).

Gemüseparika

Zuckermais

Zea mays

Merkmale
Für eine Erfolg versprechende Ernte benötigt Mais einen warmen, sonnigen, windgeschützten Platz. Der Boden sollte tiefgründig und humusreich sein. Pro Pflanze reifen etwa ein bis drei Kolben heran. Neben dem bei uns bekannten Zuckermais mit goldgelben, süß schmeckenden, etwa 20 cm langen Kolben, gibt es vor allem in den USA unzählige Varianten mit buntgefärbten, violetten und sogar schwarzen Kolben.

Anbau und Pflege
Beginnen Sie mit der Aussaat der Pflanzen ab Mitte April auf der Fensterbank oder im Gewächshaus. Der frostempfindliche Mais sollte erst Mitte Mai ins Freie. Damit sich der Pollen der an der Spitze befindlichen männlichen Blüten gut auf die in den Blattachseln der Pflanzen sitzenden weiblichen Blüten verteilt, setzen Sie die jungen Maispflanzen am besten im Block und nicht als Reihenkultur (Abstand 30–40 cm). Ab Mitte Mai bis Juni ist auch eine Direktaussaat ins Freie möglich. Im Laufe des Sommers sorgt mehrmaliges Anhäufeln der Pflanzen für kräftige Wurzeln und

Zuckermais

einen besseren Halt des bis zu 2 m hoch wachsenden Getreides. Versorgen Sie den Mais mit reichlich Wasser, düngen Sie die Pflanzen zweimal nach und lockern Sie den Boden durch regelmäßiges Hacken. Sobald die büscheligen Narbenfäden der weiblichen Blüten verwelken, sich dunkel färben und die Maiskörner schön gelb sind und sich eindrücken lassen, sind die Kolben erntereif und können vom Stiel vorsichtig abgedreht werden. Zuckermais schmeckt frisch und in Butter gedünstet. Die Kolben lassen sich aber auch gut einfrieren.

Schädlinge und Krankheiten
Vögel, Mäuse, Pilzerkrankungen

Sorten
Für den Anbau im Garten eignen sich vor allem Maissorten wie 'Tasty Gold' (süß), 'Tasty Sweet' (süß) 'Golden Supersweet' (früh reifend) und 'Starlite' (gelb-weiß gemischte Körner).

Hülsenfrüchte

Buschbohnen

Buschbohne

Phaseolus vulgaris var. *nanus*

Merkmale

Busch- und Stangenbohnen unterscheiden sich vor allem durch ihren ungleichen Wuchs. So eignen sich niedrig wachsende Buschbohnen besonders für kleine Gärten, da sie weniger Platz als die kletternden Stangenbohnen benötigen. Beiden gemein ist die Vorliebe für sonnige, humusreiche Böden. Allerdings haben Buschbohnen einen niedrigeren Nährstoffbedarf als Stangenbohnen.

Anbau und Pflege

Die kälteempfindlichen Buschbohnen werden Anfang Mai im Gewächshaus vorgezogen und Ende Mai ins Freie ausgepflanzt. Ab Mitte Mai besteht auch die Möglichkeit der Direktsaat. Dazu legt man die Samen in Reihen von 40 cm Abstand aus. In der Reihe beträgt der Saatabstand etwa 8 cm. Üblich ist außerdem die so genannte Horstsaat, bei der man jeweils vier bis sechs Bohnen zusammen im Abstand von 40 cm in die Erde legt. Halten Sie den Boden gleichmäßig feucht und lockern Sie die Erde gelegentlich auf. Nach der Blüte im Juni entwickeln sich an den Stängeln der Buschbohnen kleine Hülsen; einige Wochen später können die ersten Bohnen bereits geerntet werden. Pflücken Sie die Bohnen möglichst jung, so schmecken sie besonders zart. Außerdem steigert eine regelmäßige Ernte den Fruchtansatz. Eine dekorative Abwechslung unter den vielen Bohnensorten sind die blauhülsigen Bohnen, die sich beim Kochen allerdings wieder grün färben. Buschbohnen werden gekocht als Gemüse oder zu Salat verwertet und lassen sich sehr gut einfrieren.

Schädlinge und Krankheiten

Bohnenfliege, Blattläuse, Grauschimmel

Sorten

'Montana' (robust, früh reifend), 'Duplika' (robust, mittelfrüh reifend), 'Berggold' (gelb), 'Purple King' (violett).

Stangenbohnen

Feuerbohnen

***Stangenbohnen** am Stützgerüst*

Stangenbohne/ Feuerbohne

Phaseolus vulgaris var. vulgaris

▸ Merkmale
Die bis zu 3 m hoch wachsenden Stangenbohnen benötigen ein stabiles Stützgerüst. Die Kletterkünstler bieten mit ihren weißen und roten Blüten schon vor der Ernte ein dekoratives Bild. Stangenbohnen bevorzugen sonnige und nährstoffreiche Standorte. Feuerbohnen sind weniger kälteempfindlich und robuster als die anderen Bohnenarten.

▸ Anbau und Pflege
Stangenbohnen zieht man ab Ende April/Anfang Mai unter Glas vor oder sät sie Mitte Mai bis Ende Juni direkt ins Freie. Dazu legt man am besten fünf bis sechs Bohnensamen um zu einer Pyramide zusammengestellten Holzstangen aus. Sobald die jungen Stangenbohnen etwa 20 cm hoch gewachsen sind, häufelt man sie leicht an, damit sie einen guten Stand erhalten. Achten Sie auf gleichmäßige Bodenfeuchte; unregelmäßige Wasserversorgung kann vorzeitigen Blütenfall zur Folge haben. Stangenbohnen reifen ab Ende August, können aber bis zum Herbst laufend geerntet werden. Pflücken Sie die Hülsen vorsichtig ab; Verletzungen der Triebe führen zu Wachstumsstörungen. Wichtig: Bohnen nicht roh verzehren. Sie enthalten giftiges Phasin, das sich erst beim Blanchieren oder Kochen zersetzt.

▸ Schädlinge und Krankheiten
Schwarze Bohnenlaus, Bohnenfliege, Thripse, Spinnmilben, Grauschimmel

▸ Sorten
'Neckarkönigin' (ertragreich, lange Hülsen), 'Markant' (früh reifend, ertragreich), 'Neckargold' (gelb), 'Blauhilde' (violett).

Erbsen

Erbse

Pisum sativum

▸ Merkmale
Man unterscheidet zwischen Markerbsen, Schalerbsen und Zuckererbsen. Markerbsen werden unter Hobbygärtnern am häufigsten ausgesät. Sie schmecken, solange sie jung und grün geerntet werden, sehr süß und zart. Schalerbsen werden dagegen bereits kurze Zeit nach der Ernte mehlig. Man lässt die Hülsen daher meist an der Pflanze ganz ausreifen und bewahrt die getrockneten Erbsen für Suppen oder Eintopfgerichte auf. Die kleinen Samen der Zuckererbsen werden mitsamt der Hülse verzehrt. Erbsen lieben mittelschwere, lockere Böden in sonniger Lage. Sie haben nur einen geringen Nährstoffbedarf.

▸ Anbau und Pflege
Ende März (Schalerbsen) bzw. Mitte April (Markerbsen, Zuckererbsen) werden die Erbsen ins Freie ausgesät. Der Reihenabstand liegt bei 30 cm, zwischen den Reihen dient eine Rankhilfe aus Reisig oder festem Maschendraht als Pflanzenstütze. Innerhalb der Reihe sollte der Abstand der Pflanzen 5 cm betragen. Drücken Sie die Erde nach der Saat gut an und halten Sie den Boden bis zum Keimen gleichmäßig feucht. Sind die Pflanzen etwa 10 cm hoch, häufelt man die Erbsen an, um ihnen zusätzlichen Halt zu geben. Je nach Art und Sorte kann ab Ende Mai geerntet werden. Schalerbsen sind als Erstes erntereif, Zuckererbsen und Markerbsen folgen im Juni.

▸ Schädlinge und Krankheiten
Vögel, Echter Mehltau, Blattläuse, Erbsenwickler

▸ Sorten
Schalerbse: 'Kleine Rheinländerin' (niedriger Wuchs), 'Frühe Harzerin' (früh reifend); Markerbse: 'Markana' (selbststützend), 'Evita' (früh reifend); Zuckererbse: 'Delikata' (groß), 'Crispi' (früh reifend), 'Zuccola' (sehr süß).

Wurzelgemüse

Möhren

Möhre

Daucus carota

Merkmale
Möhren gedeihen am besten in tiefgründigen, humosen bis sandigen Böden in sonniger Lage. Vermeiden Sie Staunässe. Steinige Böden haben verformte Möhren zur Folge.

Anbau und Pflege
Je nach Sorte werden Möhren zwischen März und Ende Juni direkt ins Freie gesät. Der Reihenabstand liegt bei 25 cm, in der Reihe werden die Möhren später auf 3–5 cm vereinzelt. Drücken Sie den Boden nach der Saat gut an. Da Möhren sehr langsam keimen (drei bis vier Wochen), mischt man die Saat zur Markierung der Reihen mit einigen schnell auflaufenden Radieschen. Wässern Sie die jungen Möhren regelmäßig. Herauswachsende Möhren werden leicht angehäufelt, um eine Grünfärbung des Wurzelgemüses zu vermeiden.

Schädlinge und Krankheiten
Möhrenfliege, Nematoden, Erdraupen, Alternaria-Fäule

Sorten
'Frühbund' (früh reifend), 'Rotin' (gut lagerbar), 'Flyaway' (widerstandsfähig gegen die Möhrenfliege), 'Cubic' (spät reifend).

Rote Bete

Rote Bete

Beta vulgaris
var. *conditiva*

Merkmale
Rote Bete bildet runde oder zylinderförmige Wurzelknollen, die auch beim Kochen ihre intensive dunkelrote Farbe bewahren. Setzen Sie das Gemüse an einen sonnigen Standort in tiefgründige, humusreiche Erde.

Anbau und Pflege
Da zu frühe Saattermine bei Rote Bete zum Schießen der Pflanzen führen, säen Sie das Wurzelgemüse erst ab Ende April bis Ende Juni direkt an Ort und Stelle aus (Reihenabstand 25 cm). Drücken Sie die Samen gut an und halten Sie die Erde gleichmäßig feucht. Nach Auflaufen der Saat werden die Pflanzen in der Reihe auf 10–12 cm verdünnt. Auch während der Knollenbildung sollte der Boden nie austrocknen. Gelegentliches Hacken hält die Beete unkrautfrei und die Erde locker. Etwa 12 bis 14 Wochen nach Aussaat, wenn die Knollen einen Durchmesser von rund 6 cm haben, wird geerntet. Sie schmecken roh, gedünstet oder süß-sauer eingelegt. Wenn man das Laub ein wenig einkürzt, sind die Knollen auch einige Zeit lagerbar.

Schädlinge
Blattläuse, Erdraupen

Sorten
'Rote Kugel', 'Monalisa' (beide rund), 'Loma' (lang zylindrisch, ertragreich).

Radieschen

Raphanus sativus

Merkmale
Radieschen gehören zu den unkompliziertesten Gemüsearten und gedeihen nahezu überall, am besten jedoch in lockerer, humoser Erde an einem sonnigen Platz. Sie haben nur einen geringen Nährstoffbedarf. Aufgrund ihrer kurzen Kulturzeit eignen sich Radieschen ideal zur Zwischensaat. Auch Kin-

Radieschen

der haben an dem Heranziehen der beliebten Knollen viel Freude. Das umfangreiche Angebot an roten, weißen, runden und länglichen Sorten lässt den Radieschenanbau aber auch für erfahrene Hobbygärtner nicht langweilig werden.

▸ Anbau und Pflege

Radieschen können Sie bereits ab Ende Februar unter Glas oder im Frühbeet aussäen. Die Direktsaat ist von Mitte März/April bis Mitte August möglich. Bewährt hat sich die Reihenaussaat mit 15 cm Abstand. In der Reihe werden die Sämlinge auf 5 cm vereinzelt. Damit sich die Knollen gut entwickeln, hält man die Erde gleichmäßig feucht. Regelmäßiges Hacken bewahrt den Boden vor Verkrustung. Je nach Witterung und Sorte reifen die ersten Radieschen bereits vier bis acht Wochen nach der Aussaat. Ernten Sie die Knollen nicht zu spät. Zu große Radieschen werden leicht pelzig und verlieren an Geschmack. Verwerten Sie sie frisch gepflückt. Im Kühlschrank sind Radieschen nur wenige Tage lagerbar.

▸ Schädlinge und Krankheiten

Falscher Mehltau, Kohlfliege, Erdflöhe, Schnecken

▸ Sorten

'Big Ben' (groß, rund, pelzfest), 'Cyros' (rot, rund, schneller Wuchs), 'French Breakfast' (länglich, rotweiß), 'Eiszapfen' (lang, weiß).

Rettich

Raphanus sativus var. *niger*

▸ Merkmale

Lang und weiß, rosa, violett oder kugelrund und tiefschwarz – es gibt die unterschiedlichsten Rettichsorten für den Frühjahr-, Sommer-, Herbst- und Winteranbau. Im Gegensatz zu Radieschen benötigt Rettich etwas mehr Nährstoffe, bevorzugt aber ebenfalls tiefgründige, nicht zu trockene Böden in voller Sonne.

▸ Anbau und Pflege

Frühe Rettichsorten werden im Frühbeet bereits ab Ende Februar ausgesät, direkt ins Freie gelingt die Aussaat ab Anfang März (eventuell mit Folienschutz). Herbst- und Wintersorten können noch bis Anfang August gesät werden. Der Reihenabstand liegt bei 25 cm, innerhalb der Reihe wird nach dem Auflaufen der Saat auf 15 cm verdünnt. Vor allem späte Rettiche sollten nicht zu eng stehen. Bleibt der Boden gleichmäßig feucht und locker, sind die ersten Rettiche nach acht bis neun Wochen erntereif. Rettiche schmecken am besten, wenn sie noch nicht ganz ausgewachsen sind. Bleiben sie zu lange im Boden, werden sie holzig. Herbst- und Wintersorten sind lange lagerbar.

▸ Schädlinge

Kohlfliege, Rettichfliege, Erdflöhe

▸ Sorten

'Rex' (weiß, schossfest), 'Blauer Herbst- und Winter' (violett, lagerbar), 'Ostergruß rosa' (für den Frühanbau, rosarot), 'Runder schwarzer Winter' (kugelrund, schwarz, lagerbar).

Rettich

Knollensellerie

Pastinake

Knollensellerie
Apium graveolens var. *rapaceum*

Merkmale
Fleischige, grünlichbraune Knollen und ein intensiver Duft kennzeichnen das würzige Wurzelgemüse. Sellerie benötigt viele Nährstoffe und gedeiht daher am besten in sonniger Lage in Böden mit hohem Humusanteil.

Anbau und Pflege
Aufgrund der recht langen Kulturzeit, sollten Sie den Sellerie bereits Mitte bis Ende März an einem hellen Platz auf der Fensterbank oder im Gewächshaus vorziehen. Nach ein paar Wochen werden die Jungpflanzen in größere Töpfe umgesetzt. Da zu kühle Temperaturen während der Anzucht der Pflanzen zu frühzeitiger Bildung von Blütenständen führen, sollte Knollensellerie erst Mitte, besser Ende Mai ins Freie gesetzt werden. Pflanzen Sie den Sellerie nicht zu tief, der Abstand liegt bei 40 x 40 cm. Düngen Sie die Pflanzen bis zur Ernte ein- bis zweimal nach. Auch regelmäßiges Hacken oder Mulchen des Bodens wirkt sich positiv auf die Knollenbildung aus. Achten Sie außerdem auf eine gleichmäßige Bodenfeuchte. Im Oktober, wenn die äußersten Blätter gelb werden, kann bis zum ersten Frost geerntet werden. An einem kühlen Ort ist Knollensellerie auch gut lagerbar. Dazu schneidet man die Blätter zurück und schlägt die Knollen in feuchtem Sand ein.
Im Gegensatz zu Knollensellerie bildet Stangensellerie (*Apium graveolens* var. *dulce*) keine Knollen, sondern etwa 50 cm hohe, breite Blattstiele (siehe Seite 99). Schnitt- oder Blattsellerie (*Apium graveolens* var. *secalinum*) zeichnet sich durch besonders aromatische Blätter aus. Auch er bildet keine Knollen und wird üblicherweise im Reihenabstand von 30–40 cm von April bis Mai direkt ins Beet ausgesät. Zur Würze von Suppen, Eintopfgerichten und Soßen werden die Blätter entweder frisch geerntet, getrocknet oder eingefroren.

Schädlinge und Krankheiten
Blattlaus, Möhrenfliege, Nematoden, Blattfleckenkrankheit

Sorten
'Dolvi', 'Monarch'

Pastinake
Pastinaca sativa

Merkmale
Pastinaken bilden Möhren ähnliche Wurzeln, die man geschält zu Suppen oder Eintopfgerichten zubereitet. Sie haben einen hohen Nährstoffbedarf und lieben sonnige bis halbschattige Beete.

Anbau und Pflege
Ende März/Anfang April kann mit der Kultur der Pastinake begonnen werden. Verwenden Sie jedoch nur frisches Saatgut, ältere Samen verlieren rasch an Keimfähigkeit. Üblich ist die Direktsaat in Reihen mit 30 cm Abstand. Innerhalb der Reihe werden die Pflanzen auf 10–15 cm Abstand verdünnt. Da Pastinaken sehr langsam keimen, empfiehlt es sich zur Markierung der Reihen, das Saatgut mit einigen schnell keimenden Radieschensamen zu mischen. Halten Sie den Boden locker und unkrautfrei. Erntereif werden die Pastinaken im Oktober. Sie können lange im Boden bleiben oder im feuchten

Erdeinschlag gelagert werden.

Sorte

'Halblange' (würziger Geschmack).

Kartoffel

Solanum tuberosum

Merkmale

Kartoffeln lieben humusreiche, lockere und sonnige Standorte. Eine Kartoffelpflanze ergibt etwa 1 kg Kartoffeln.

Anbau und Pflege

Kartoffeln werden nicht aus Samen, sondern aus so genannten Saatkartoffeln herangezogen. Um den Erntetermin zu verfrühen, legt man die Saatknollen ab Mitte März zum Vorkeimen zunächst in flache Holzkisten bei etwa 15 °C. Mitte/Ende April werden die gekeimten Knollen in Reihen mit 50 cm Abstand mit den Trieben nach oben etwa 10 cm tief vorsichtig ausgepflanzt. Sind die Kartoffeln 15 cm hoch gewachsen, häufelt man die Pflanzen mit Erde an. Ab der Blüte sollten die Pflanzen reichlich gegossen werden. Vorgekeimte Frühkartoffeln können schon Ende Juni geerntet werden, späte Sorten werden im Herbst aus dem Boden geholt. Roden Sie die Kartoffeln vorsichtig mit einer Grabegabel, damit die Knollen nicht verletzt werden. Ausgereifte Kartoffeln sind an einem dunklen, frostfreien, kühlen, trockenen Ort gut lagerbar. Durch Licht ergrünte Kartoffeln dürfen nicht mehr gegessen werden.

Frühkartoffeln

Schädlinge und Krankheiten

Kartoffelkäfer, Kraut- und Knollenfäule, Nematoden

Kartoffel 'Desirée'

Kartoffelsorten

Sorte	Farbe	Kocheigenschaft	Reife
'Cilena'	*gelbschalig*	*vorwiegend*	*früh*
'Crista'		*fest kochend*	*früh*
'Grata'			*mittelfrüh*
'Hansa'			*mittelfrüh*
'Secura'			*mittelfrüh*
'Selma'			*früh*
'Sieglinde'			*früh*
'Aula'		*mehlig kochend*	*spät*
'Desirée'	*rotschalig*	*vorwiegend*	*mittelfrüh*
'Rosara'		*fest kochend*	*früh*

Zwiebelgemüse

Zwiebeln

Zwiebel
Allium cepa

▸ **Merkmale**
Die Unterschiede im Zwiebelsortiment sind beachtlich: kleine Perlzwiebeln, dicke Gemüsezwiebeln, rote, bräunliche und weiße Sorten. Man unterscheidet zwischen Sommer- und Winterzwiebeln und von der Anbauart her zwischen Säzwiebeln und Steckzwiebeln. Zwiebeln lieben lockere, humose, eher trockene Böden an einem sonnigen Standort und haben einen mittleren Nährstoffbedarf.

▸ **Anbau und Pflege**
Säzwiebeln: Für den Sommer- und Winterbedarf wird im März und April ausgesät, für die Überwinterung in der zweiten Augusthälfte (Reihenabstand 25 cm, in der Reihe 5 cm). Silberzwiebeln bleiben dichter mit 3 cm Abstand in der Reihe stehen. Die großen, mild schmeckenden Gemüsezwiebeln ziehen Sie am besten von Ende Februar bis März auf der Fensterbank vor. Setzen Sie die Sämlinge nach ein paar Wochen in größere Töpfe um, Ende Mai kommen Sie ins Freie (25 x 30 cm Abstand).
Steckzwiebeln: Sehr einfach gelingt der Anbau mit Steckzwiebeln (im Gartenhandel). Man setzt sie ab Ende Februar bis April im Abstand von 20 x 10 cm fest in den Boden. Wintersteckzwiebeln für die Ernte im Frühjahr werden in der zweiten Augusthälfte gesteckt.
Halten Sie die Beete locker und unkrautfrei. Überwinternde Zwiebeln sollte man in rauen Lagen mit Fichtenreisig oder Laub abdecken. Sobald das Zwiebellaub abzusterben beginnt, können im Frühjahr gesäte Zwiebeln ab August geerntet werden. Gesteckte Zwiebeln sind bereits ab Juli erntereif. Heben Sie die Zwiebeln mit einer Grabegabel leicht aus dem Boden und lassen Sie sie noch einige Tage auf dem Beet abtrocknen. Zwiebeln sind gut lagerbar, nur beschädigte Exemplare sollten Sie direkt verwerten. Überwinternde Zwiebeln können Sie ab April/Mai ernten.

▸ **Schädlinge und Krankheiten**
Zwiebelfliege, Falscher Mehltau, Grauschimmel

Lauch/Porree

Sorten
'Zittauer Gelbe' (rund, fest), 'Stuttgarter Riesen' (flachrund, mittelgroß, fest), 'The Kelsae' (Gemüsezwiebel).

Lauch/Porree
Allium porrum

Merkmale
Man unterscheidet Sommer-, Herbst- und Wintersorten. Lauch hat einen höheren Nährstoffbedarf als Zwiebeln und bevorzugt humusreiche, tiefgründige, nicht zu trockene Böden in sonniger Lage.

Anbau und Pflege
Für die Sommerernte beginnt die Aussaat ab Februar zunächst unter Glas, die Jungpflanzen werden ab Ende März/Anfang April im Abstand von 30 cm ausgepflanzt. Herbst- und Wintersorten werden zwischen Mitte April und Juni direkt ins Freie gesät. In der Reihe lässt man die Pflanzen im Abstand von 15 cm stehen. Damit die Schäfte schön weiß werden, setzt man die Pflanzen möglichst tief und häufelt den Lauch beim Hacken an. Halten Sie die Pflanzen gleichmäßig feucht, länger stehende Wintersorten werden ein- bis zweimal nachgedüngt. Frühe Lauchsorten sind bereits im Juni erntereif, Herbst- und Winterlauch kann von Anfang September bis tief in den Winter hinein geerntet werden.

Schädlinge
Zwiebelfliegen, Thripse, Nematoden

Sorten
'Tropita' (Sommer- und Herbstsorte, langschaftig), 'Genita' (ertragreich, Herbst- und Wintersorte), 'Blaugrüner Winter' (verträgt tiefe Temperaturen).

Knoblauch (Pflanze)

Knoblauch (Knollen)

Knoblauch
Allium sativum

Merkmale
Knoblauch liebt tiefgründige, nährstoffreiche, trockene Böden in voller Sonne.

Anbau und Pflege
Ähnlich wie Steckzwiebeln setzt man die einzelnen Knoblauchzehen ab März/April in Reihen von 20 cm Abstand etwa 3 cm tief in den Boden (Abstand in der Reihe 15 cm). Gelegentliches Hacken hält die Beete locker und unkrautfrei. Ab August sind die ersten Knoblauchzwiebeln erntereif. Lassen Sie den Knoblauch noch einige Tage antrocknen. Knoblauch ist lange haltbar.

Schädlinge und Krankheiten
Zwiebelfliege, Falscher Mehltau

Mehrjähriges Gemüse

Bleichspargel

Spargel

Asparagus officinalis

▸ Merkmale

Spargel gedeiht auf tiefgründigen, sandig-humosen Böden, die sich leicht erwärmen, und benötigt volle Sonne. Da das ausdauernde Gemüse einen hohen Nährstoffbedarf hat, gräbt man vor der Pflanzung das Spargelbeet zunächst etwa 50 cm tief um und reichert den Boden mit verrottetem Kompost oder Stallmist an. Bleichspargel wird in hohen Dämmen angebaut und benötigt leichte, sandige Böden. Grünspargel dagegen wächst in flachen Beeten in jedem guten Gartenboden.

▸ Anbau und Pflege

Um sich beim Spargelanbau vorab einige Mühe zu sparen, erwirbt man die Jungpflanzen im Gartenhandel. Achten Sie auf Qualität. Die Setzlinge sollten mindestens fünf Knospen und lange, dicke Wurzeln besitzen. Ende März bis spätestens Anfang Mai wird gepflanzt.

Bleichspargel Heben Sie einen 45 cm breiten und 30 cm tiefen Graben aus. Wenn Sie mehrere Reihen Spargel planen, sollte der Abstand der Gräben 120 cm betragen. Legen Sie die Jungpflanzen im Abstand von 40 cm in die Reihe. Breiten Sie die Wurzeln vorsichtig aus und sorgen Sie dafür, dass alle Knospen in Längsrichtung des angelegten Grabens zeigen. Anschließend füllt man etwa 5 cm Erde über die Setzlinge und gießt die Pflanzen gut an. Bis zur ersten Spargelernte dauert es drei Jahre. Im ersten Jahr lässt man die Gräben offen. Hacken Sie den Spargel gelegentlich durch und lassen Sie den Boden nicht austrocknen. Im Herbst wird das Spargelgrün zurückgeschnitten. Im darauf folgenden Jahr wird der Graben bis zur normalen Erdoberfläche aufgefüllt. Düngen Sie die Pflanzen den Sommer über zwei- bis dreimal nach. Erst im dritten Jahr häuft man im Frühjahr über dem Graben einen 40 cm hohen Damm an, den man an den Seiten und oben gut festklopft. Je nach Witterung sind die ersten Stangen ab Mitte April erntereif – wenn der Damm Risse bekommt und die Spargelspitzen durch die Erde treiben. Spargel wird traditionell bis zum Johannistag (24. Juni) gestochen, danach wird die Erde eingeebnet und mit Kompost vermischt. Erst im kommenden März wird ein neuer Damm errichtet.

Grünspargel Auch beim Grünspargel werden die Pflanzen zunächst in 30 cm tiefe Gräben ausgelegt. Ab dem dritten Jahr entfällt allerdings das arbeitsaufwändige Errichten der Erddämme. Grünspargel wird geerntet, wenn die Triebe etwa 20 cm lang aus dem Boden ragen. Nach der letzten Ernte wird der Boden mit Kompost angereichert und das Spargelkraut im Herbst zurückgeschnitten. Spargelpflanzen bringen etwa zehn Jahre guten Ertrag, danach lässt die Ernte nach.

▸ Schädlinge

Spargelfliege, Spargelhähnchen

Grünspargel

▸ **Sorten**
Bleichspargel: 'Argenteuil' (zart, weißköpfig). Grünspargel: 'Mary Washington' (ertragreich, gut geschlossene Köpfe).

Schwarzwurzel
Scorzonera hispanica

▸ **Merkmale**
Das frostharte, Spargel ähnliche Wurzelgemüse mag einen humosen, tief gelockerten Standort in sonniger Lage.

▸ **Anbau und Pflege**
Schwarzwurzeln werden von März bis April in Reihen von 25–30 cm Abstand gesät. Nach dem Auflaufen der Samen, das bis zu vier Wochen dauern kann, verzieht man die Pflanzen in der Reihe auf 7 cm Abstand. Zur besseren Reihenmarkierung mischt man das Saatgut am besten mit wenigen schnell keimenden Radieschensamen. Im

Schwarzwurzeln

Sommer wird mehrfach gehackt und der Boden gleichmäßig feucht gehalten. Ab Oktober, wenn das Laub der Schwarzwurzeln abstirbt, kann mit der Grabegabel vorsichtig geerntet werden. Die dünnen Wurzeln brechen leicht. Schwarzwurzeln werden gedünstet zubereitet. In feuchtem Sand eingeschlagen sind sie lange haltbar.

▸ **Krankheiten**
Mehltau

▸ **Sorten**
'Verbesserte, nicht schießende Riesen' (lange Wurzeln), 'Hoffmans Schwarze Pfahl' (dicke Wurzeln).

Meerrettich
Armoracia rusticana

▸ **Merkmale**
Vor allem Senföle verursachen den scharfen Geschmack des Vitamin-C-haltigen Meerrettichs. Er liebt nährstoffreiche, sandig-tiefgründige Böden in voller Sonne. Als Ausgangsmaterial zur Pflanzung können Sie ganz einfach Nebenwurzeln gekaufter Meerrettichstangen verwenden. Sie bekommen sie aber auch im Gartenhandel.

▸ **Anbau und Pflege**
Von März bis April werden die Wurzelstecklinge des Meerrettichs (so genannte Fechser) in Reihen mit 60 cm Abstand ausgelegt. In der Reihe hat sich ein Abstand von 10 cm bewährt. Legen Sie die Wurzelstücke (oben und unten nicht verwechseln) schräg – etwa 10 cm tief – in die Erde und häufeln Sie sie leicht an. Bis zum Anwachsen des Meerrettichs wird der Boden gut

Meerrettich

gewässert und gelegentlich gelockert. Um starke Pflanzen zu bekommen, sollten Sie nur den stärksten Meerrettichtrieb stehen lassen und sämtliche Nebentriebe entfernen. Ab Oktober können die stangenartigen Wurzeln geerntet werden. Dazu gräbt man die Pflanzen mit der Grabegabel vorsichtig aus. Schwächere Seitenwurzeln belässt man zur Weiterkultur entweder gleich im Boden zurück oder gräbt sie mit aus, um sie im nächsten Frühjahr wieder neu zu pflanzen. Extratipp für kleine Gemüsegärten: Einmal Meerrettich, immer Meerrettich. Um zu verhindern, dass sich die wuchernden Pflanzen im ganzen Garten ausbreiten, können Sie Meerrettich auch in einem großen, tiefen Gefäß heranziehen. Verwertet werden die frisch geriebenen Meerrettichstangen. In feuchtem Sand eingeschlagen ist Meerrettich an einem kühlen Ort über mehrere Wochen gut lagerbar.

▸ **Schädlinge**
Erdflöhe

Rhabarber

Rheum rhabarbarum

Merkmale
Der winterharte Rhabarber hat einen hohen Nährstoffbedarf und liebt durchlässige, nicht zu trockene Standorte in sonniger bis halbschattiger Lage.

Anbau und Pflege
Empfehlenswert ist die Anzucht aus Wurzelstücken (im Gartenhandel), die mehrere Knospen aufweisen sollten. Gepflanzt werden kann im Herbst oder im Frühjahr, wichtig dabei ist, dass Sie die Rhabarberwurzeln flach, nicht tiefer als 2–5 cm, in die Erde setzen. Dabei sollte der Abstand zur nächsten Pflanze etwa 120 cm betragen. Vor allem zur Hauptwachstumszeit im Mai und Juni benötigt Rhabarber viel Wasser. Geerntet wird bis Anfang Juli. Dabei dreht man die fleischigen Blattstiele vorsichtig aus dem Herz der Pflanze heraus. Auftretende Blütenstände werden entfernt. Ernten Sie nicht alle Stiele. Lassen Sie genügend Blattmasse zurück, damit die Pflanzen in der kommenden Saison nicht kümmern. Nach der letzten Ernte werden die Pflanzen gedüngt und fortlaufend gewässert. Zur Verfrühung des Erntezeitraums stülpt man ab Februar einen Eimer oder spezielle Treibglocken über die Pflanzen. Lässt der Ertrag nach acht bis zehn Jahren nach, verjüngt man die Pflanzen durch Teilen. Rhabarber eignet sich für Kuchen und Marmelade. Die großen Blätter sind ungenießbar.

Rhabarber

Sorten
'Holsteiner Blut' (lange Stiele, aromatisch), 'Esta' (ertragreich, leicht säuerlich, grünes Fruchtfleisch), 'Frambozen rood' (ertragreich, Stiele durchgehend rot).

Artischocke

Cynara scolymus

Merkmale
Artischocken gedeihen in geschützten, vollsonnigen Lagen. Sie lieben nährstoffreiche, tiefgründige, sandige Böden und vertragen keine Staunässe. Lässt man die attraktiven Blütenknospen an der Pflanze stehen, blühen sie von August bis September wunderschön violett.

Anbau und Pflege
Die Vorkultur der ausdauernden Artischocken beginnt ab März im Gewächshaus, ausgepflanzt wird ab Mitte Mai im Abstand von 80 x 100 cm. Artischocken sind im Sommer ausgiebig zu wässern. Ein- bis zweimal wird nachgedüngt, bevor die Ernte der noch geschlossenen Blütenknospen ab Juli beginnt. Schützen Sie die Pflanzen im Winter mit einer Laub- oder Reisigabdeckung vor Kahlfrösten. Nach drei bis vier Jahren wird der Bestand durch neue Pflanzen ersetzt.

Schädlinge
Blattläuse

Artischocke

Speisepilze

Pilzkulturen

▸ **Merkmale**
Champignons, Egerlinge, Austernseitling oder Shiitake lassen sich auch im Garten kultivieren. Benötigte Pilzbrut in Form von geimpftem Getreide, Holzstäbchen oder Stroh erhalten Sie im Gartenhandel. Kulturpilze benötigen einen feucht-schattigen Platz.

▸ **Kultur aus Fertigpackungen**
Am einfachsten gelingt der Anbau mit Fertigsubstraten aus dem Gartenhandel. Nach wenigen Tagen beginnt das Pilzgeflecht zu wachsen. Bereits zwei Wochen später können Champignons, Egerlinge und Austernseitlinge geerntet werden.

Weißer Egerling

***Die Pilze** wachsen aus dem Stroh heraus.*

▸ **Kultur auf Stroh**
Eine weitere Möglichkeit ist die Pilzanzucht auf Stroh. Hier gedeihen Kulturträuschling, Braunkappe und Austernseitling besonders gut. Nach gründlichem Durchwässern impft man den frischen, sauberen Ballen im Abstand von 20 cm mit Pilzbrut und verpackt ihn in durchsichtige Folie. Nach etwa vier Wochen bei 15–20 °C hat das Pilzmyzel den Ballen durchwachsen. Nun schneidet man kleine Löcher in die Folie, damit die Fruchtkörper der Pilze gut aus dem Ballen herauswachsen können.

▸ **Kultur auf Holz**
Shiitake (Eiche, Buche, Esskastanie), Austernseitling (Buche, Weide, Pappel) oder Samtfußrübling (Pappel, Weide, Buche) lassen sich nur auf Holz kultivieren. Auf frischen Weichhölzern wie Weide kann schon im ersten Jahr geerntet werden, bei Harthölzern wie Kastanie, Buche oder Eiche beginnt die Ernte im zweiten Jahr, hält dafür aber bis zu sieben Jahre an. Bei der Bohrlochimpfung gibt man die Pilzbrut in 2 cm breite und 3 cm tiefe Löcher in das Holz. Bewährt hat sich auch die Schnittimpfung. Hier sägt man zwei leicht versetzt gegenüber liegende Keile in den Holzstamm und füllt die Lücken mit feuchter Pilzbrut. Anschließend werden die Löcher mit durchsichtiger Folie verschlossen. Sobald sich nach einigen Wochen weißes Pilzgeflecht zeigt, wird der Folienschutz entfernt.

Shiitake

Seltene Gemüsearten

Neben den Klassikern wie Tomaten oder Kohlrabi gibt es zahlreiche Arten, die heute nahezu in Vergessenheit geraten sind und nur noch selten oder als regionale Spezialität angebaut werden. Tipps zum Anbau und zur Verwendung der Gemüsearten zeigt die folgende Tabelle. Saatgut erhalten Sie in gut sortierten (Raritäten-) Gärtnereien.

Seltene Gemüsearten

Deutscher Name Botanischer Name	**Standort**	**Kultur (Monate in römischen Zahlen)**	**Verwendung**
Gartenmelde (Atriplex hortensis)	*sonnig bis halbschattig, Boden darf nicht zu schwer und trocken sein*	*Aussaat ab III, breitwürfig oder mit 25 x 5 cm Abstand; Boden feucht halten. Geerntet wird, wenn die Triebe 15–20 cm hoch sind; Pflanzen nach der Blüte nicht aussamen lassen*	*junge Blätter wie Spinat zubereiten*
Kohlrübe (Brassica napus rapifera)	*sonnig bis halbschattig, tiefgründiger Boden*	*Aussaat Ende V–VI, auf 40 x 40 cm vereinzeln; Boden feucht halten, Rüben leicht anhäufeln. Ernte ab X*	*für Suppen, Eintopfgerichte*
Kerbelrübe (Chaerophyllum bulbosum)	*halbschattig, tiefgründiger, sandiger, nicht zu trockener Boden*	*Aussaat VII–XII, Abstand 25 x 5 cm, Ernte ab VII. Kleine Rüben in Sand einschlagen, im VII neu auslegen und im VI darauf ernten*	*knollenartige Wurzeln wie Kartoffeln zubereiten*
Erdbeerspinat (Chenopodium capitatum)	*sonnig bis halbschattig, sandig-humoser Boden*	*Aussaat Mitte III – Mitte IV, Abstand 25 x 30 cm; regelmäßig wässern, Ernte ab V bis zur Blüte*	*junge Blätter wie Spinat*
Topinambur (Helianthus tuberosus)	*sonnig bis halbschattig, lockerer, nährstoffreicher Boden*	*Pflanzung der Knollen ab Mitte IV, Abstand 20 x 20 cm; Boden feucht halten. Ernte ab XI, Knollen vorsichtig ausgraben*	*kartoffelartige Knollen roh, gedünstet oder paniert zubereiten*
Süßkartoffel (Ipomoea batatas)	*sonnig, warm, nährstoffreicher Boden*	*Knollen Mitte IV bei 18–25 °C in Erde vortreiben, ab Ende V auspflanzen, Abstand 80 x 80 cm; gut wässern. Sobald im Herbst die Blätter vergilben, Knollen vorsichtig ausgraben*	*Knollen wie Kartoffeln verwenden, auch für Eintopfgerichte*
Zuckerwurzel (Sium sisarum)	*sonnig bis halbschattig, tiefgründiger, sandig-humoser Boden*	*Samen in Wasser vorquellen, Aussaat VIII oder III/IV, Abstand 30 x 15 cm; Boden feucht halten. Ernte von Herbst bis Frühjahr*	*Wurzeln wie Möhren roh oder gedünstet zubereiten*
Spargelerbse (Tetragonolobus purpureus)	*sonnig, humoser, leicht sandiger Boden*	*Aussaat ab V, Abstand 60 x 40 cm; Boden feucht halten. Ernte von VI – Anfang IX*	*junge Hülsen wie Zuckererbsen dünsten*

Obstporträts

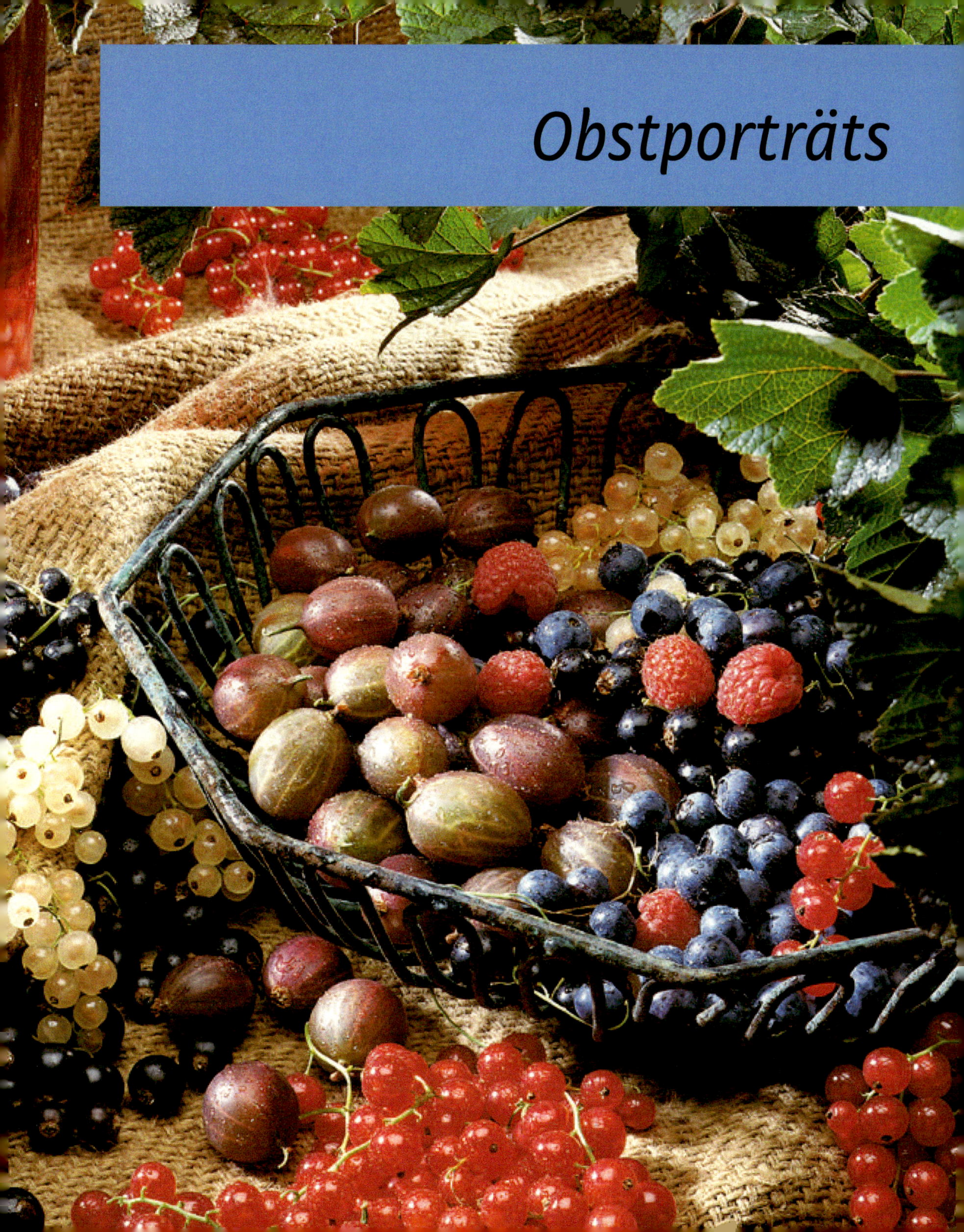

Kernobst

Apfel 'Jakob Fischer'

Apfel

Malus domestica

Merkmale

Je nach Witterung und Sorte öffnen sich die ersten Apfelblüten Ende April. Da Äpfel selbstunfruchtbar sind, müssen für eine erfolgreiche Ernte mindestens zwei unterschiedliche, aber zeitgleich blühende Sorten nahe beieinander stehen. Äpfel bevorzugen nährstoffreiche Böden in sonniger, windgeschützter Lage.

Anbau und Pflege

Die Gartengröße entscheidet meist darüber, welcher Apfelbaumtyp (Spindel, Hochstamm usw.) gewählt wird. Bereiten Sie den Boden vor der Pflanzung der Bäume durch Lockerung der Erde und Beigabe von Kompost optimal vor. Ideale Pflanzzeiten sind Spätherbst und Frühjahr. Mulchen Sie die Bäume im Sommer, um den Boden gleichmäßig feucht zu halten. Besonders während des Fruchtwachstums benötigen Äpfel reichlich Wasser. Bei der Düngung ist darauf zu achten, dass die Bäume nicht zu viel Stickstoff erhalten. Setzen die Pflanzen zu viele Äpfel an, wird ein Teil der Früchte ausgedünnt. Besonders bei jungen Bäumen ist ein regelmäßiger Schnitt zum Aufbau der Krone wichtig, um den Fruchtansatz zu fördern. Aber auch ältere Bäume schützt der jährliche Rückschnitt vor vorzeitiger Vergreisung des Fruchtholzes.

Schädlinge und Krankheiten

Schorf, Mehltau, Obstbaumkrebs, Apfelwickler, Spinnmilben, Blattläuse, Blutläuse, Apfelblütenstecher, Frostspanner, Feuerbrand.

Birne

Pyrus communis

Merkmale

Die sonnenliebenden, wärmebedürftigen Birnen gedeihen am besten auf tiefgründigen, nähr-

Apfelsorten

Sorte	Pflückreife	Genussreife	Frucht	Geschmack
'Alkmene'	*Ende VIII – Mitte IX*	*ab IX*	*mittelgroß, goldgelb, orangerot geflammt*	*fruchtig, erfrischend säuerlich*
'Berlepsch'	*Mitte IX – Mitte X*	*ab XI*	*klein bis mittelgroß, grüngelb, rot gestreift*	*fein säuerlich*
'Boskoop'	*Ende IX – Anfang X*	*ab XI*	*groß, raue Schale*	*säuerlich*
'Cox Orange'	*Mitte – Ende IX*	*ab X*	*klein bis mittelgroß, grüngelb, rot geflammt*	*fruchtig, leicht säuerlich*
'James Grieve'	*Anfang – Mitte IX*	*ab IX*	*mittelgroß bis groß, grüngelb bis orangegelb*	*saftig, fein säuerlich*
'Jonagold'	*Ende IX – Mitte X*	*ab X*	*groß, wachsige, grüngelbe Schale, sonnenseits rot*	*saftig, süßlich bis fein säuerlich*
'Melrose'	*Anfang – Mitte X*	*ab XI*	*groß, überwiegend braunrot gefärbt*	*süß-fruchtig*
'Rubinette'	*Anfang X*	*Anfang X*	*mittelgroß, grüngelb, rot gestreift*	*fruchtig*

Birne 'Clapp's Liebling'

stoffreichen Böden. Der Blütezeitraum liegt je nach Witterung und Sorte zwischen Anfang April und Ende Mai. Wie der Apfel sind auch Birnen auf eine Fremdbestäubung angewiesen. Die meisten Tafelbirnen werden auf Quitten veredelt. Das hat den Vorteil, dass die Bäume nicht so stark wachsen und häufig bereits nach zwei bis drei Jahren fruchten. Allerdings sind die Birnen dadurch stärker frostempfindlich und aufgrund der flachwurzelnden Quitten weniger standfest.

▸ Anbau und Pflege
Reichern Sie den Boden vor der Pflanzung zwischen Spätherbst und Frühjahr mit Kompost an und versehen Sie die jungen Bäume in windigen Lagen mit einem Stützpfahl. Besonders zur Zeit des Fruchtwachstums benötigen Birnen eine gleichmäßige Wasserversorgung. Rund um den Baum verteilter Mulch hält die Erde feucht und schützt den Boden vor Verkrustung. Eine jährliche Düngung der Birnbäume beugt Nährstoffmangel vor. Regelmäßige Schnittmaßnahmen halten die Birnbaumkronen in Form und fördern die erwünschte Fruchtholzbildung. Wie beim Apfel sorgt in jungen Jahren zunächst der so genannte Erziehungsschnitt für den richtigen Aufbau des Astgerüstes. Ältere Bäume bleiben durch einen jährlichen Erhaltungsschnitt ertragreich (siehe auch Seite 74).

▸ Schädlinge und Krankheiten
Birnengitterrost, Spinnmilben, Blattläuse, Birnblattsauger, Birnenpockenmilbe, Schorf, Feuerbrand

▸ Sorten
'Clapps Liebling' (fein säuerlich; pflückreif ab Mitte August), 'Williams Christ' (aromatisch; pflückreif ab Anfang September), 'Conference' (saftig, süß; pflückreif ab Mitte September), 'Alexander Lukas' (süß, saftig; pflückreif ab Ende September).

Quitte

Cydonia oblonga

▸ Merkmale
Je nach der Form der leuchtend gelben Früchte unterscheidet man rundliche Apfelquitten (hartes Fruchtfleisch) und Birnenquitten (weiches Fruchtfleisch). Da sich die Blüten erst ab Mai bis Juni öffnen, sind Quitten im Gegensatz zu Birne und Apfel kaum spätfrostgefährdet. Die flachwurzelnden Obstgehölze lieben einen geschützten, sonnigen Platz in gut durchlüfteten, leicht sauren Böden. Kalkhaltige Erden führen zur Vergilbung der Blätter (Chlorosen).

▸ Anbau und Pflege
Quitten werden in der Regel zu lockeren Buschbäumen mit Hohlkrone oder Pyramidenkrone erzogen. Im Gegensatz zu anderen, regelmäßig zu formenden Obstgehölzen, beschränkt sich der Schnitt bei den schwachwachsenden Quitten auf gelegentliches Auslichten überalterten Fruchtholzes. Halten Sie den Wurzelbereich der Bäume feucht, eine Düngung der Quitten ist jedoch nur alle zwei bis drei Jahre notwendig. Die duftenden Früchte reifen von September bis Oktober und sollten vor dem ersten Frost geerntet werden. Quitten sind nur gekocht genießbar. Vor der Verarbeitung zu Gelee oder Saft wird der filzige Flaum der Früchte entfernt.

▸ Schädlinge und Krankheiten
Monilia-Spitzendürre

▸ Sorten
'Konstantinopeler' (Apfelquitte); 'Ronda', 'Champion' (beides Birnenquitten).

Quittenbaum

Steinobst

Süßkirsche

Süßkirsche

Prunus avium

Merkmale
Süßkirschen lassen sich in Herzkirschen (weiches Fruchtfleisch, früh reifend) und Knorpelkirschen (festes Fruchtfleisch, später reifend) unterteilen. Bei milder Witterung und günstigem Standort blühen die ersten Kirschen im April. Da nur wenige Sorten selbstfruchtbar sind, empfiehlt es sich, mindestens zwei im selben Zeitraum blühende Kirschensorten zu pflanzen. Besonders die auf eine schwachwachsende Unterlage veredelten, kleinbleibenden Süßkirschen eignen sich gut für den Hausgarten. Es gibt rote, schwarzrote und gelbe Sorten. An den Boden stellen Kirschbäume keine großen Ansprüche, nur tiefgründig und durchlässig sollte er sein, Staunässe wird nicht vertragen.

Anbau und Pflege
Um den Boden locker und gleichmäßig feucht zu halten, versorgt man die Baumscheibe nach der Blüte mit Rasenmulch oder einer Kompostschicht. Bei längeren Trockenzeiten verhindern ausgiebige Wassergaben einen vorzeitigen Fruchtfall. Sollte es zu einem überreichen Fruchtansatz kommen, ist es ratsam, die Äste gleichmäßig auszudünnen. Düngen Sie die Bäume in regelmäßigen Abständen, vermeiden Sie zu hohe Stickstoffgaben, da dies zum Abstoßen der Früchte führen kann. Um die Blühfreudigkeit und den Fruchtansatz gleichmäßig zu erhalten, benötigen Süßkirschen einen sorgfältigen Schnitt, idealerweise direkt nach der Ernte im August oder September. Jüngere Bäume erzieht man auf drei bis vier Leitäste, die jährlich leicht eingekürzt werden. Bei älteren Kirschbäumen entfernt man zu eng stehende und nach innen wachsende Triebe.

Schädlinge und Krankheiten
Kirschfruchtfliege, Schrotschusskrankheit

Sorten
'Hedelfinger Riesen' (süß-säuerlich, ertragreich), 'Burlat' (süß, saftig, früh reifend), 'Sunburst' (selbstfruchtbar, groß, platzfest), 'Schneiders späte Knorpelkirsche' (groß, saftig, spät reifend), 'Kordia' (groß, ertragreich).

Sauerkirsche

Sauerkirsche

Prunus cerasus

Merkmale
Sauerkirschen sind sehr genügsam, auch raue Lagen werden gut vertragen. Sie blühen etwas später als Süßkirschen und sind daher weni-

ger frostgefährdet. Die meisten Sorten sind selbstfruchtbar.

Anbau und Pflege
Versorgen Sie die Bäume mit einer dicken Mulch- oder Kompostschicht. Das hält den Boden feucht und versorgt den Baum regelmäßig mit Nährstoffen. Sauerkirschen zieht man in der Regel ohne Mitteltrieb zu Hohlkronen heran. Sie fruchten an einjährigen Trieben. Um einer Verkahlung der Bäume vorzubeugen, schneidet man das Fruchtholz nach der Ernte auf zwei bis drei Knospen zurück. Auf der Astoberseite steil aufrecht wachsende einjährige Triebe, so genannte Wasserschosse, werden ebenfalls dicht am Ast abgeschnitten. Ernten Sie die Kirschen nicht zu früh. Nur vollreife, intensiv rot gefärbte Früchte entfalten ihr köstliches, süßsäuerliches Aroma.

Krankheiten
Monilia-Spitzendürre

Sorten
'Morellenfeuer' (süß-sauer), 'Schattenmorelle' (sauer), 'Morina' (ertragreich, groß), 'Karneol' (mittelgroß, säuerlich süß).

Pflaume

Pflaume/Zwetsche
Prunus domestica

Merkmale
Man unterscheidet rundliche Pflaumen (früh reifend, schwer Stein lösend) und längliche Zwetschen (gut Stein lösend). Beide lieben warme, wind- und spätfrostgeschützte Standorte mit nährstoffreichem, durchlässigem Boden. Die Blütezeit liegt im April/Mai, die ersten Früchte reifen im Juli.

Anbau und Pflege
Achten Sie auf schwachwüchsige, selbstfruchtbare Sorten. Neben regelmäßigem Schnitt ist vor allem die Bodenpflege von großer Bedeutung. Mulchen Sie die Bäume nach der Blüte mit angetrocknetem Rasenschnitt oder Kompost. Bei trockener Witterung brauchen Pflaumen zusätzlich Wasser, um den Fruchtbehang nicht zu gefährden. Pflaumen erzieht man in der Regel zu Pyramidenkronen. Ältere Bäume werden nach der Ernte ausgelichtet. Schneiden Sie nach innen wachsende und zu eng stehende Langtriebe kräftig zurück, um Licht in die Baumkrone zu bringen. Auch abgetragene vier- bis fünfjährige Kurztriebe werden entfernt.

Zwetsche

Schädlinge und Krankheiten
Scharkavirus, Narren- oder Taschenkrankheit, Blattlaus, Pflaumensägewespe

Sorten
'Bühler Frühzwetsche' (süß), 'Hauszwetsche' (groß, saftig), 'Hanita' (ertragreich).

Reneklode

Reneklode
Prunus domestica var. *italica*

Merkmale
Die süßen, gründgelben, fast kugeligen Renekloden besitzen ein grünliches Fruchtfleisch, das fest mit dem Stein verbunden ist. Renekloden benötigen einen sonnigen, windgeschützten Standort. Der Boden sollte gut durchlässig und nährstoffreich sein.

Anbau und Pflege
Schnitt und Bodenpflege wie bei Pflaumen.

Schädlinge und Krankheiten
siehe Pflaume

Sorten
'Große Grüne' (mittelgroß, saftig, süß), 'Graf Althans' (groß, saftig).

Mirabelle

Mirabelle

Prunus domestica var. *syriaca*

Merkmale
Mirabellen werden nur etwa kirschengroß. Sie schmecken sehr süß und lösen sich gut vom Stein. Im Gegensatz zu Pflaumen und Reneklоden sind Mirabellen etwas anspruchsvoller und wünschen einen besonders warmen Platz.

Anbau und Pflege
Wie bei den Pflaumen ist auch bei den Mirabellen eine sorgfältige Bodenpflege wichtig. Halten Sie den Boden nach der Blüte durch eine Mulchschicht und zusätzliche Wassergaben während der Fruchtbildung feucht. Neben dem klassischen Kronenaufbau zur Pyramiden- oder Hohlkrone können die Wärme liebenden Mirabellen auch gut als Spalier an der Hauswand gezogen werden. Lichten Sie dichte Kronen regelmäßig aus, um ausreichend Helligkeit und Sonne in die Baumkronen zu bekommen und einer Vergreisung der Bäume rechtzeitig vorzubeugen.

Schädlinge und Krankheiten
siehe Pflaume

Sorte
'Mirabelle von Nancy' (süß, ertragreich).

Aprikose

Prunus armeniaca

Merkmale
Aprikosen eignen sich vorzugsweise für milde, windgeschützte Lagen. Da sich die Blüten bereits im März öffnen, sind die Bäume sehr frostempfindlich. Der Boden sollte nährstoffreich und durchlässig sein. Staunässe wird von Aprikosen nicht vertragen.

Anbau und Pflege
Mulchen Sie die Bäume nach der Blüte mit Kompost. Bei anhaltend trockener Witterung wird gewässert, um den reichlich heranreifenden Fruchtbehang nicht zu gefährden. Aprikosen überstehen aber auch längere Trockenzeiten recht gut. Sollte der Baum zu viele Aprikosen ansetzen, dünnt man die Früchte aus. Nach dem Aufbau einer Hohlkrone aus drei oder vier kräftigen Leitästen reduziert sich der Schnitt älterer Bäume auf das Auslichten zu dicht stehender und ins Innere der Krone wachsender Triebe.
Pflücken Sie die Bäume mehrfach durch, denn nicht alle Früchte reifen zur gleichen Zeit.
Erntereife Aprikosen lösen sich leicht vom Stiel. Sie schmecken roh vorzüglich, eignen sich aber auch gut zum Backen, Einkochen und Einfrieren.

Aprikose

Krankheiten
Schrotschusskrankheit, Monilia-Spitzendürre, Verticillium-Welke

Sorten
'Goldrich' (groß, süß, früh reifend), 'Hargrand' (groß, feinsäuerlich), 'Aprikose von Nancy' (groß, süß).

Pfirsich

Pfirsich
Prunus persica

Merkmale
Pfirsichbäume zählen zu den besonders wärmebedürftigen Obstarten und benötigen ein mildes, sonniges Klima. Ideal sind leicht sandige, durchlässige, aber nährstoffreiche Böden. Nasse, verdichtete Standorte sowie sehr trockene Lagen sind ungeeignet. Wegen ihrer frühen Blüte im März/April sind Pfirsiche sehr Spätfrost gefährdet. Die meisten Pfirsichsorten sind selbstfruchtbar. Im Gegensatz zu Nektarinen sind Pfirsiche filzig behaart, man unterscheidet gelbfleischige und weißfleischige Sorten. Die reifen Früchte sind sehr druckempfindlich.

Anbau und Pflege
Pfirsiche sollten nur im Frühjahr gepflanzt werden, da neben den frostempfindlichen, dekorativen rosa Blüten auch das Holz in kalten Wintern leicht Schaden nehmen kann. Reichern Sie den Wurzelbereich der Bäume nach der Blüte mit Kompost an. Vor allem während des Fruchtwachstums brauchen Pfirsiche ausreichend Wasser, sonst fallen die Früchte vorzeitig ab oder bleiben klein und verlieren an Aroma. Pfirsiche blühen an einjährigen Trieben. Um einer Verkahlung der meist zur Hohlkrone erzogenen Bäume vorzubeugen, ist ein jährlicher Schnitt nach der Ernte erforderlich. Frühe Pfirsichsorten reifen ab Anfang Juli, pflücken Sie die Bäume mehrfach durch.

Schädlinge und Krankheiten
Blattläuse, Kräuselkrankheit, Monilia-Spitzendürre, Mehltau

Sorten
Gelbfleischig: 'Red Haven' (saftig, angenehm säuerlich), 'Fairhaven' (groß, saftig, süß), 'South Haven' (groß, saftig, süß); weißfleischig: 'Roter Ellerstädter' (saftig, aromatisch), 'Rekord aus Alfter' (groß, saftig).

Nektarine
Prunus persica var. *nucipersica*

Merkmale
Nektarinen haben eine glatte, unbehaarte Schale und festes Fruchtfleisch. Wie der Pfirsich sind sie sehr wärmebedürftig und wachsen am besten in voller Sonne in lockeren, aber gut mit Nährstoff versorgten Böden. Nektarinen reifen ab August.

Anbau und Pflege
Siehe Pfirsich.

Schädlinge und Krankheiten
Blattläuse, Kräuselkrankheit

Sorten
'Independence' (mittelgroß, angenehm säuerlich), 'Flavortop' (groß, saftig süß).

Nektarine

Beerenobst

Erdbeere

Erdbeere

Fragaria x ananassa

Merkmale

Erdbeeren lieben humose, tiefgründige Böden in voller Sonne. Man unterscheidet zwischen einmal tragenden und mehrmals tragenden Sorten. Außerdem gibt es noch kleinfrüchtige Monatserdbeeren, die sich durch ihren überhängenden Wuchs gut für Töpfe, Kästen oder Blumenampeln eignen.

Anbau und Pflege

August bis Anfang September ist die beste Pflanzzeit für einmal tragende Erdbeeren (Fruchtreife Juni/Juli). Mehrmals tragende Sorten werden bereits im Frühjahr gepflanzt und liefern im Laufe des Sommers eine reiche Ernte (Juni bis zum Herbst). Auch die Monats-Erdbeeren fruchten unentwegt (Juni bis zum Herbst). Da letztere keine Ausläufer zur Vermehrung bilden, sät man sie im Frühjahr aus. Reichern Sie den Boden vor der Pflanzung mit reichlich Kompost an und setzen Sie die Erdbeeren im Abstand von 40 x 30 cm. Wichtig ist, dass die Pflanzen weder zu tief noch zu hoch in die Erde kommen – das Herz der Erdbeerpflanze sollte knapp über der Erdoberfläche bleiben. Halten Sie den Standort durch Mulchen und regelmäßige Wassergaben gleichmäßig feucht. Ausläufer, die nicht der Vermehrung dienen, werden entfernt. Zur Reifezeit unterlegt man die Pflanzen mit Stroh, um die Früchte vor Fäulnis zu schützen. Nach der Ernte erhalten die Pflanzen Kompost, den man vorsichtig leicht einharkt. Lässt der Ertrag nach vier bis fünf Jahren nach, werden die Erdbeeren durch neue Jungpflanzen ersetzt. Wechseln Sie dabei den Standort, um Bodenmüdigkeit vorzubeugen.

Schädlinge und Krankheiten

Erdbeerblütenstecher, Schnecken, Grauschimmel, Mehltau, Verticillium-Welke

Erdbeersorten

Sorte	Geschmack	Ertrag
früh reifend (Ende V – Mitte VI)		
'Elvira'	*säuerlich süß*	*mittel bis hoch*
mittelfrüh reifend (VI – Anfang VII)		
'Florika'	*Walderdbeer ähnlich*	*mittel*
'Kent'	*aromatisch, säuerlich*	*hoch*
'Marmolada'	*säuerlich süß*	*hoch*
'Senga Sengana'	*säuerlich süß*	*hoch*
'Tenira'	*aromatisch*	*mittel bis hoch*
'Thuriga'	*säuerlich süß*	*mittel bis hoch*
spät reifend (bis Mitte VII)		
'Peltata'	*aromatisch*	*hoch*
mehrmals tragend		
'Evita'	*süß*	*hoch*
'Rapella'	*aromatisch*	*mittel*

Rote und Weiße Johannisbeere

Ribes rubrum

Merkmale

Die etwa 1,5 m hoch wachsenden Johannisbeeren gedeihen am besten auf nährstoffreichem, feuchtem Boden in sonnigen, frost- und windgeschützten Lagen.

Anbau und Pflege
Eine Mulchschicht aus grobem Kompost oder angetrocknetem Rasenschnitt hält den Wurzelbereich der Johannisbeeren gleichmäßig feucht. Bei anhaltend trockener Witterung, besonders zur Fruchtbildung, werden die Sträucher zusätzlich gegossen. Je nach Sorte und Witterung reifen Rote Johannisbeeren ab Juni bis August. Sie sind im Gegensatz zu Schwarzen Johannisbeeren überwiegend selbstfruchtbar. Kommt es zum „Rieseln" der grünlichgelben Blütentrauben, liegt dies meist an Spätfrösten während der Blüte oder an mangelnder Befruchtung aufgrund kaltem und nassem Wetter. Rote Johannisbeeren bringen vor allem an zwei-, bis dreijährigem Holz den höchsten Ertrag. Nach der Ernte lichtet man die Sträucher aus, indem man in erster Linie abgetragenes, mehr als drei Jahre altes Holz aus der Krone entfernt. Zum Schluss sollten etwa acht bis zehn Triebe übrig bleiben.

Schädlinge und Krankheiten
Johannisbeergallmilbe, Blattflecken- und Blattfallkrankheit

Sorten
Rote Beeren: 'Kordes Traubenwunder' (spät reifend, säuerlich), 'Rovada' (großfrüchtig, langtraubig), 'Jonkheer van Tets' (langtraubig, dunkelrot, säuerlich), 'Rolan' (großfrüchtig, lange Trauben); rosa/weiße Sorten: 'Rosalinn' (rosafarbene Beeren, mild), 'Primus' (weiße, große Beeren, milder Geschmack).

Rote Johannisbeere

Weiße Johannisbeere

Schwarze Johannisbeere

Schwarze Johannisbeere
Ribes nigrum

Merkmale
Siehe Rote Johannisbeeren

Anbau und Pflege
Schwarze Johannisbeeren sind überwiegend selbstunfruchtbar und benötigen zum reichen Fruchtansatz eine weitere Sorte in unmittelbarer Nähe. Im Gegensatz zu den roten Sorten, reifen Schwarze Johannisbeeren überwiegend an einjährigen Trieben. Nach der Ernte schneidet man die abgeernteten Äste stark zurück, um einen Neuaustrieb der Pflanzen zu fördern.

Krankheiten
Säulenrost, Blattfallkrankheit

Sorten
'Bona' (robust, großfrüchtig), 'Titania' (aromatisch), 'Ometa' (süß, aromatisch).

Stachelbeere

Stachelbeere

Ribes uva-crispa

Merkmale
Stachelbeeren lieben nährstoffreiche Standorte in sonniger bis halbschattiger Lage. Man unterscheidet grüne, gelbe und rotschalige Sorten, mit behaarten oder glattschaligen Beeren.

Anbau und Pflege
Bereits bei der Pflanzung verbessert man den Boden mit nährstoffreichem Kompost. Später deckt eine regelmäßig erneuerte Mulchschicht den Nährstoffbedarf der Stachelbeeren. Arbeiten Sie den Kompost nur leicht oberflächlich ein, um den flach unter der Oberfläche befindlichen Wurzelbereich nicht zu verletzen. Stachelbeeren benötigen zur Fruchtausreife eine gleichmäßige Bodenfeuchte. Bei anhaltend trockener Witterung werden die Sträucher zusätzlich bewässert. Sie sind selbstfruchtbar; eine zweite, in der Nähe gepflanzte Sorte fördert jedoch den Fruchtansatz der Stachelbeeren. Sie tragen am zwei- bis dreijährigen Holz. Im Frühjahr lichtet man die Sträucher auf vier bis fünf Triebe aus. Kühl gelagert kann man Stachelbeeren kurze Zeit aufbewahren, sie lassen sich gut einfrieren.

Jostabeere

Schädlinge und Krankheiten
Stachelbeermilbe, Stachelbeermehltau, Blattfallkrankheit

Sorten
Grüne Beeren: 'Invicta' (robust, großfrüchtig, aromatisch), rote Beeren: 'Rote Eva' (großfruchtig, süß), 'Rokula' (glattschalig, aromatisch), 'Remarka' (ertragreich, aromatisch).

Jostabeere

Ribes x nidigrolaria

Merkmale
Die robusten und starkwüchsigen Jostabeeren entstanden aus Kreuzungen von Schwarzer Johannisbeere und Stachelbeere. Sie lieben sonnige, nährstoffreiche, frostgeschützte Standorte.

Anbau und Pflege
Zur besseren Befruchtung sollten Sie immer zwei verschiedene Sorten pflanzen. Josta blühen an Kurztrieben, die sich am mehrjährigen Holz bilden. Lichten Sie die Sträucher nur alle paar Jahre aus. Ältere Sträucher werden durch einen starken Rückschnitt radikal verjüngt. Jostabeeren lassen sich gut zu Saft, Gelee und Konfitüre verarbeiten.

Schädlinge und Krankheiten
Siehe Johannisbeeren.

Sorten
'Jogranda' (große Beeren, aromatisch), 'Jostine' (angenehm säuerlich), 'Jonova' (ertragreich, weinrote Beeren).

Brombeere

Brombeere
Rubus fruticosus

Merkmale
Brombeeren bevorzugen sonnige, frostgeschützte Plätze in lockeren, ausreichend feuchten Böden. Es gibt bestachelte und stachellose Sorten, die meist etwas später reifen. Brombeeren blühen ab Mai bis in den August hinein und sind ausreichend selbstfruchtend.

Anbau und Pflege
Leiten Sie die Ranken der Brombeeren regelmäßig an einem Drahtspalier auf. Über das Gerüst hinauswachsende Ruten kürzt man 20 cm über dem obersten Spanndraht ein. Den Sommer über werden die Pflanzen regelmäßig mit reifem Kompost oder Rasenschnitt gemulcht. Eine gleich bleibende Wasserversorgung erhöht die Qualität der heranreifenden Beeren. Nach der Ernte schneidet man überalterte Ruten bodennah zurück und belässt insgesamt etwa vier bis sechs Jungtriebe für das kommende Jahr.

Schädlinge und Krankheiten
Himbeerkäfer, Viruserkrankungen, Grauschimmel

Sorten
'Theodor Reimers' (süß, aromatisch), 'Black Satin' (stachellos, säuerlich), 'Thornfree' (stachellos, süß-säuerlich), 'Nessy' (stachellos, robust, süßes Aroma), 'Navaho' (stachellos, aromatisch).

Himbeere

Himbeere
Rubus idaeus

Merkmale
Himbeeren lieben sonnige, windgeschützte Standorte. Nährstoffarme Böden verbessert man durch reichliche Kompostgaben. Neben den klassisch rot fruchtenden Sorten gibt es gelbe und tief dunkelrote Himbeeren. Je nach Fruchtreife unterscheidet man ein- und zweimal tragende Sorten, die im Spätsommer erneut fruchten.

Anbau und Pflege
Nach der Pflanzung (40–50 cm Abstand) kürzt man die Ruten auf 25–30 cm ein. Leiten Sie die Triebe der Himbeeren an einem Spalier auf. Wachsen sie sehr stark, kürzt man sie etwa 20 cm über dem obersten Spanndraht ein. Wie alle anderen Beerensträucher vertragen auch die flachwurzelnden Himbeeren keine Bodentrockenheit. Mulchen Sie die Sträucher mit grobem Kompost oder Rasenmulch, um die Erde feucht und locker zu halten. Bei trockener Witterung werden die Himbeeren zusätzlich bewässert. Je nach Sorte reifen die ersten Himbeeren Ende Juni. Da nicht alle Beeren gleichzeitig reif werden, pflückt man die Ruten mehrfach durch. Alte, abgetragene Himbeerruten werden nach der Ernte im September bodennah zurückgeschnitten.

Schädlinge und Krankheiten
Himbeerkäfer, Blattläuse, Rutenkrankheit, Himbeermosaikvirus, Grauschimmel

Sorten
'Tulameen' (einmaltragend, großfruchtig), 'Elida' (einmaltragend, früh reifend), 'Autumn Bliss/Blissy' (sommer/herbsttragend, große Früchte, aromatisch), 'Golden Bliss' (gelbe Beeren), 'Bristol' (schwarze Früchte).

Taybeere

Logan-, Boysen-, Taybeere

Rubus loganobaccus

Merkmale

Loganbeeren, Boysenbeeren und Taybeeren entstanden durch Kreuzungen aus Brombeeren und Himbeeren und sind vor allem in den USA weit verbreitet. Während die Loganbeere längliche, säuerlich schmeckende violette Beeren bildet, reifen an den Boysenbeeren saftige, süße, dunkelviolett-schwarze Früchte heran. Die stark bestachelten Taybeeren ähneln vom Wuchs her den Brombeeren. Ihre roten Beeren sehen allerdings wie Himbeeren aus. Die interessanten Beerenzüchtungen stellen an den Boden keine besonderen Ansprüche und haben eigentlich nur einen Nachteil: Sie sind sehr frostempfindlich und nehmen in manchen Jahren selbst an warmen, geschützten Standorten Schaden.

Anbau und Pflege

Wie die Brombeeren bilden Logan-, Boysen- und Taybeeren bis 4 m lange bestachelte Ruten aus, die am Drahtspalier hochgeleitet werden. Zu stark wachsende Seitentriebe kürzt man auf zwei bis drei Blätter ein. Achten Sie während der Fruchtreife auf eine gleichmäßige Wasserversorgung. Am besten verteilt man um den Wurzelbereich der Sträucher eine Schicht Kompost oder Rasenschnitt. Das hält den Boden unkrautfrei, locker und feucht. Nach der Ernte schneidet man überalterte und nur schwach entwickelte Triebe direkt über dem Boden ab. Es sollten ungefähr zehn bis zwölf Ruten pro laufendem Meter Beerenhecke übrig bleiben. Im Winter biegt man die Triebe bodennah herab und schützt die kälteempfindlichen Beerensträucher mit Fichtenreisig vor starkem Frost. Die säuerlichen Früchte reifen Anfang bis Ende Juni. Logan-, Tay- und Boysenbeeren können frisch vom Strauch verzehrt werden, schmecken püriert zu Desserts oder als Konfitüre.

Japanische Weinbeere

Schädlinge und Krankheiten

Siehe Brombeeren.

Sorten

Taybeere: ‘Medana’; Loganbeere: ‘Thornless Loganberry’ (stachellos).

Japanische Weinbeere

Rubus phoeniculasius

Merkmale

Die Japanische Weinbeere, eine enge Verwandte von Brombeere und Himbeere, liebt sonnig bis halbschattige Standorte und wächst am besten auf tiefgründigen, humusreichen Böden.

Anbau und Pflege

Das aus Asien stammende Beerenobst bildet bis 3 m lange Ruten und wird wie Brombeeren an einem stabilen Drahtspalier hochgeleitet. Im Wurzelbereich ausgebrachter Mulch aus Kompost oder Rasenschnitt versorgt die Pflanzen mit Nährstoffen und hält den Boden locker und feucht. Japanische Weinbeeren gedeihen ideal im Weinbauklima. Da sie nicht frosthart sind, benötigen die Pflanzen in rauen Lagen Winterschutz. Die wohlschmeckenden, orangeroten Früchte sind kleiner als Brombeeren und reifen im Juli und August. Im Winter schneidet man alte Ruten aus den Pflanzen heraus.

Schädlinge

Bei Vögeln beliebt.

Heidelbeere

Heidelbeere

Vaccinium corymbosum

▸ Merkmale

Wie die verwandten, wild wachsenden Waldheidelbeeren benötigen auch die Kultur-oder Gartenheidelbeeren einen sauren Boden mit pH-Werten zwischen 4 und 5. Zu kalkhaltige Böden verursachen Chlorosen (Gelbfärbung der Blätter), auch Staunässe und zu trockene Standorte mindern den Ertrag. Heidelbeeren bevorzugen sonnige bis halbschattige, windgeschützte Lagen. Je nach Sorte wachsen die Beerenobststräucher bis zu 2 m hoch.

▸ Anbau und Pflege

Halten Sie den Standort durch Mulch und reichliche Wassergaben gleichmäßig feucht und nährstoffreich. Heidelbeeren sind selbstfruchtbar; ihre recht unscheinbaren, weißen bis zartrosa Blüten erscheinen im Mai. Die Hauptreifezeit der Beeren erstreckt sich von Juli bis September. Da Heidelbeeren nach und nach über mehrere Wochen reifen, pflückt man die Sträucher mehrfach durch. Gut gekühlt lassen sich die Beeren einige Zeit aufbewahren. Heidelbeeren erfordern keine aufwändigen Schnittmaßnahmen. Drei bis vier Jahre nach der Pflanzung sollte man das alte, abgetragene Holz bodentief zurückschneiden, um das Fruchtwachstum zu steigern und einer Vergreisung der Sträucher vorzubeugen. Im Abstand von etwa vier Jahren, empfiehlt es sich, den pH-Wert des Pflanzenstandortes zu überprüfen. Liegen die Werte über pH 5, säuert man den Boden mit einer größeren Menge an Rindenhumus oder Ähnlichem wieder an.

▸ Schädlinge

Frostspanner-Raupen, Vögel

▸ Sorten

'Bluecrop' (ertragreich, großfruchtig, aromatisch süß), 'Brigitta Blue' (hohe Erträge, große Beeren, aromatisch), 'Berkeley' (großfruchtig, leicht säuerlich), 'Blueray' (große Beeren, ertragreich, angenehm säuerlich).

Preiselbeere

Vaccinium vitis-idaea

▸ Merkmale

Neuere Züchtungen mit größeren Beeren und reichlich Ertrag führen dazu, dass die als Wildbeerenobst bekannten Preiselbeeren zunehmend auch in Hausgärten Verbreitung finden. Preiselbeeren wachsen etwa 30 cm hoch und sind sehr frosthart. Sie benötigen volle Sonne und nicht zu trockene, saure Böden mit einem pH-Wert um 5.

▸ Anbau und Pflege

Zum Ausreifen der Beeren benötigen die flach wurzelnden Preiselbeeren vor allem eine gleichmäßige Bodenfeuchte. Eine Mulchschicht aus Kompost, Rindenmulch oder Rasenschnitt hält die Erde unkrautfrei und locker. Preiselbeeren fruchten in der Regel zweimal im Jahr, einmal ab Ende Juli und ein zweites Mal im September. Aufgrund des herb-säuerlichen Geschmacks isst man die leuchtend roten, kugelrunden Früchte nicht roh, sondern verarbeitet sie am besten zu Konfitüre oder Gelee. Preiselbeeren brauchen keinen jährlichen Schnitt. Wenn der Ertrag der Sträucher nachlässt, lichtet man ältere Sträucher aus.
Zu kalkhaltige Böden können Chlorosen verursachen (Gelbfärbung der Blätter).

▸ Sorten

'Koralle' (ertragreich), 'Erntesegen' (großfruchtig, milder Geschmack, ertragreich).

Preiselbeere

Kiwi

Kiwi

Actinidia deliciosa

Merkmale

Kiwis lieben windgeschützte, warme Plätze in leichten, humosen Böden. Da die meisten Kiwipflanzen entweder nur rein weibliche oder rein männliche Blüten tragen (Blütezeit: Juni/Juli), benötigen Sie zur Befruchtung der Pflanzen mehrere Sorten im Garten.

Anbau und Pflege

Kiwis haben eine hohen Wasserbedarf. Bei anhaltend trockener Witterung wird zusätzlich gewässert. Die Erntezeit erstreckt sich von Oktober bis Mitte November. Nach dem Pflücken sind die Kiwis noch hart und lassen sich gut lagern. Die vitaminreichen Früchte schmecken am besten, wenn das grüne Fruchtfleisch angenehm weich ist. Kiwi-Pflanzen sind robust und wenig krankheitsanfällig. Leiten Sie die langen, rankenden Triebe regelmäßig an einem Drahtgerüst auf und kürzen Sie zu lange Ruten nach dem sechsten Blatt über dem Fruchtansatz ein. Lässt der Ertrag nach ein paar Jahren nach, kappt man die aus dem Haupttrieb führenden Seitenäste etwa fünf Blätter oberhalb des letzten Fruchtansatzes.

Schädlinge und Krankheiten

Blattläuse, Fruchtfäule

Sorten

'Hayward' (weiblich, fein säuerlich), 'Abbott' (weiblich, ertragreich, aromatisch), 'Male' (männlich), 'Jenny' (selbstfruchtend).

Weintraube

Vitis vinifera

Merkmale

Die wohlschmeckenden Kletterpflanzen lieben frost- und windgeschützte, tiefgründige Böden in voller Sonne. Man unterscheidet blaue und grüne/weiße Sorten, die Reifezeit liegt zwischen September und November.

Anbau und Pflege

Trauben benötigen ein Rankgerüst, an dem die kräftigen Triebe hochgeleitet werden. Für einen guten Fruchtansatz bleibt im ersten Jahr nur der kräftigste Haupttrieb stehen, im folgenden Jahr schneidet man die Stammverlängerung auf etwa fünf Augen zurück und zieht die Tragäste auf beiden Seiten des Spaliers waagrecht. Im Winter kürzt man die Knospen tragenden Seitentriebe regelmäßig ein.
Um der Ausbreitung der gefährlichen Reblaus vorzubeugen, dürfen auch im Garten nur veredelte Weintrauben gepflanzt werden. Wählen Sie möglichst mehltauresistente Sorten.

Schädlinge und Krankheiten

Traubenwickler, Mehltau, Grauschimmel

Sorten

Grün: 'Romulus', 'Phoenix', 'Müller-Thurgau'; blau: 'Dornfelder', 'Blauer Portugieser'.

Weintraube

Nüsse

Haselnuss

Haselnuss

Corylus avellana

▸ Merkmale
Haselnuss-Sträucher bevorzugen sonnige, windgeschützte Lagen. An den Boden stellen sie keine großen Ansprüche. Da Haselnüsse ausschließlich rein männliche und rein weibliche Blüten tragen, die häufig zu unterschiedlichen Zeiten blühen, sollten Sie zwei verschiedene Sorten pflanzen, um die Befruchtung zu erhöhen. Haselnuss-Sträucher wachsen 3–6 m hoch. Bei den Haselnuss-Sorten unterscheidet man zwischen der länglichen Lambertnuss und der rundlichen Zellernuss. Die Reifezeit liegt zwischen September und Oktober. Sobald sich die Nüsse braun verfärben, kann geerntet werden. Zu früh geerntete, noch unreife Nüsse sind nicht lange haltbar.

▸ Anbau und Pflege
Die robusten Haselnüsse benötigen kaum Pflege. Nur aus der Unterlage wachsende Triebe werden regelmäßig entfernt. Etwa alle zwei Jahre sollten zu dicht wachsende Pflanzen ausgelichtet werden, damit wieder genügend Licht ins Kroneninnere gelangt.

▸ Schädlinge und Krankheiten
Haselnussbohrer, Grauschimmel

▸ Sorten
'Webbs Preisnuss' (früh tragend, hoher Ertrag), 'Hallesche Riesen' (stark wachsend, ertragreich), 'Rotblättrige Lambertnuss' (rotes Laub, mittelstark wachsend).

Walnuss

Juglans regia

▸ Merkmale
Walnussbäume mögen warme, sonnige Standorte auf tiefgründigem Boden. Sie bilden eine lockere Baumkrone, die in der Regel nicht geschnitten werden muss. Soll ein Ast entfernt werden, wartet man mit dem Schnitt bis zum Spätsommer und versorgt die Wunde umgehend mit Wundverschlussmittel, da die Bäume zum Bluten neigen.

▸ Anbau und Pflege
Walnussbäume blühen von April bis Mai und sind selbstfruchtbar. Sobald im September die fleischigen, grünen Fruchtschalen aufplatzen, sind die Nüsse erntereif. Lesen Sie heruntergefallene Walnüsse rasch auf, um sie vor Nässe und Fäulnis zu schützen. Pflanzen Sie veredelte Walnüsse. Diese sind zwar teurer, bleiben jedoch kleinkroniger und fruchten bereits ab dem fünften Jahr. Unveredelte Walnusssämlinge tragen häufig erst ab dem zehnten Jahr.

▸ Schädlinge und Krankheiten
Spinnmilben, Bakterienbrand

▸ Sorten
'Nr. 1247' (robust, stark wachsend), 'Nr. 26' (relativ kleinkronig, guter Geschmack), 'Lake' (früh tragend, große Nüsse), 'Mars' (schwach wüchsig, ertragreich).

Walnuss

Wildobst

Schwarze Holunderbeeren

Zarte Blüten, leuchtende Früchte, köstliches Aroma – vielseitig verwendbares Wildobst ist eine attraktive Bereicherung für den Garten und lockt zahlreiche Singvögel und andere Tiere an. Ob als lockere Hecke oder einzelner Strauch gepflanzt, die meisten Wildobstarten sind ausgesprochen anspruchslos und sehr pflegeleicht. Nur hohe Erträge wie bei den gezüchteten Obstgehölzen sind nicht zu erwarten. Dafür verleihen Holunder oder Hagebutten Desserts und Hauptgerichten ein wunderbares Aroma und viele Vitamine. Die meisten Wildobstarten werden erst durch Erhitzen genießbar, Schlehen sind dagegen nach Kälteeinwirkung verwertbar.

Früchte der Kornelkirsche

Vitamin-C reicher Sanddorn

Wildobst

Deutscher Name Botanischer Name	Standort-ansprüche	Ernte-monate	Verwendung
Felsenbirne (Amelanchier lamarckii)	*sonnig, ansonsten anspruchslos*	*VI/VII*	*Frischverzehr*
Apfelbeere (Aronia melanocarpa)	*anspruchslos*	*VIII*	*Frischverzehr, Konfitüre, Kompott*
Scheinquitte (Chaenomeles japonica)	*sonnig*	*Anfang VII – Mitte X*	*Gelee, Saft, Kompott (nicht roh verzehren)*
Kornelkirsche (Cornus mas)	*anspruchslos*	*VIII–X*	*Konfitüre, Gelee, Saft*
Walderdbeere (Fragaria vesca)	*sonnig bis halbschattig, nicht zu trocken*	*ab VI*	*Frischverzehr, Konfitüre*
Sanddorn (Hippophaë rhamnoides)	*sonnig, magerer Boden*	*VIII–X*	*Saft, Konfitüre, Mus*
Mispel (Mespilus germanica)	*sonnig, anspruchslos*	*X/XI*	*Früchte erst nach dem ersten Frost genießbar; Frischverzehr, Gelee*
Schlehe (Prunus spinosa)	*anspruchslos*	*Ende XI*	*für Likör; nach dem ersten Frost*
Holunder (Sambucus nigra)	*anspruchslos*	*ab XIII/IX*	*Blüten und Früchte essbar, roher Saft wirkt leicht abführend*

Jahresarbeitskalender

Januar, Februar

Gemüsegarten

Ernte Während der kalten Januartage gibt es im Gemüsegarten nur wenig zu tun. Im Beet überwinternder Rosenkohl, Grünkohl, Winterlauch und Feldsalat (vor starkem Frost mit Folie schützen) wird bei Bedarf geerntet. Lagergemüse sollte in Abständen überprüft und Verdorbenes aussortiert werden. In Erdmieten aufbewahrtes Gemüse kann bei frostfreier Witterung fortlaufend entnommen werden.

***Vorratskammer im Keller**: Beschädigte oder überreife Früchte regelmäßig aussortieren.*

Planung Nutzen Sie die freie Zeit, um den Gemüseanbau fürs neue Jahr zu planen und fehlendes Saatgut einzukaufen. In Gartenversand-Katalogen und im Gartenhandel findet man jetzt ein großes Angebot an Sämereien.

Bodenprobe Testen Sie Ihren Gartenboden auf Nährstoffmangel und Überdüngung. Genaueste Ergebnisse liefert eine von einem Bodenlabor durchgeführte Untersuchung. Die Erde an verschiedenen Stellen entnehmen, mischen, abwiegen und beschriften (siehe Seite 22).

***Ein fachgerechter Schnitt** sorgt für einen guten Kronenaufbau und reichen Fruchtansatz (hier Kirschbaum).*

Kompost ausbringen Zur Vorbereitung auf die kommende Gemüsesaison, reichert man den Boden mit Kompost an.

Aussaat Ab Februar sind auf der Fensterbank oder im Gewächshaus erste Aussaaten von Kopf- und Pflücksalat, Kohlrabi und Sellerie möglich.

Obstgarten

Lagerobst Kontrollieren Sie regelmäßig eingelagertes Obst, beschädigte Früchte werden aussortiert.

Schnee abschütteln Bei drohendem Schneebruch Obstgehölze behutsam von Schnee befreien.

Schnitt Schnittarbeiten können ab Anfang Februar durchgeführt werden.

Veredelungen Der Spätwinter (Februar) ist ein guter Termin für Veredelungen. Für neue Obstpflanzen erhalten Sie jetzt in den örtlichen Baumschulen Unterlagen, auf die Sie die gewünschten Edelreiser aufsetzen können. Pflanzen Sie die frisch veredelten Obstgehölze an einen geschützten Platz. Bei Veredelungen an älteren Bäumen wartet man den Zeitpunkt ab, an dem die frostige Witterung vorbei ist, die Gehölze aber noch nicht wieder austreiben.

Frostschutz Um die Baumstämme gewickeltes Juteband schützt die Rinde der Obstgehölze vor starken Temperaturschwankungen und vermeidet Frostrisse.

März

Gemüsegarten

Boden vorbereiten Sobald der Boden abgetrocknet ist, wird das Gemüsebeet auf die kommende Bepflanzung oder Aussaat vorbereitet. Entfernen Sie das Unkraut und lockern sie die Erde, so dass ein feinkrümeliges Pflanzbeet entsteht. Dort, wo starkzehrendes Gemüse wie Tomaten oder Kohl gepflanzt werden soll, sorgt auf den Beeten verteilter Kompost oder leicht eingearbeiteter Dünger für ausreichende Nährstoffzufuhr. Je nach Standort Bodenverbesserer wie Sand, Gesteinsmehl und kohlensauren Kalk ausbringen.
Aussaat Tomaten, Paprika, Aubergine, Kohlarten und Knollensellerie in Saattöpfen auf der Fensterbank oder im Gewächshaus vorziehen. Direkt gesät werden Feldsalat, Spinat, Eissalat, Möhren, Rettich, Radieschen und Zwiebeln. Auch Frühkartoffeln, Steckzwiebeln und Knoblauch kommen direkt ins Freie. Bei drohender Frostgefahr werden die Beete mit Folie oder Vlies abgedeckt. Ein dünnes Gemüsenetz schützt vor Vogelfraß.
Ernte Das restliche Wintergemüse wie Grünkohl und Winterlauch wird jetzt abgeräumt, um Platz für neue Frühjahrspflanzungen zu schaffen.

Obstgarten

Pflanzzeit Im Frühjahr ist ideale Pflanzzeit für Obstgehölze mit Wurzelballen, da die Pflanzen bei steigender Erwärmung des Bodens schnell anwachsen. Drücken Sie die Erde um die neu gepflanzten Obstgehölze gut an und wässern Sie gründlich, damit die Wurzeln einen guten Bodenschluss bekommen.
Schnitt Bei trockener, frostfreier Witterung sollten sämtliche Schnittarbeiten an Baumobst und Beerensträuchern abgeschlossen werden.
Frostrisse behandeln Im Winter entstandene Frostrisse schneidet man bei milden Temperaturen glatt bis ins unbeschädigte Holz aus. Anschließend Wundverschlussmittel (im Handel) auftragen.
Bodenpflege Versorgen Sie die Obstgehölze mit verrottetem Stallmist oder organischem Dünger. Eine Mulchschicht aus Kompost schützt den Boden vor Austrocknung und Verkrustung.

Tulpen *erfreuen uns schon ab März mit ihren Blüten.*

Eine Folienabdeckung *fördert die Erwärmung des Bodens und schützt das junge Gemüse vor Spätfrösten.*

Gemüseaussaat *auf der Fensterbank. Eine Abdeckhaube aus durchsichtigem Kunststoff sorgt für hohe Luftfeuchte.*

April

Gemüsegarten

Aussaat Gekeimte März-Aussaaten auf Abstand vereinzeln. Spinat, Möhren, Salat, Erbsen, Kohlrabi, Rote Bete, Mangold, Radieschen und Rettich können ausgesät werden. Saatbeet bis zum Auflaufen der Keimlinge gleichmäßig feucht halten. Auch für die Anzucht von Tomaten, Gurken, Zucchini, Paprika und Auberginen ist bis Mitte des Monats noch Zeit. Achten Sie bei der Aussaat und Pflanzung auf eine abwechslungsreiche Fruchtfolge. Gemüsearten einer Pflanzenfamilie sollten nicht direkt nacheinander in dasselbe Beet gesetzt werden.

Pflanzen Aufgrund der steigenden Temperaturen können immer mehr Gemüsepflanzen wie Kopf- und Pflücksalat, Blumenkohl, Brokkoli, Kohlrabi und auch Rhabarber ins Freie. Wichtig: Salat und Kohlrabi nicht zu tief pflanzen.

Folie/Vlies Bei drohendem Nachtfrost frisch gepflanztes Gemüse mit Folie oder Vlies abdecken. Bleibt das Vlies längere Zeit über den Pflanzen liegen, wird regelmäßig gelüftet. Kontrollieren Sie dabei das Gemüse auf Schädlings- und Krankheitsbefall.

Schnecken Ein kleiner Zaun aus Metall oder Kunststoff schützt das Gemüse zuverlässig vor Schneckenfraß. Achten Sie darauf, dass angrenzende Pflanzen durch überhängende Triebe keine Brücken schaffen.

Vorgezogene Jungpflanzen *vor dem Auspflanzen langsam an die kühleren Temperaturen gewöhnen.*

Obstgarten

Beerensträucher Regelmäßiges Mulchen hält den Boden feucht und unterdrückt Unkraut. Triebe von Himbeeren und Brombeeren regelmäßig am Spalier hochleiten.

Vermehrung Beerenobst wie Himbeeren, Brombeeren und Stachelbeeren können jetzt leicht durch Absenker oder durch Anhäufeln vermehrt werden.

Erdbeeren Braune Blätter und krankes Laub entfernen. Lockern Sie den Boden flach und versorgen Sie die Pflanzen mit Dünger. Die bis in den Herbst fruchtenden Monatserdbeeren können jetzt gepflanzt werden.

Idyllische Frühlingsstimmung*: Blühender Apfelbaum mit Tulpen und gelbem Gemswurz*

Blumenkohljungpflanze *mit kompakten, gut entwickeltem Wurzelballen.*

Mai

Gemüsegarten

Bodenpflege Beete regelmäßig hacken, Unkraut entfernen und bei anhaltend trockener Witterung wässern. Ab Mitte des Monats werden Vlies- und Folienabdeckungen entfernt. Nach dem Auflaufen zu dicht stehende Jungpflanzen vereinzeln.

Pflanzung Ab Mitte Mai können nun auch die Wärme liebenden Gemüsearten wie Tomaten, Paprika, Zucchini, Gurken, Kürbis, Auberginen, Bohnen, Knollensellerie, Kohl und Kohlrabi ins Freie gepflanzt werden. Tomaten und Bohnen gleich beim Auspflanzen mit einem Stab bzw. einer Rankhilfe versehen, Erbsen und Kartoffeln anhäufeln.

Ernte Frühe Salatsorten, Radieschen, Kohlrabi und Rhabarber sind erntereif und können je nach Bedarf verwertet werden. Folgeaussaaten von Radieschen und Salaten möglich, auch Kohlrabi werden nachgepflanzt. Achten Sie auf eine gleichmäßige Wasserversorgung der Knollen, sonst platzen Kohlrabi leicht.

Pflanzenschutz Kontrollieren Sie das Gemüse in den Morgen- und Abendstunden auf Schneckenbefall und andere Schaderreger. Kranke Pflanzen werden aus den Beeten entfernt.

Bei sonniger Witterung *müssen Frühbeetkästen tagsüber gut gelüftet werden.*

Vor der Pflanzung *Erde mit nährstoffreichem Kompost vermischen.*

Obstgarten

Mulchen Beerensträucher vertragen keine Trockenheit, daher um den Wurzelbereich groben Kompost oder angetrockneten Rasenschnitt ausbringen. Statt einer Mulchdecke kann auch eine flach wachsende Untersaat, wie z. B. Klee, die Baumscheiben von Obstgehölzen bedecken. Ausgesäte Kapuzinerkresse dient zusätzlich als „Läusemagnet“ und hält die Schädlinge von den Obstbäumen fern.

Erdbeeren Pflanzen bei trockener Witterung gründlich wässern. Blühende Erdbeerpflanzen mit gehäckseltem Stroh unterlegen. Das hält den Boden feucht und schützt die Erdbeeren später vor Fäulnis.

Pflanzzeit Obstbäume in Töpfen (Containerware) können Sie selbst blühend noch pflanzen. Erde zum besseren Anwachsen der Gehölze in den ersten Wochen gleichmäßig feucht halten.

Bienen schützen Bei Schädlingsbefall nur für Bienen ungefährliche Präparate einsetzen. Mit dem Hinweis „B4“ gekennzeichnete Pflanzenschutzmittel sind generell bienenungefährlich.

Schnitt Entfernen Sie steil nach oben wachsende Triebe (Wasserschosse) regelmäßig aus der Baumkrone.

Juni

Gemüsegarten

Bodenbearbeitung Regelmäßiges Hacken, Unkraut entfernen und ausgiebiges Wässern bei trockener Witterung steigert die Qualität der heranreifenden Pflanzen. Gemüse mit hohem Nährstoffbedarf wie Kohl, Sellerie, Kürbisse nachdüngen.

***In den Blattachseln** wachsende Seitentriebe von Tomaten regelmäßig ausbrechen.*

Aussaat Direktaussaat von Pflücksalat, Chinakohl, Endivien, Radicchio, Mangold und Radieschen.
Pflanzung Kopfsalat, Kohlrabi, späte Sorten von Rot-, Weiß- und Wirsingkohl, Paprika, Auberginen, Lauch.
Ernte Salate, Spinat, Rote Bete, Mangold, Zuckererbsen, Radieschen, Rettich und frühe Möhrensorten können laufend frisch geerntet werden. Die Rhabarber- und Spargelernte wird abgeschlossen.
Tomaten In den Blattachseln wachsende Seitentriebe (Geiztriebe) regelmäßig ausbrechen. Tomaten, Kürbis und Zucchini reichlich gießen und düngen.

Obstgarten

Gießen Obstbäume und Beerenobst bei Bodentrockenheit gründlich wässern.

***Bauerngarten** im Sommer*

Ernte Erstes Strauchbeerenobst, Erdbeeren und Kirschen können geerntet werden. Kirschbäume durch ein engmaschiges Netz vor Vogelfraß schützen.
Fruchtausdünnung Starken Fruchtansatz bei Äpfeln und Pfirsichen per Hand ausdünnen. Dazu in erster Linie beschädigte oder auffallend kleine Früchte entfernen.
Erdbeeren Kennzeichnen Sie an Ihren Lieblingssorten die am stärksten tragenden Pflanzen, um von diesen später neue Jungpflanzen zu gewinnen. Ausläufer schwächerer Pflanzen mit einem Messer entfernen.

***Angenehm säuerliche Rote Johannisbeeren** für Süßspeisen, Obstkuchen oder köstliche Konfitüre.*

Juli

Gemüsegarten

Bodenpflege Mulchschicht regelmäßig erneuern. Gelegentliches Hacken in den Reihen und zwischen den Pflanzen lockert den Boden. Achten Sie auf gleichmäßige Bodenfeuchte. Bei anhaltend trockener Witterung muss gründlich gewässert werden, da die Qualität und das Aroma des heranreifenden Gemüses schon bei kurzer Trockenheit leiden. Starkzehrendes Gemüse wie Tomaten und Sellerie nochmals nachdüngen. Abgeerntete, freie Gemüsebeetflächen nachpflanzen oder Gründünger einsäen.

Pflanzenpflege Tomaten immer bodennah gießen, Blätter möglichst nicht befeuchten. Seitentriebe in den Blattachseln regelmäßig ausbrechen. Rhabarberpflanzen wässern und mit Kompost anreichern. Oberste Blätter des reifenden Blumenkohls leicht abknicken, um ein Vergrünen des Kopfes zu verhindern. Lauch anhäufeln, damit die Schäfte der Pflanzen schön weiß bleiben.

Auch der Gärtnernachwuchs *hilft beim Gießen kräftig mit.*

Aussaat Bis Mitte des Monats Eissalat, Bohnen, Knollenfenchel, Kohlrabi und Endivien säen. Bis Ende des Monats können noch Folgesaaten von Salat, Rote Bete, Radieschen und Mangold angezogen werden. Auch für Chinakohl und Pak Choi gelten die letzten zwei Wochen des Juli bis Anfang August als bester Aussaattermin.

Pflanzung Bis Mitte Juli werden noch Blumenkohl, Brokkoli und Rosenkohl gesetzt.

Ernte Salate, Radieschen, Rettich und Frühkartoffeln ernten, auch Bohnen, Gurken, Tomaten und Zucchini regelmäßig durchpflücken.

Zucchini *benötigen viel Wasser und reichlich Nährstoffe.*

Obstgarten

Bodenpflege Beerensträucher und Baumobst mulchen, bei Bodentrockenheit gründlich wässern, keine stickstoffbetonten Dünger mehr ausbringen.

Ernte Beerenobst, Kirschen, Pfirsiche, frühe Apfel- und Pflaumensorten ernten.

Schnitt Sommerschnitt der Obstgehölze. Einmal tragende Himbeeren nach der Ernte bodennah zurückschneiden. Auch Stachelbeer- und Johannisbeersträucher können ausgelichtet werden. Kiwitriebe einkürzen.

Erdbeeren Ende des Monats bis Mitte August ist idealer Pflanztermin. Erdbeerjungpflanzen bis zum Anwachsen gut wässern.

August, September

Gemüsegarten

Bodenpflege Regelmäßig gießen, Boden lockern, mulchen, Unkraut entfernen. Blatt- und Wurzelgemüse nicht mehr düngen. Auf abgeernteten Gemüsebeetflächen Gründüngung aussäen, um den Boden vor Auswaschung zu schützen, zu lockern und mit Nährstoffen anzureichern.

Pflanzenpflege Triebenden von Kürbis- und Gurkengewächsen bis auf zwei bis drei Blätter nach der letzten Frucht einkürzen. Lauch anhäufeln, Rhabarber durch Teilung vermehren. Rosenkohl wässern, eventuell entspitzen, um die Röschenbildung zu fördern. Seitentriebe der Tomaten weiterhin ausbrechen und die Triebspitze kappen.

Pflanzung Bis Mitte August können noch Endivie, Radicchio, Weiß- und Rotkohl, Chinakohl und Winterlauch gepflanzt werden.

Aussaat Anfang August letzter Termin für Kopf- und Pflücksalat, Radieschen und Rettich. Feldsalat und Spinat aussäen; Boden bis zum Auflaufen der Saat gleichmäßig feucht halten.

Ernte Zucchini, Gurken, Tomaten, Paprika, Mangold, Stangensellerie und Fenchel ernten. Kartoffeln vorsichtig ausgraben, trocknen und dunkel, nicht zu warm einlagern. Zwiebeln sollten ab August möglichst trocken stehen, um gut auszureifen. Sobald das Laub vergilbt und abstirbt, hebt man die Zwiebeln mit der Grabegabel vorsichtig an und lässt sie etwa zwei Wochen an einem trockenen, luftigen Ort nachtrocknen. Beschädigte Zwiebeln aussortieren.

***Aus Kürbissen** lassen sich zu Halloween schaurig-schöne Gesichter oder dekorative Laternen schnitzen.*

***Leimringe** schützen die Obstbäume vor Schädlingen wie den Raupen des Apfelwicklers.*

Obstgarten

Pflanzenpflege Beerenobst mulchen, Obstgehölze bei trockener Witterung gründlich wässern. Reich tragendes Baumobst mit stabilen Holzlatten abstützen, um Astbruch vorzubeugen. Fallobst regelmäßig aufsammeln. Abgetragene Himbeerruten bodennah zurückschneiden.

Ernte Äpfel, Birnen, Kirschen, Pfirsiche, Pflaumen sowie spät reifende Himbeer- und Brombeersorten abernten. Den richtigen Erntezeitpunkt erkennt man bei Äpfeln und Birnen daran, dass sich die Früchte bei leichtem Drehen mühelos vom Fruchtholz lösen.

Erdbeeren Boden vor der Pflanzung lockern und mit Kompost anreichern. Achten Sie beim Pflanzen der Erdbeeren darauf, dass der Blattansatz der Pflanzen knapp über der Erdoberfläche bleibt.

Oktober

Gemüsegarten

Ernte/Lagerung Vor dem ersten Nachtfrost wird sämtliches, nicht winterhartes Gemüse abgeerntet und eingelagert. Ideal ist ein kühler, frostfreier, dunkler Platz im Keller oder in der Garage. Auch in Erdmieten eingelagertes Gemüse hält sich lange frisch. Dazu hebt man eine ausreichend tiefe Grube aus, legt diese mit Maschendraht aus und lagert das Gemüse abwechselnd in Schichten mit Reisig und Stroh ein.

Pflanzenpflege Vergilbtes Spargellaub bodennah zurückschneiden. Auch abgestorbenes Rhabarberlaub sowie die Erntereste aller anderen Gemüsearten kommen auf den Kompost. Mit Schädlingen und Krankheiten befallenes Pflanzenmaterial sollten Sie über den Hausmüll entsorgen.

Bodenbearbeitung Abgeerntete Beete mit Gründüngung einsäen oder mit einer Mulchdecke aus halbverrottetem Kompost versehen. Diese ist in der Regel bis zum Frühjahr zersetzt und wird dann vor der ersten Bepflanzung eingearbeitet. Lässt man die Beete unbepflanzt, ist es ratsam, schwere Böden mit dem Spaten grobschollig umzugraben. Durch Frosteinwirkung erhält die Erde über den Winter eine feinkrümelige Struktur. Mittelschwere und leichte Böden lockert man nur mit der Grabegabel.

***Abgeerntete Gemüsebeete** im Herbst umgraben und mit Kompost anreichern.*

***Ein Kalkanstrich** reflektiert das Sonnenlicht und schützt die Rinde der Obstbäume vor starker Erwärmung.*

Obstgarten

Ernte/Lagerung Äpfel und Birnen, Feigen und Kiwis vorsichtig ernten. Lagern Sie nur unbeschädigtes, gesundes Obst ein. Äpfel bewahren Sie am besten an einem kühlen Ort in mit Lochfolie ausgeschlagenen Holzkisten auf. Lagern Sie das Obst getrennt vom Gemüse. Reife Äpfel verströmen Ethylen – ein Reifegas, das Gemüse schnell alt werden lässt.

Heruntergefallene Haselnüsse und Walnüsse regelmäßig aufsammeln und zum Trocknen ausbreiten. Nur voll ausgereifte Nüsse ernten, unreife Exemplare verlieren schnell an Qualität und sind nicht lange haltbar.

Pflanzung Jetzt im Herbst ist die ideale Pflanzzeit für Baum- und Strauchobst. Achten Sie beim Kauf auf kräftige Wurzelballen und gut verwachsene Veredelungsstellen. Drücken Sie die Obstgehölze nach dem Pflanzen gut an und wässern Sie die Sträucher oder Bäume kräftig, um einen guten Bodenschluss zu erzielen und das Anwachsen zu erleichtern.

November, Dezember

Kälteverträglicher Rosenkohl *schmeckt nach Frosteinwirkung besonders aromatisch.*

Gemüsegarten

Ernte/Lager Nach dem ersten Frost beginnt die Ernte von Rosenkohl, Grünkohl und Wirsing. Auch auf dem Beet verbliebenes, kälteverträgliches Gemüse wie Radicchio, Endivien, Feldsalat und Lauch kann laufend geerntet werden. Bei drohenden starken Nachtfrösten verbleibendes Wintergemüse mit Vlies abdecken. Eingelagertes Gemüse regelmäßig kontrollieren und schimmeliges oder faulendes Gemüse aussortieren. Lagerräume lüften.

Winterlauch *verträgt kühle Witterung und kann den ganzen Winter nach Bedarf geerntet werden.*

Chicorée Ausgegrabene Chicoréewurzeln können jetzt angetrieben werden. Dazu die Wurzelstücke in einen mit einem Wasserabzugsloch versehenen Eimer mit Erde aufstellen und dunkel aufbewahren oder mit einem zweiten Eimer abdecken. Erde nicht austrocknen lassen.

Aufräumarbeiten Angebrochene Saattüten gut verpackt an einem trockenen, kühlen Ort verwahren. Gartengeräte mit Wasser und Bürste gründlich säubern, Messer und Scheren nachschärfen. Rostige Spatenblätter mit Schmirgelpapier und Drahtbürste blank schleifen und einfetten.

Nutzen Sie *die kalte Jahreszeit, um neue Pläne fürs kommende Gartenjahr zu schmieden.*

Obstgarten

Lager Lagerraum an frostfreien Tagen lüften. Eingelagertes Obst regelmäßig auf Schädlingsbefall, Schimmelbildung und Fäulnis überprüfen. Beschädigte Früchte aussortieren.

Pflanzung Bei frostfreier Witterung können Beerensträucher und Obstbäume gepflanzt werden. Größere Obstgehölze zum besseren Halt bereits bei der Pflanzung mit einem Stützpfahl versehen.

Stammschutz Starke Sonneneinstrahlung kann bei Obstbäumen zu Frostrissen im Holz führen. Schutz bietet ein Stammanstrich mit im Gartenfachhandel erhältlicher Kalkfarbe. Auch das Umwickeln der Stämme mit Juteband schützt die Rinde vor starker Erwärmung und beugt zusätzlich Wildverbiss vor.

Adressen

Eine optimale Informationsquelle in allen Pflanzenangelegenheiten bietet Ihnen das Gartenforum der Zeitschrift MEIN SCHÖNER GARTEN: http://mein-schoener-garten.de

Vereine und Verbände

Landesverband niedersächsischer Gartenbauvereine
Bückeburger Str. 11
31655 Stadthagen

Landesverband Hessen für Obstbau, Garten und Landschaftspflege
Finkenweg 19
35606 Solms

Landesverband der Gartenbauvereine Westfalen-Lippe
Postfach 1444
48565 Steinfurt

Verband rheinischer Gartenbauvereine
Gartenstr. 11
50765 Köln

Bundesverband Dt. Gartenfreunde
Steinerstr. 52
53225 Bonn

Landesverband der Gartenbauvereine Saar/Pfalz
Kaiserstr. 77
66133 Saarbrücken-Scheidt

Baden-Württembergischer Landesverband für Obstbau, Garten und Landschaft
Klopstockstr. 6
70193 Stuttgart

Deutsche Gartenbau-Gesellschaft
Webersteig 3
78462 Konstanz

Bayer. Landesverband für Gartenbau und Landespflege
Herzog-Heinrich-Str. 21
80336 München

Naturgemäßer Gartenbau

GÄA-Geschäftsstelle
Am Beutlerpark 2
01217 Dresden

Permakultur-Institut
Heide Garot
Witzfeldstr. 21
40667 Meerbusch

Forschungsring für biologisch-dynamische Wirtschaftsweise
Brandschneise 2
64295 Darmstadt

Naturgarten e.V.
Görresstr. 33
80798 München

Erhaltung der Sortenvielfalt

Verein zur Erhaltung der Nutzpflanzenvielfalt
Ursula Reinhard
Sandbachstr. 5
38162 Schandelah

Arche Noah
Obere Str. 40
A-3553 Schloß Schiltern

Pro Specie Rara
Schneebergstr. 17
CH-9000 St. Gallen

Informationsstellen

Gartenakademie – Fachschule für Gartenbau
Soebrigener Str. 3 a
01326 Dresden-Pillnitz

Lennée Akademie für Gartenbau und -kultur
Ministerium für Ernährung, Landwirtschaft und Forsten
Heinrich-Mann-Allee 103
14473 Potsdam

Bildungsstätte des deutschen Gartenbaues
Gießener Str. 47
35305 Grünberg

Beratungszentrum Garten und Pflanze
Gartenstr. 11
50765 Köln-Auweiler
Tel. 0221/534 020-0

Hessische Gartenakademie
Am Kloster Klarenthal 7 a
65195 Wiesbaden
Tel. 0611/946 81-0

Saarländische Gartenakademie
Lessingstr. 12
66121 Saarbrücken
Tel. 0681/665 05-0

Informationsstelle der Versuchsanstalt für Gartenbau an der FH Weihenstephan
Am Staudengarten 9
85354 Freising
Tel. 081 61/714-541

Bayer. Gartenakademie
An der Steige 15
97209 Veitshöchheim
Tel. 018 04/980 114

Amtliche Pflanzenschutzberatung

Baden-Württemberg

Landesanstalt für Pflanzenschutz
Reinsburgstr. 107
70197 Stuttgart
Tel. 0711/664 244 0
Mail: poststelle@lfp.bwl.de
Fernsprech-Ansagedienst 0711/624 306

Bayern

Bayrische Gartenakademie
An der Steige 15 / Postfach 1140
97205 Veitshöchheim
Gartentelefon: 0800/980 114 7
Mail: poststelle@lwg.bayern.de

Berlin

Pflanzenschutzamt Berlin
Mohriner Allee 137
12347 Berlin
Tel. 030/700 006-0

Brandenburg

Landesamt für Ernährung, Landwirtschaft und Flurneuordnung, Dezernat Pflanzenschutz
Ringstr. 1010
15236 Frankfurt (O)/Markendorf
Tel. 0335/52 17-622

Bremen

Senator für Umweltschutz und Stadtentwicklung, Pflanzenschutzdienst
Große Weidestr. 4–16
(Postanschrift: Hanseatenhof 5)
28195 Bremen
Tel. 0421/361-257 5

Hamburg

Institut für Angewandte Botanik, Abt. Pflanzenschutz
Marseiller Str. 7
20355 Hamburg
Tel. 040/428 38-0

Hessen

Hess. Gartenakademie
Am Kloster Klarenthal 7 a
65197 Wiesbaden
Tel. 0611/946 811 7

Mecklenburg-Vorpommern

Landespflanzenschutzamt
Graf-Lippe-Str. 1
18059 Rostock
Tel. 0381/491 23-31 und -33

Niedersachsen

Lehr- und Versuchsanstalt für Gartenbau
Heisterbergallee 12
30453 Hannover
Tel. 0511/40 05-152
Mail: lvg.ahlem@lawikhan.de

Nordrhein-Westfalen

Pflanzenschutzamt der Landwirtschaftskammer Rheinland
Siebengebirgstr. 200
53229 Bonn
Tel. 0228/43 42-150 und -152

Rheinland-Pfalz

Landesanstalt für Pflanzenschutz und Pflanzenbau
Essenheimer Str. 144
55128 Mainz-Bretzenheim
Gartentelefon 061 31/99 30-84
www.pflanzenschutzdienst.de

Saarland

Pflanzenschutzamt Saarbrücken
Lessingstr. 12
66121 Saarbrücken
Tel. 0681/665 05-38

Sachsen

Sächsische Landesanstalt für Landwirtschaft
Fachbereich Integrierter Pflanzenschutz
Alttrachau 7
01139 Dresden
Tel. 0351/853 040

Sachsen-Anhalt
Landespflanzenschutzamt
Lerchenwuhne 125
39128 Magdeburg
Tel. 0391/25 69-450 bis 453

Schleswig-Holstein
Pflanzenschutzamt
Westring 383
24118 Kiel
Tel. 0431/880-13 02

Thüringen
Thüringer Landesanstalt für Landwirtschaft,
Sachgebiet Pflanzenschutz
Mittelhäuser Straße
99189 Erfurt-Kühnhausen
Tel. 036 201/817-0

Bodenuntersuchungsinstitute

Staatliche Bodenuntersuchungs-anstalten

LUFA des Landes Sachsen-Anhalt
Schiepziger Str. 29
06120 Halle/Lettin

LUFA Thüringen
Naumburger Str. 98
07743 Jena

LUFA Rostock
Graf-Lippe-Str. 1
18059 Rostock

Institut für Angewandte Botanik
Abt. KVT
Marseiller Str. 7
20355 Hamburg

LUFA = Landwirtschaftliche Untersuchungs- und Forschungsanstalt

Hessische Landwirtschaftliche Versuchsanstalt
Am Versuchsfeld 13
34128 Kassel/Harleshausen

LUFA Westfalen-Lippe
Nevinghoff 40
48147 Münster

LUFA Bonn/Landwirtschaftskammer
Siebengebirgsstr. 200
53229 Bonn

LUFA Speyer
Bezirksverband Pfalz
Obere Langgasse 40
67346 Speyer

Landesanstalt für landwirtschaftliche
Chemie – Bodenabteilung –
Emil-Wolff-Str. 14
70599 Stuttgart

Bayerische Hauptversuchsanstalt
Abt. Bodenuntersuchung
Alte Akademie 10
85350 Freising-Weihenstephan

Österreich
Höhere Bundeslehr- und Versuchsanstalt für Gartenbau
Grünbergstr. 24
A-1131 Wien/Schönbrunn

Tiroler Landwirtschaftliche Untersuchungs- und Versuchsanstalt – LUVA –
A-6200 Rotholz 46

Schweiz
E. Schweizer
Samen A.G.
Maienstr. 8
CH-3602 Thun

Labor Roth A.G.
Rieterstr. 102
CH-8002 Zürich

Private Bodenuntersuchungsstellen
Bodenuntersuchungs-Institut Koldingen
Ehlbeek 2
30938 Burgwedel

Blieskasteler Umweltlabor
Mühlgasse 25
66440 Blieskastel

Institut Dr. Jäger
Ernst-Simon-Str. 2–4
72072 Tübingen

Boden- und Wasseranalytik
Gerhard F. Pieper
Abt-Hyller-Str. 4/1
88250 Weingarten

Labor für Umweltanalytik
Dr. Rietzler
Schnorrstr. 5 a
90471 Nürnberg

Nützlinge
Flora Nützlinge
Wulkower Weg (Gärtnerei)
15518 Hangelsberg
www.landwirtschaft.freepage.de

W. Neudorff GmbH KG
Abt. Nutzorganismen
Postfach 12 09
31857 Emmerthal
www.neudorff.de

Sautter & Stepper GmbH
Rosenstr. 19
72119 Ammerbuch
www.nuetzlinge.de

Register

Halbfette Seitenzahlen verweisen auf Abbildungen.

Ableger 82, **83**
Absenker 82
Actinidia deliciosa 136
Allium cepa 116
Allium porrum 117
Allium sativum 117
Alternanz 59
Amelanchier lamarckii 138
Anhäufeln 82, **83**
Anlage Gemüsebeete 32
Apfel 124, **124**
– -schorf 86
– -sorten 124
Apfelbeere 138
Apium graveolens var. *dulce* 99
Apium var. *rapaceum* 114
Aprikose 128, **128**
Armoracia rusticana 119
Aronia melanocarpa 138
Artischocke 120, **120**
Asia-Salate 96, **97**
Asparagus officinalis 118
Atriplex hortensis 122
Aubergine 108, **108**
Aufräumarbeiten 148
Ausdünnung, Frucht- 59
Aussaat 38 ff., 140 ff.
– Fensterbank 39, **41**
– Gartengeräte 28
– Gemüse- 38
– Reihenabstand 40
– - tiefe 40

Balkon und Terrasse 16 ff.
Bauerngarten 10 f.
Baum
– -formen 60, **60**
– - krone 75
Baumobst
– Pflanzung 66
– Schnitt 74
Beerenobst 130 ff.
– Pflanzung 64, 65
– Vermehrung 142
– Schnitt 78
Beet
– -einfassung 14 f., **15**
– Hoch- **32**, 33
– Hügel- 33, **33**
– Neuanlage 23
Befruchtung 57
Bepflanzung 141
Beta vulgaris var. *conditiva* 112
Beta vulgaris var. *vulgaris* 97
Bewässerung 29, **71**
Birne 124, **125**
Birnengitterrost 86, **87**
Blattgemüse 92 ff.
Blattlaus **48**, 49, 84, **85**
Bleichspargel **118**
Blumenkohl 102, **102**
Blutläuse 85
Bodenbearbeitung 23, 144, 147
– Gartengeräte 28
Bodenhilfsstoffe 24, **24**
Bodenkunde 22
Bodenpflege 47, 140 f., 143, 145 f.
– Gartengeräte 29
Bodenprobe 22 f., **23**, 140
Bodenuntersuchung 22 f.
Bodenverbesserung 23
Boysenbeere 134
Brassica napus rapifera 122

Brassica oleracea var. *botrytis* 102
Brassica oleracea var. *capitata* 100
Brassica oleracea var. *gemmifera* 103
Brassica oleracea var. *gongylodes* 101
Brassica oleracea var. *italica* 102
Brassica oleracea var. *sabauda* 101
Brassica oleracea var. *sabellica* 100
Brassica pekinensis 103
Braun- und Krautfäule 51, **51**
Brokkoli 102, **102**
Brombeere 133, **133**
– Schnitt 78
Buschbohnen 110, **110**

Calendula officinalis 15, **15**, 69
Capsicum annuum 108
Chaenomeles japonica 138
Chaerophyllum bulbosum 122
Chenopodium capitatum 122
Chicorée 95, **95**, 148
Chinakohl 103, **103**
Cichorium indivia 94
Cichorium intybus var. *foliosum* 95 f.
Cornus mas 138
Corylus avellana 137
Cucumis melo 107
Cucumis sativus 105
Cucurbita maxima 106
Cucurbita pepo 106
Cydonia oblonga 125
Cynara scolymus 120

Daucus carota 112
Dörrobst 90
Dünger
– Erdbeeren 142
– mineralischer 24
– organischer 24
– organisch-mineralischer 24
Düngerproben 24
Düngertypen 24
Düngung 25, **25**, 47, 71, 72
– Grün- 25, 70
Dunkel- und Hellkeimer 39

Echter Mehltau 50
Egerling, Weißer **121**
Einfrieren, Früchte 90
Einkauf, Obstgehölze 56
Einkochen, Früchte 90
Eissalat 92
Endivie 94, **94**
Erbse 111, **111**
Erdbeere 130, **130**, 143 ff.
– Dünger 142
– Pflanzung 64
Erdflöhe 50
Ernte 140 f., 143 ff., 148
– Gartengeräte 29
– Obst- 88
Erntetermine, Gemüsearten 52
Ernteverfrühung 45
Eruca sativa 96

Falscher Mehltau 50
Feldsalat 94, **94**
Felsenbirne 138
Feuerbohne **13**, **110**, 111
Feuerbrand 87
Flächenbedarf, Obstgehölze 66
Fliege, Weiße 50
Foenicum vulgare var. *azoricum* 99
Folienabdeckung 141
Foliengewächshaus **45**
Formaler Gemüsegarten **14**
Formaler Gestaltungsstil 9

Fragaria vesca 138
Fragaria x ananassa 130
Freilandgurke 105, **105**
Fremdbefruchter 59
Frostschutz 140
Fruchtausdünnung 59, 144
Früchte, Verarbeitung 90
Fruchtfolge 36
- Gemüse 104 ff.
Fruchtlagerung 89
Fruchtreife 89
Frühbeet 43 f., **43**
Frühkartoffeln **115**

Gallmilben 85
Gartengeräte 28 f., **28**, **29**
– Aussaat 28
– Bewässerung 29
– Bodenbearbeitung 28 f.
– Ernte 29
– Pflanzung 28
– Schnitt 29
Gartengestaltung, Obst- 54
Gartenmelde 122
Gartenunkräuter 30
Gartenwege 14
Geißfußpfropfen 80, **81**
Gemüse
– Ernte 52
– Jungpflanzenkauf 42
– Keimung 41
– Lagerung 53
– mehrjähriges 118 ff.
– Nährstoffbedarf 35
– Pflanzenabstand 42
Gemüseaussaat 38
Gemüsebeet, Anlage 32
Gemüsefliegen 49
Gemüsegärten
– für Kinder 13
– Gestaltung 8 f.
– Pflanzenschutz 48
Gemüsepaprika 109
Gemüsestandort 20
Gestaltungsstile 8 f.
Gewächshaus **43**, 44, **44**, **45**
Gewürzpaprika 108, **108**
Giersch **30**
Gießen 30, 144, **145**
Grauschimmel 50, 87, **87**
Gründüngung 25, 70
Grünkohl 100, **100**
Grünspargel **118**

Haltbarkeit, Saatgut 39
Haselnuss 137, **137**
– Schnitt 78
Heidelbeere 135, **135**
– Ernte **88**
– Schnitt 79
Helianthus tuberosus 122
Hell- und Dunkelkeimer 39
Himbeere 133, **133**
– Schnitt 78
Hippophaë rhamnoides 138
Hirtentäschel **31**
Hochbeet **32**, 33
Hochstämmchen **79**
Hohlkrone **76**, 76
Holunder, Schwarzer 138
Hortensie **11**
Hügelbeet **33**, 33
Hülsenfrüchte 110 ff.

Igel **49**
Ipomoea batatas 122

Jahresarbeitskalender 139 ff.
Japanische Weinbeere 134, **134**
Jauche 25 f., **26**
Johannisbeerblasenlaus **85**
Johannisbeere
– Rote 130; 144
– Schnitt 79
– Schwarze 131
– Weiße 130
Johannisbeerhochstämmchen **65**
Jostabeere 132, **132**
Juglans regia 137
Jungpflanzen 42 f., 142

Käfer 86
Kalkanstrich **147**
Kapuzinerkresse **69**
Kartoffel 115, **115**
Keimlinge **40**
Keimlingskrankheiten 50
Keimtest 39
Keimung, Gemüse 41
Kerbelrübe 122
Kernobst 124 f.
Kinder, Gemüsegärten 13
Kiwi 136, **136**
Kleines Immergrün 69, **69**
Knoblauch 117, **117**
Knollenfenchel 99, **99**
Knollensellerie 114, **114**
Kohlgemüse 100 ff.
Kohlhernie 51, **51**
Kohlrabi 101, **101**
Kohlrübe 122
Kohlweißling **49**
Kompost 26 f., **27**, 140, **147**
Kopfsalat 92, **92**
Kopulation 80, **81**
Kornelkirsche 138, **138**
Krankheiten, Obst 86
Kräuselkrankheit 86, **86**
Kraut- und Braunfäule 51, **51**
Krone, Baum- 75
Krone, Hohl- **76**, 76
Krone, Pyramiden- 74, 75
Krone, Spindel- 76
Küchengarten **12**
Kürbis 106, **106**, **146**

Lactuca sativa var. *capitata* 92, **92**
- var. *crispa* 93
- var. *longifolia* 93
Lager 148
Lagerung, Gemüse 53
Lagerung 89, 147
Lauch 116, **117**
Leimringe **146**
Loganbeere 134
Löwenzahn **31**
Lycopersicon lycopersicum 104

Malus domestica 124
Mangold 97, **97**
Meerrettich 119, **119**
Mehltau 50, **50**, 86
Mehrjähriges Gemüse 118 ff.
Mespilus germanica 138
Mineralischer Dünger 24
Mirabelle 128, 128
Mischkultur 36 f.
Mispel 138
Mittelzehrer 35
Möhre 112, **112**
Monilia-Spitzendürre 86
Mulchen 46, 70, 142 f.
Mulchfolie **46**

Nachbarrecht 54
Nachtschnecken 49
Nährstoffbedarf, Gemüse 35
Nährstoffe 24
Narren- oder Taschenkrankheit 87
Natürlicher Gestaltungsstil 9
Nektarine 129, **129**
Neuanlage von Beeten 23
Neuseeländer Spinat 98, **98**
Nüsse 137

Obst
– einfrieren 90
– einkochen 90
– Ernte 88
– Krankheiten 86
– Schädlinge 84
– Standort 21
– Spalier- 76
– Stein- 126 ff.
– Wild- 138
Obstbaumkrebs 87
Obstgarten, Pflanzenschutz im 84
- Gestaltung 54
Obstgehölze 68, 74
– Einkauf 56
– Flächenbedarf 66
– formieren **77**
– Pflanzabstand 55
– Pflanzung 63
– Vermehrung 82
Okulation 80, **81**
Organischer Dünger 24
Organisch-mineralischer Dünger 24

***P**astinaca sativa* 114
Pastinake 114, **114**
Pfingstrosen **11**
Pfirsich 129, **129**
Pflanzabstand,
– Gemüsearten 42
– Obstgehölze 55
Pflanzenpflege 145 ff.
Pflanzenschutz 143
– Gemüsegarten 48
– Obstgarten 84
Pflanzung 42, 142 ff., 148
– Baumobst 66
– Beerenobst **64**, 65
– Gartengeräte 28
– Obstgehölze 63
Pflanzzeit 143
Pflaume 127, **127**
Pflege, Stamm- 73
Pflegearbeiten 68
Pflücksalat 92 f., **92**
Phaseolus vulgaris var. *nanus* 110
Phaseolus vulgaris var. *vulgaris* 111
Pheromonfallen **84**
Phlox **11**
Pilzkulturen 121
Pisum sativum 111
Planung 140
Poree 116, **117**
Preiselbeere 135, **135**
Prunus armeniaca 128
Prunus avium 126
Prunus cerasus 126
Prunus domestica 127
Prunus domestica var. *italica* 127
Prunus domestica var. *syriaca* 128
Prunus persica 129
Prunus persica var. *nucipersica* 129
Prunus spinosa 138
Pyramidenkrone 74, **75**
Pyrus communis 124

Quitte 125

Radicchio 95, **95**
Radieschen 112, **113**
Rankgerüste 15
Raphanus sativus 112
Raphanus sativus var. *niger* 113
Rauke 96
Raupen 49
Reihenabstand, Aussaat 40
Reneklode 127, **127**
Rettich 113, **113**
Rhabarber 120, **120**
Rheum rhabarbarum 120
Ribes nigrum 131
Ribes rubrum 130
Ribes uva-crispa 132
Ribes x *nidigrolaria* 132
Ringelblume 15, **15**
– Unterpflanzung 69
Romanesco 102
Römischer Salat 93, **93**
Rosenkohl 103, **103**, 148
Rote Bete 112, **112**
Rote Johannisbeere 130, 131, 144
Rotkohl 100, **100**
Rubus fruticosus 133
Rubus idaeus 133
Rubus loganobaccus 134
Rubus phoeniculasius 134
Rückschnitt **75**, **76**
Rucola 96, **96**

Saatgut 38 ff.
– Haltbarkeit 39
Salatgurke 105, **105**
Sambucus nigra 138
Samen **39**
Sanddorn 138, **138**
Sauerkirsche 126, **126**
Schädlinge, Obst- 84
Scheinquitte 138
Schildläuse 85
Schlehe 138
Schnitt **61**, 74, 140, **140**, **141**, 143, 145
– Baumobst- 74
– Beerenobst- 78
– Brombeeren 78
– Heidelbeeren 79
– Himbeeren 78
– Johannisbeeren 79
– Nüsse 78
– Stachelbeeren 79
Schnittarten 74
Schnittwerkzeug **74**
Schnittwunden **72 f.**
Schorf **86**
Schrotschusskrankheit 87, **87**
Schwachzehrer 35
Schwarze Holunderbeeren 138
Schwarze Johannisbeere 131, **131**
Schwarzwurzel 119, **119**
Scorzonera hispanica 119
Seitentriebe, Tomaten 144
Selbstbefruchter 59
Shiitake **121**
Sium sisarum 122
Solanum melongena 108
Solanum tuberosum 115
Spalierobst 76
Spargel 118
Spargelerbse 122
Speisepilze 121
Spinacia oleracea 98
Spinat 98, **98**
Spindelkrone 76
Spinnmilben **49**, 50, 85, **85**
Stachelbeere 132, **132**
– Mehltau **86**
– Schnitt 79
Stammpflege 73
Standort
– Gemüse- 20
– Obst- 21
Standsicherheit 68
Stangenbohnen **14**, **110**, 111
Stangensellerie 99, **99**
Starkzehrer 35
Steckholzschnitt 82
Steinobst 126 ff.
Storchschnabel, Unterpflanzung 69
Strauchformen 60
Studentenblume, Unterpflanzung 69
Süßkartoffel 122
Süßkirsche 126, **126**

Tagetes 15, **15**, 69
Taschen- oder Narrenkrankheit 87
Taybeere 134, **134**
Terrasse 16 f.
Tetragonia tetragonioides 98
Thripse **48**, 50
Tomate 104, **104**
– Seitentriebe ausbrechen 144
Topinambur 122
Traditioneller Gestaltungsstil 8

Unkrautbekämpfung 31
Unkräuter 30
Unterlagen 61, 62, **63**
Unterpflanzung 68 f., **68**

***V**accinium corymbosum* 135
Vaccinium vitis-idaea 135
Valerianella locusta 94
Verarbeitung, Früchte 90
Veredelung 140
Vermehrung 82 f.
– Beerenobst 142
– Obstgehölze 82
Vinca minor 69
Vitis vinifera 136
Vogelmiere **30**

Walnuss 137, **137**
– Schnitt 78
Wasserversorgung 46, 70
Wege 15, **15**
Weinbeere, Japanische 134
Weintraube 136, **136**
Weiße Fliege 50
Weiße Johannisbeere 130, 131
Weißer Egerling **121**
Weißkohl 100
Werkzeug 28g., **74**
Wickler 85
Wildobst 138
Winterlauch 148
Wirsing 101, **101**
Wurzelgemüse 112 ff.
Wurzelunkräuter 30

***Z**ea mays* 109
Zucchini 106, 106, **145**
Zuckerhut 96, 96
Zuckermais 109, **109**
Zuckermelone 107, **107**
Zwetsche 127, **127**
Zwiebel 116, **116**
Zwiebelblumen, Unterpflanzung 69
Zwiebelgemüse 116 ff.

Impressum

260 Fotos von
Herbert Bischof, Oberteuringen: 63, 76 (beide); **Ursel Borstell**, Essen: Vorsatz/Nachsatz, 2/3, 18 o, 19, 25, 28 o, 82; **Helga Buchter-Weisbrodt**, Rödersheim-Gronau: 21, 30 oM, 34 uli, 36 M, 77 ore, 77 ure, 85 u (alle drei), 93 ure, 94 oli, 95 oli, 96 M, 98 ure, 110 oli, 115 o, 118 oli, 120 oli, 125 (beide), 127 re, 128 oli, 129 u, 131 ore, 132 oli, 133 oli, 142 uli, 145 uli; **Rolf Bühl**, Stuttgart: 49 oM, 51 uli; **GartenBildagentur**, Au/Hallertau: 8 Mli, 8 Mre, 8 o, 10, 13 o, 14 (beide), 15 ore, 29, 31 uli, 34 ore, 36 ore, 38, 40 oli, 41 (beide), 46 u, 52, 53 oli, 64, 86 o (beide), 94 M, 95 ure, 98 oli, 99 ure, 101 o, 102 ore, 105 o, 106 oli, 108 ore, 110 Mre, 111, 112 M, 115 u, 116 (beide), 117 u, 118 ure, 119 M, 128 u, 131 uM, 142 ore, 143 ore; **Henseler Bildarchiv**, Bonn: 51 oM; **Ingeborg Polaschek**, Linsengericht: 35 ure, 84 ure, 103 oli, 126 re, 147 (beide); **Manfred Pforr**, Langenpreising: 11 oli, 13 ure, 15 uM, 15 ure, 24 u, 48 ore, 49 oli, 51 ure, 59, 68 oM, 69 oli, 80 (beide), 88 o, 138 oli; **Wolfgang Redeleit**, Bienenbüttel: 6, 43 (beide), 47 (alle drei), 49 ure, 66/67 (alle vier), 71, 78, 140 li; **Reinhard-Tierfoto**, Heiligkreuz-steinach/Eiterbach: 7, 9, 18 u, 20, 24 o, 28 u, 35 oli, 44, 53 re, 55 ure, 58 o, 68 oli, 77 oli, 90 (beide), 91, 99 oli, 114 oM, 119 oli, 121 uli, 138 oM + ore, 139, 140 re, 144 ore, 146 re; **Manfred Ruckszio**, Taunusstein: 30 ore, 31 oli, 46 ore, 48 oli, 53 u, 89 u, 97 li + M, 102 oli, 103 ore, 108 oli, 110 ore, ure, 127 uM, 135 ure, 136 ure, 137 oli, 143 uli, 145 M, 146 li, 148 uli; **Bild-archiv Sammer**, Neuenkirchen: 22 (beide), 32/33 (beide), 39, 40 ure, 42, 45 u, 46 oli, 48 u, 50, 51 li, 65, 68 u, 70 (beide), 72 oli, 85 o, 87 M, 89 o, 121 ore + ure, 141 uli, 142 ure, 144 li; **Jürgen Stork**, Ohlsbach: 16, 17,26, 56, 57 ure, 74, 123; **Friedrich Strauß**, Au/Hallertau: 23, 54, 55 oli, 57 uli, 58 u, 73, 84 o, 84 uli, 86 u, 87 u, 88 u, 92 (beide), 93 li, 97 re, 100 (beide), 101 u, 112 oli, 113 (beide), 114 oli, 120 ore, 124, 126 oli, 127 uli, 129 o, 130, 131 uli, 132 u, 133 M, 134 (beide), 135 oli, 141 ure, 148 oli, 148 re; **Alice Thinschmidt**, Wien: 5, 11 oM, 12 ore, 13 u, 15 oli, 69 ure, 141 ore; **Jürgen Wolf**, Gengenbach: 45 oli; **Xeniel-Dia**, Stuttgart: 30 oli, 72 ore, 77 uM, 87 ore, 96 oli, 102 M, 104, 105 u, 106 ure, 107, 109 (beide), 117 ore, 136 oli, 137 ure, 144 ure.

25 Illustrationen von
Sabine Weber, Appenweier-Nesselried: 12; **Horst Lünser**, Berlin: 23, 41, 60, 61, 63, 64, 65, 73, 75, 75, 75, 76, 78, 79, 79, 83; **Horst Lünser**, Berlin – koloriert von **Gabriele Hampel**: 82, 83 M; **Johannes Christian Rost**, Stuttgart: 27, 28, 81; **Peer Ziegler**, Neustadt/Weinstraße: 71.

Umschlaggestaltung von eStudio Calamar, Spanien unter Verwendung zweier Fotos von Friedrich Strauß, Au/Hallertau.

Bibliografische Informationen Der Deutschen Nationalbibliothek

Die Deutsche Nationalbibliothek verzeichnet diese Publikation in der Deutschen Nationalbibliografie; detaillierte bibliografische Daten sind im Internet über http://dnb.ddb.de abrufbar.

Gedruckt auf chlorfrei gebleichtem Papier.

ISBN 978-440-10955-7
Redaktion und Bildredaktion: Carolin Krank
Grundlayout: eStudio Calamar
Produktion: Tatyana Momot
Printed in Germany / Imprimé en Allemagne

Postfach 10 60 11
D-70049 Stuttgart
TELEFON +49 (0)711-2191-0
FAX +49 (0)711-2191-422
WEB www.kosmos.de
E-MAIL info@kosmos.de

Die Autorin: Ulrike Pfeifer studierte Gartenbau in Hannover und Freising/Weihenstephan. Nach erfolgreichem Volontariat im Gartenlektorat des Kosmos-Verlages, arbeitet sie seit 1999 als Redakteurin bei MEIN SCHÖNER GARTEN und GARTENSPASS.

Alle Angaben in diesem Buch sind sorgfältig geprüft und geben den neuesten Wissensstand bei der Veröffentlichung wieder. Da sich das Wissen aber laufend und in rascher Folge weiter-entwickelt und vergrößert, muss jeder Anwender prüfen, ob die Angaben nicht durch neuere Erkenntnisse überholt sind. Dazu muss er zum Beispiel Beipackzettel zu Dünge-, Pflanzen-schutz- bzw. Pflanzenpflegemitteln lesen und genau befolgen sowie Gebrauchsanweisungen und Gesetze beachten.

Mehr Freude im Garten!

■ Tipps und Tricks für attraktive Balkonkästen

Katharina Adams
Balkon und Terrasse
ISBN 978-3-440-10951-9

■ Farbenpracht vom Frühling bis in den Spätherbst

Dieke van Dieken
Blumengarten
ISBN 978-3-440-10956-4

■ Alle wichtigen Infos für Planung und Gestaltung

Peter Beck
Gartenteiche
ISBN 978-3-440-10953-3

■ Kräutervielfalt für drinnen und draußen

Dirk Mann
Kräutergarten
ISBN 978-3-440-10954-0

■ Knackiges Obst und Gemüse aus dem eigenen Garten

Ulrike Pfeifer
Obst- und Gemüsegarten
ISBN 978-3-440-10955-7

■ Alle wichtigen Schnittarten und Kronenformen

Heidrun Holzförster
Obstgehölzschnitt
ISBN 978-3-440-10952-6

Je 160 Seiten
Je €/D 5,95; €/A 6,20; sFr 11,–

Preisänderung vorbehalten

www.kosmos.de

KOSMOS